21 世纪高职高专教材·旅游酒店类系列

酒店市场营销实务

（第 2 次修订本）

王秋明　编著

清华大学出版社

北京交通大学出版社

·北京·

内 容 简 介

本书是根据省级精品课程"饭店营销实务"的教学实践而编写的配套教材，是以酒店营销工作过程为导向的理实一体化项目课程教材。

全书内容包括酒店营销的认知、酒店营销环境调研与预测、酒店营销计划、酒店营销组合策略、酒店营销活动实施五大模块。

本书可作为高职院校旅游管理、酒店管理及相关专业学生的教材，也可供酒店营销人员、酒店服务与管理人员培训、自学使用。

图书在版编目（CIP）数据

酒店市场营销实务/王秋明编著. —北京：清华大学出版社；北京交通大学出版社，2013.4（2025.1重印）

ISBN 978－7－5121－1448－7

Ⅰ.①酒… Ⅱ.①王… Ⅲ.①饭店-市场营销学-高等职业教育-教材 Ⅳ.①F719.2

中国版本图书馆 CIP 数据核字（2013）第 077036 号

责任编辑：解　坤

出版发行：清 华 大 学 出 版 社　　邮编：100084　　电话：010－62776969
　　　　　北京交通大学出版社　　邮编：100044　　电话：010－51686414

印　刷　者：北京虎彩文化传播有限公司

经　　　销：全国新华书店

开　　　本：185×230　印张：19.75　　字数：440 千字

版　　　次：2023 年 2 月第 2 次修订　2025 年 1 月第 7 次印刷

书　　　号：ISBN 978－7－5121－1448－7/F·1172

定　　　价：49.00 元

本书如有质量问题，请向北京交通大学出版社质监组反映。对您的意见和批评，我们表示欢迎和感谢。

投诉电话：010－51686043，51686008；传真：010－62225406；E-mail：press@bjtu.edu.cn。

前　　言

为了更好地适应我国酒店业对高级管理人才的需求，高等职业院校酒店管理专业的人才培养方案将酒店营销实务设为专业核心课程，希望培养出符合酒店需要的精服务、懂营销、会管理的复合型人才。作者结合省级精品课程"饭店营销实务"的教学实践，编写了与之配套的教材。全书以酒店营销部的经营管理活动和运作流程为中心线索，选取典型的酒店营销工作需要的相关知识和技能整合模块内容，确定每一项目的知识目标和能力目标，紧紧围绕该项目组织工作任务内容，让学生在实践活动中掌握酒店营销操作技能，提高职业岗位能力。

本书既可作为高等职业院校、高等专科院校及成人高等院校的旅游管理、酒店管理专业学生的教材，也可作为酒店对其营销人员、管理人员、服务人员进行业务培训的参考用书。本书的特点如下。

（1）采用项目教学设计教材体系，形成围绕工作需求的知识与技能的训练项目。按照酒店营销部实际工作流程的五个阶段和学生的认知过程，将教材内容设置为酒店营销的认知、酒店营销环境调研与预测、酒店营销计划、酒店营销组合策略、酒店营销活动实施五大模块。在每一模块中设置项目，按照理实一体化的单元式教学模式，在每一项目中设置目标和几个任务，在任务中学习相关知识，利用实训案例让学生体验酒店营销活动的整个过程。同时展示学生独立完成的成果，从而进行考核评价。

（2）在典型案例的选取上，一方面力求将酒店营销的最新成果融入教材内容中，拓展学生视野，培养学生营销的创新能力。另一方面采用贯穿酒店营销整个过程的虚拟情境案例和每个任务个别案例相结合的训练方式，使酒店营销的综合能力和单项能力都得到强化训练。

（3）在编写体例结构上，每个模块有若干个项目，设置的项目中有项目描述、项目目标、工作任务、项目小结、参考资料信息。每一项目有若干个层层递进的任务，任务内容包括引导案例、相关知识、实训考核等。帮助学生掌握酒店营销知识和技能，提高职业综合素质，方便教师教学。

本书由沈阳职业技术学院王秋明老师编写，编写过程中参考和引用了国内外作者的大量研究成果，在此深表谢意。同时也得到了沈阳职业技术学院领导、清华大学出版社、北京交通大学出版社的大力支持，以及辽宁林业职业技术学院阎文实、沈阳大学职业技术学院牟昆、辽宁现代服务职业技术学院张虹薇、沈阳职业技术学院谢志刚的热情帮助，在此一并致谢。

由于编者水平有限，书中的缺点和疏漏在所难免，敬请专家及广大读者提出宝贵意见，以便修订完善。

王秋明

2013 年 2 月

目　　录

模块一 酒店营销的认知

本模块首先介绍酒店营销的基础知识，其次介绍酒店营销部的组织机构设置形式和人员管理。

项目一 酒店营销的基础知识

 项目描述

本项目介绍酒店营销的基础知识，内容包括酒店营销核心概念、酒店营销的观念、酒店营销的基本业务。

 项目目标

【知识目标】能够正确理解酒店营销的核心概念；比较六种营销观念；掌握酒店营销的基本特征和酒店营销的基本业务。

【能力目标】掌握酒店营销的基本特征；具有现代营销理念；会判断一些现象背后的观念是哪一种营销观念；掌握营销基本业务流程。

工作任务一 酒店营销核心概念

 引导案例

希尔顿饭店独特的营销文化理念

一个人的成功往往是偶然中存在着必然。1907 年，希尔顿一家因为生活窘迫开设了一家

旅馆，家人十分辛劳。希尔顿说："当时我真恨透了开旅店这个行当，真希望那个破旅馆早点儿关门。"他当时并没有想到，以后他会在全世界拥有200多座酒店，成为酒店大王。这一切似乎是上帝的巧妙安排。从10多岁开始工作算起，唐纳德·希尔顿差不多用了整整20年的时间在发展自己，塑造自己，在探寻自己的成功之路。他的美梦曾一个接一个地破灭，但靠着执著、热忱的精神和把握机会的能力，他没有被打倒，他的美梦反而越来越真切，步伐越来越坚定，发掘出自己独到的才智，最终创造了自己的王国，并形成了独树一帜的管理经验和弥足珍贵的精神财富。

1. 团队精神

第一次世界大战中断了希尔顿的事业，短暂的军旅生涯却给了他一个宝贵的启迪，那便是协同作战的团队精神。他认为，团队精神就是荣誉加奖励，就是集体荣誉感鼓舞下的团结和努力，因此单靠薪水是不能提高店员热情的，唯有提升店员的团队精神才能极大地鼓舞士气，获得效益。团队精神大大激发了员工的工作热情，所有的店员都像换了一个人似的，团队精神成为希尔顿成功的一大法宝。随着希尔顿事业的发展，他在银行界建立了信誉，身边有一批忠实的朋友。在他事业生涯的任何一个阶段，他身边总是聚拢着一批优秀的人才。他们中的许多人既是希尔顿帝国的高级管理人员，又是希尔顿本人的亲密朋友。希尔顿认为"我的福气就来自于他们"。即便是对待一般工作人员，他也非常尊重，对于提升的每一个人，他都很信任，放手让他们在职责范围内发挥聪明才智，大胆负责地工作，但是他对得罪顾客的服务员还是很严厉的。希尔顿很少以貌取人，对同僚、下属，他都尽可能透彻地了解他们个人的卓越之处。这种团结协作、充分信任下属的作风，为他的成功赢取了关键的得分。

2. 微笑服务

企业员工是企业整体中的一分子，顾客对企业员工印象的好坏直接反射到对企业整体形象的评价上，而在员工自我形象的塑造中，企业的一贯礼仪又直接影响到员工形象的塑造效果。

作为一个优秀的经营者，希尔顿深知企业礼仪的重要价值，因此他十分注重员工的礼仪教育，积极倡导富有特色的企业礼仪——微笑服务。

在50多年的时间里，希尔顿不断到他分设在各国的希尔顿饭店、旅馆考察业务，他向各级人员问得最多的一句话必定是"你今天对客人微笑了没有"。因此，无论你在哪里，只要你走进希尔顿的旅馆，迎接你的永远是灿烂的笑脸。即便是在美国经济最为萧条、希尔顿的旅馆一家接一家地亏损的年代里，希尔顿的服务员的脸上也依旧挂满灿烂的笑容，给客人带来无限的温馨和慰藉、希望和信心。由于希尔顿对企业礼仪的重视和教育，他的员工很好地理解了企业的礼仪——微笑服务，并把贯彻执行企业礼仪变成他们自觉的行为。凭着微笑的利剑，希尔顿的饭店征服了客人，征服了世界。

分析案例请回答：

1. 希尔顿饭店对内部员工的营销理念是什么？
2. 希尔顿饭店对客人的营销理念是什么？

 **相关知识**

一、酒店市场

酒店市场是指购买酒店产品的现有和潜在顾客的集合。酒店市场是由具有特定需要或欲望的特定人群构成，它的大小取决于这个特定人群的总量与需求量，并且它们是在不断变化中的。市场的需求通过交换来满足，所以构成市场的主要因素是人口、购买欲望和购买力，这三个要素相互制约，缺一不可，只有三者结合起来，才能构成现实的市场，才能决定市场的规模和容量。

酒店市场的特点如下。

（1）异地性。酒店吸引的客人一般都是出门在外的、对住宿设施有着首要需求的人群。

（2）季节性。酒店也属于旅游业的大范畴，淡季和旺季的差别是显而易见的。

（3）高弹性。由于酒店是第三产业，并且基本属于买方市场环境，酒店之间的竞争很激烈，所以每一家酒店都无法对自己的市场前景作出十分有把握的预料，所以酒店经营变化非常大。

（4）脆弱性。旅游业原本就受政治、经济、环境等各方面的制约很大，整个酒店业的依赖性是很强的。

二、酒店的顾客需求

顾客需求是指那些对酒店产品具有购买力同时具有购买欲望的顾客需要状态。酒店顾客需求具有不同层次和多样性的特点。酒店的营销人员要根据顾客的不同需求，设计不同的产品。酒店的顾客需求具有如下类型。

（1）负需求。指顾客对某种产品不欢迎，甚至表现出厌恶和逃避。营销人员对负需求状况应分析原因，采取相应的营销策略来改变顾客对该产品的印象和态度。

（2）无需求。指顾客对某种产品没有兴趣和无动于衷。营销人员应想方设法把这种产品的功效与顾客的需求结合起来引起顾客的注意，激发顾客的需求。

（3）潜在需求。指顾客的需求依靠现有产品无法满足。营销人员应预测潜在需求的规模，开发新产品满足顾客的潜在需求。

（4）下降需求。指顾客对某产品的需求量呈下降趋势。营销人员应该在产品、价格、渠道和促销方面调整营销策略，阻止需求下降，在适当时机扭转局面。

（5）不规则需求。指顾客对某产品的需求量在时空上分布不均衡。营销人员尽量平衡需求量，使酒店旺季不旺，淡季不淡。

（6）充分需求。指顾客对某产品的需求量充分，同时企业有足够的能力保证产品的供

3

给。营销人员尽量保持或延长产品的寿命周期。

（7）过量需求。指顾客对某产品的需求水平超出了企业的预期。营销人员一方面可以尽量扩大生产，另一方面可以提高价格减少需求。

（8）有害需求。指对某产品的需求不利于顾客的身心健康或有悖于社会公德，甚至违反法律。营销人员尽量消除这种需求。

可以根据不同类型的需求采取适当营销策略，满足已存在的需求，预测未来的需求，发现和解决顾客并没有提出要求但他们会热烈响应的产品。

三、酒店营销的产品

酒店产品是酒店根据顾客需求提供给顾客的综合性产品。它是有形产品和无形服务的高度结合，是多种需求的产品组合，具有综合性的特点。酒店产品以体验型的无形服务为主，产品包括体验、人、地点、组织、信息和想法。

1. 酒店服务与酒店服务质量的概念

酒店服务是指酒店通过一系列的活动或过程将服务提供给顾客，也是酒店生产和顾客消费的一系列活动或过程，服务产品就是服务过程的结果。

酒店服务质量是指酒店提供的各项服务适合和满足顾客需要的程度的自然属性的总和，统称为质量特性。通常表现为满足顾客的物质需求和精神需求两方面。

酒店服务产品质量是服务过程和服务结果的质量总评价，是有形产品质量和无形产品质量之和。具体来说，酒店服务产品主要由服务人员、服务项目、服务设施设备和服务环境四大内容构成。

酒店有形产品质量包括：①设施设备质量，如客房、餐厅、酒吧、康乐等质量；②实物产品质量，如菜点、酒水、客用品、服务用品等质量；③服务环境质量，如建筑、装潢、温度、湿度、气氛、服务员等。酒店无形产品质量包括：①礼貌礼节；②职业道德；③服务态度；④服务技能；⑤服务效率；⑥安全卫生；⑦服务的方式方法；⑧服务的规范化和程序化。

2. 酒店服务产品的质量特性

酒店服务产品的质量特性包括：①功能性；②可信性；③经济性；④安全性；⑤时间性；⑥舒适性；⑦文明性；⑧知识性。

3. 酒店服务质量的衡量标准

（1）可靠性：为顾客提供安全可靠的服务，如简单精确、保存准确的记录、按指定时间提供服务。

（2）反应性：员工愿意提供服务的程度，如提供即时服务、快速回复顾客的要求。

（3）保证性：员工的知识和传达信赖和信心的能力，如使顾客产生安全感和信任感。

（4）移情性：对顾客的关照和个性化的关注，如了解顾客的具体需要、为顾客着想。

（5）有形性：服务的有形保证，如有形设备、员工外表、提供服务工具的形式。

四、酒店市场营销及其管理

美国市场营销协会在 1985 年对市场营销的定义是，市场营销是关于构思、货物和服务的设计、定价、促销和分销的规划与实施过程，目的是创造能实现个人和组织目标的交换。著名营销理论家菲利普·科特勒给营销下的定义：营销是个人和集体通过创新和与其他人交换产品价值来满足他们的需求和欲望。营销（Marketing）是一种从市场需求出发的管理过程，其核心思想是交换。

酒店市场营销是酒店通过生产顾客需要的产品和服务，与顾客进行交换，使顾客满意、酒店获利的管理过程。酒店市场营销是有形产品和无形服务产品的综合营销过程，其中无形服务产品营销占有很大部分。酒店市场营销具有以下特点。

1. 全员营销

酒店的产品是集实物产品和无形服务于一体的综合性产品，这种产品是酒店全体员工共同生产创造出来的，营销活动贯穿于整个酒店生产经营活动的始终，涉及生产领域、流通领域、消费领域；无论是酒店高层管理者，还是一线服务人员都在各个领域创造着产品，全员为顾客提供满意的服务，实现酒店产品的营销。

2. 在营销组合中分销和促销是重点

在酒店建造完工后投入正式运营时，就已经形成了酒店的产品及其相应的价格，形成了一定规模的服务接待能力，如果不及时进行产品的出租和销售，那么隐藏其中的潜在收入将会永久地损失。这一切都决定了建立广泛的、便利的现代化的酒店产品分销渠道和采取强有力的产品促销手段是酒店营销活动成败的关键因素。

营销管理是在市场调研和确定目标市场的基础上，规划和实施理念、商品和劳务设计、定价、促销、分销，为满足顾客需要和组织目标而创造交换机会的过程，是获取、维持及发展顾客的过程。所以营销管理的实质是需求管理，并随之进行客户关系管理。

五、酒店顾客满意

顾客价值是指顾客通过拥有和（或）使用某个产品所获得的利益与取得该产品而支付的费用之间的差额，是对产品满足其需要的整体效能的评价。在这里，费用既可以是金钱方面的，也可以是其他付出。

顾客是否满意依赖于顾客实际感受到的产品价值与先前的期望之间的关系。如果产品价值低于顾客的期望，顾客就不会满意；如果产品的价值符合顾客的期望，顾客就会满意；如果产品价值超过了顾客期望，顾客就会大喜过望。聪明的企业只向顾客承诺它所能提供的，然后设法提供比承诺更多的价值，以此使顾客得到意外的惊喜。

顾客满意度可以用多种方法来衡量。

（1）顾客重复购买次数及重复购买率。在一定时期内，顾客对某一产品或服务重复购买的次数越多，说明顾客的满意度越高，反之则越低。并且顾客会告诉他人自己购买这个产品的愉快经历。

（2）产品或服务购买的种类、数量与购买百分比。即顾客经常购买饭店产品的种类（品牌）数及顾客最近几次购买中，购买各种品牌所占的百分比。这在一定程度上反映了顾客对品牌的忠诚。

（3）顾客购买的挑选时间。顾客对某种产品或服务信赖程度的差异，在购买时的挑选时间是不同的。一般来说，顾客挑选时间越短，说明他对某一品牌的忠诚度越高；反之，则说明他对这一品牌的忠诚度越低。

（4）顾客对价格的敏感程度。对于喜爱和信赖的产品，顾客对其价格变动的承受能力强，即敏感度低；相反，对于不喜爱和不信赖的产品价格变动承受能力弱，即敏感度高。顾客会以支持和赞成的态度与他人谈论酒店及其产品，并且会在很长时间内对产品保持忠诚。所以据此可以衡量顾客对某一品牌的满意度与忠诚度。但必须注意到，只有排除产品或服务对人们的必需程度、产品供求状况及产品竞争程度三个因素的影响，才能通过价格敏感程度正确评价顾客对一个品牌的忠诚度。

（5）顾客对产品质量事故的承受能力。顾客对质量事故的不同态度反映了其初始满意及忠诚程度。如果顾客对一般性质量事故或偶然发生的质量事故报以宽容和同情的态度，并且会继续购买该种产品或服务，表明顾客对某一品牌的忠诚度很高；否则，表明对这一品牌忠诚度不高。

六、酒店关系营销

酒店关系营销是识别、建立、维护和巩固酒店与顾客及其利益相关者关系的营销活动，其实质是发展良好的非交易关系，使交易关系能够持续建立和发生。关系营销的核心是酒店与关键成员（顾客、供应商、分销商）建立长期满意的关系，实现双方利益的长期稳定共赢。

酒店营销员应该经常打电话，经常拜访，对顾客所遇到的问题提出有用的建议，和顾客出去聚餐，或提供一次娱乐放松的机会，对顾客的需要表现出兴趣。

关系营销的重要性在未来会日益突出。大多数酒店发现，它们用于吸引新顾客所花费的金钱，若用于维持老顾客从而形成重复购买的话，其回报要高得多。平均来说开发一个新顾客的成本是维持一个现有满意顾客的 5～10 倍。它们意识到了从老顾客那里可以获得交叉销售的机会。越来越多的酒店都在寻找战略伙伴，把娴熟关系营销作为根本。对于那些购买大型而复杂的产品（如大型会议设施）的顾客而言，销售只是这种关系的开始。后续的是酒店对客户关系的管理，尽管关系营销未必适合所有场合，但它的重要性却一直在增强。

客户关系管理（CRM）作为一种管理理念与实践在酒店行业内已被广为接受，它是通过传递给顾客价值和满意的方式，建立和维持盈利性客户关系的全过程。它将营销、商业战略及信息技术结合起来，帮助酒店更好地了解顾客，为重要顾客定制产品并与之建立长期的盈利性关系。它注重掌控盈利机遇、维持顾客关系及享有顾客终身价值。营销者必须集中管理他们的客户和产品，包括吸引、保持和发展可盈利的客户。与客户建立长久关系的关键是创造较高的顾客价值和满意，满意的顾客会购买更多的产品，对价格敏感度比较低，支持并且偏爱该酒店，会长期保持忠诚。酒店不仅要努力争取获得顾客，还要保持和提高顾客忠诚度。

客户关系管理的一个重要工具就是数据库。通过建立数据库和挖掘数据来发现顾客数据背后的秘密，从而使管理者可以整合现有信息，利用功能强大的数据挖掘技术对成堆的数据进行筛选，挖掘出有关客户关系的数据。这样可以更好地理解顾客，可以提供更高水平的客户服务，发展更深入的客户关系，识别出高价值的顾客。

七、酒店营销组合

酒店营销组合就是酒店为了增强竞争力，针对目标市场的需要综合自己可控制的各种营销要素（产品、价格、渠道、促销等）进行优化组合协调使用，保证酒店的营销目标顺利实现。酒店产品（Product）、价格（Price）、渠道（Place）、促销（Promotion），这四个词的英文单词的第一个字母都是 P，所以这四个要素的组合又称为 4P 组合。其中各要素又包含若干个小的方面。产品要素包括品质、特色、设计、品牌、包装、服务等；价格要素包括基本价格、折扣价格、付款期限、信贷条件等；渠道要素包括批发商、经销商、零售商、销售网络、销售范围等；促销组合要素包括广告、人员推销、营业推广、公共关系等。营销组合是由各种因素组合而成的复合结构，其作用不是其中每一个构成因素所发生作用简单相加的结果，而是由于各个因素的相互配合和相互协调作用产生整体效能的结果。这些因素都是可控因素，酒店可以根据目标市场的需要，制定相应的产品、价格、渠道、促销策略，这种策略随着各组合因素不断发展变化而进行调整，从而适应酒店战略调整和竞争状况的变化。

现代酒店产品是有形产品与无形服务的有机结合，是建筑、地理位置、设备设施、价格、服务员的着装等这些有形产品与无形服务的结合，更加体现无形服务的有形化，使顾客加深对服务的感受。

1984 年菲利普·科特勒提出了"大市场营销"理论，他把市场营销组合从 4P 发展到 6P，即增加了政治权利（Power）和公共关系（Public relations）。也就是说，酒店在营销过程中不但要运用 4P 组合作为基本手段，还要运用政治力量和公共关系的各种手段，打破国际或国内市场上的贸易壁垒，为酒店的营销开辟道路。

20 世纪末，随着经济的发展及计算机与网络技术的迅速成长和广泛运用，市场营销环境发生了很大变化。消费的个性化、多样化、人文化及信息全球化等传统的 4P 理论受到挑战。为此，美国市场营销专家在 20 世纪 90 年代提出用 4C 理论代替 4P 理论。所谓 4C，是指顾客（Customer）、成本（Cost）、便利（Convenience）和沟通（Communication）。其基本含义是酒店生产的产品要时时考虑顾客的需求，以顾客的需要和欲望为中心；在制定产品价格时要考虑顾客为满足需要愿意支付的成本；在设置销售渠道时要考虑如何提供顾客方便的购买条件和环境；在进行促销时，要考虑如何同顾客进行双向沟通，把酒店促销信息传递给顾客的同时，还能使顾客对酒店产品的需求信息反馈回酒店，酒店应更加明确使用哪些促销方法和手段激发顾客的购买欲望和动机，从而实现产品的销售。

 **实训考核**

一、知识训练

1. 解释什么是酒店营销，简要讨论酒店营销的特征。
2. 用自己的话说明酒店营销的核心概念。
3. 讨论客户关系管理。

二、能力训练

案例 1 - 1   "客人永远不会错"

塞萨·里兹在经营伦敦非常有名的萨沃伊饭店时，规定全体员工都必须穿着晨礼服进行服务，并提倡顾客到餐厅用餐也须穿着整齐。里兹还千方百计地了解顾客的嗜好，为了满足顾客的需求，不惜做出十分艰巨的努力。在一家疗养饭店，里兹为了使客人能在夜间看清山上美丽的景物，在附近的山坡燃起篝火，点燃上万只蜡烛，山坡被照得如同白昼。在萨沃伊饭店的主餐厅里，为了创造一种威尼斯水城的气氛，他曾在餐厅一楼灌进水，摆上平底船，请来船夫唱歌助兴。在今天，里兹所创造的饭店经营法则和实际经验，仍被世界各国高级饭店继承和沿用着。他的著名的经营格言——"客人永远不会错"被许多饭店企业家当作遗训而代代相传，恪守不渝。

问题讨论：

1. 里兹是如何满足客人的需求的？
2. 如何理解"客人永远不会错"的经营格言？

工作任务二　酒店营销的观念

 **引导案例**

可口可乐打造听装咖啡

在日本，可口可乐的创意使听装咖啡成为流行，可口可乐公司把听装咖啡放在自动售货机内销售。尽管美国人习惯于一杯热咖啡，但日本人传统上还是喜欢喝绿茶。然而，可口可乐公司发现日本人喜欢咖啡，却苦于无法随时冲泡。因此，为了迎合日本人的生活需要，在这个自动售货机随处可见的国家，可口可乐公司在数以千计的售货机内出售佐治亚牌听装咖啡。

分析案例请回答：

1. 可口可乐公司如何满足日本人对咖啡的需求？
2. 可口可乐公司在日本怎样对咖啡进行创新性营销？

 相关知识

一、生产观念

这种观念认为消费者喜爱那些可以随处得到的（方便）、价格低廉的产品，消费者需求都相同，没有特殊需要。酒店有什么资源就生产什么，顾客就买什么。在酒店业发展初期，酒店市场处于一种供不应求的状态，特别是旅游旺季对酒店的产品需求量很大，但购买力不高。当时酒店数量少，只能提供基本的住宿和简单的餐饮，旅游者也只能购买这些产品，别无选择。酒店关心的是生产效率、客房有无、餐饮有无，以及如何降低成本，来扩大销售量；追求在短期内获得最大利润，忽视产品质量、品种与推销；不考虑消费者的需求，无视人的存在。

二、产品观念

这种观念认为消费者喜爱高质量、多功能和具有某种特色的产品；消费者有不同的偏好，有较强的支付能力，只要质量好消费者就会购买。酒店关心的是如何提高产品质量，增加品种、性能，打造品牌。酒店开始打造精品、独特产品，争取在产品性能上领先，增加产品的附加利益，采取高价、小规模、提供优质服务等途径销售酒店产品，获取短期利润。在产品观念指导下的酒店经营者只看到产品而忽视顾客需求，造成营销近视症；过分追求产品质量的完美，忽视市场变化，忽视消费者活动和推销活动，具有一定的局限性。

三、推销观念

这种观念认为消费者存在购买惰性和抗衡心理，不知道有什么产品，酒店必须积极外出推销，才能使客人了解产品，刺激消费者购买。由于技术进步、设施改善，酒店增多、竞争加剧，供大于求的局面迫使酒店经营者把经营重点从生产转向销售，出于酒店自身利益的考虑，如不加紧推销，客房利用率低，餐厅、康乐的产品营业额难以上去，酒店就可能出现亏损。酒店拼命地打广告，散发宣传手册，采用人员推销、现场展示、有奖销售、网络推销等一切促销手段，进行大规模销售获得短期利润。这种观念的局限性在于忽视消费者需求，注重生产后现有产品的推销，强买强卖损害消费者利益，滥做宣传，损害企业自身利益，销售人员没有做过周密的市场调研，不了解顾客的真实需求，因此他们的销售努力不能保证给酒

店带来更多的客源与利润。这种观念和产品观念下的等客上门相比，是一种进步，至少一个酒店能有专人从事销售。

四、市场营销观念

随着市场供应量增加，供大于求的状况不断加剧，竞争进一步激烈，技术进一步提高，消费者的需求更加个性化、多元化，酒店经营者要继续经营下去，就必须正确确定目标市场的需要和欲望，考虑客人对酒店有哪些需求并尽量满足，把顾客至上、顾客就是上帝作为酒店的经营思想。注重顾客忠诚，研究顾客的购买行为，通过关系营销提供满意服务赢得顾客的忠诚。采用市场细分、目标市场选择和准确的市场定位，制定差异化和集中化的营销战略指导营销活动，针对新产品制定有针对性的营销组合策略实施营销活动，通过使消费者满意获取长期利润。营销观念指导下的营销工作不仅包括销售环节，还包括营销调研、产品开发、销售促进、顾客服务等环节。营销观念的出现是一场划时代的革命，在以往传统观念中，酒店最关心的是生产足够的产品以满足市场需求，是生产第一，以产定销。在现代营销观念中，酒店首先关心的是市场需求，根据客人需求调整产品改进服务，即市场第一，以销定产。营销观念也有局限性，它在强调顾客需求的同时，忽视企业主动性需要，片面强调目标顾客利益，忽视其他利益特别是社会利益的存在，回避了三者之间的冲突，即消费者长期利益、企业长期利益、长期社会福利之间的矛盾。

推销观念与营销观念之间是有本质区别的。推销观念注重卖方需要，营销观念注重买方需要；推销以卖方需要为出发点考虑如何把产品卖出去，营销观念考虑如何通过产品来满足顾客的需要。推销观念从酒店出发，以酒店的现有产品为中心，并且需要用大量的推销和促销活动来获得盈利性销售；营销观念以顾客需求为中心，并且整合各种营销活动来影响顾客，通过创造基于顾客价值和顾客满意的长期客户关系来获得利润。如图1-1所示。

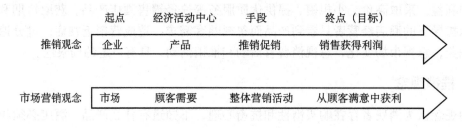

图1-1　推销与营销观念的比较

五、社会营销观念

这种观念认为，社会有各种不同的个体，他们有不同的需求，酒店企业是社会中的一员，不能孤立地追求自己的利益，而必须使自己的行为符合整体社会与经济发展的需求，力求在创造酒店经济效益的同时，能为社会的可持续发展作出贡献。酒店必须对目标顾客、环境、社会的需求都要考虑，达到消费者需求、酒店利润、社会利益三者的平衡与满足才能使社会环境可持续发展，酒店采用生态保护、塑造环保大使形象、原材料的节约、替代品使用、不可再生资源的利用、废物回收和利用，进行营销管理，在公开、公正、公平的环境下竞争，通过顾客满意、社会满意获取酒店利润。

六、大市场营销观念

企业不仅要适应外部市场环境条件去进行市场营销活动，而且要善于通过自身的营销管理活动去改变外部市场环境，使其朝着对自己有利的方向转化。随着国际市场竞争更加激烈，有些国家为了保护本国企业利益，就开始实行贸易保护主义政策，世界经贸活动中贸易壁垒增加。大市场营销观念不仅重视传统的产品、价格、渠道和促销四大营销策略的整合，而且更加强调政治权力和公共关系手段的运用，通过各种渠道影响贸易国的政策及行政权力，打破市场壁垒开展市场营销活动。

以上六种营销观念归纳起来可分为两类：一类是传统经营观念，包括生产观念、产品观念和推销观念，其共同特点是以生产者为导向，以产定销，产生于卖方市场；另一类是现代营销观念，包括市场营销观念、社会营销观念和大市场营销观念，其共同特点是以市场（消费者）为导向，以销定产，产生于买方市场。这两类营销观念无论在考虑工作的出发点上，还是在实现目的的方法和途径方面都是有根本区别的。

七、绿色营销

绿色营销是在 20 世纪 80 年代提出的。它是指企业顺应绿色消费潮流，从保护环境、反对污染，充分利用资源的角度出发，通过研制产品、利用资源、变废为宝等措施，满足消费者的安全、健康、环保的消费需求，实现企业目标的一种新型营销观念。绿色营销是建立在可持续发展观念和社会责任观念基础上的，强调企业对资源的永续利用，更要求在可持续消费的前提下实施营销活动，即营销目标应在充分满足消费者需求的同时，提高消费质量，减少物质消费数量，降低人类资源的耗费程度，使消费达到可持续增长的要求。它要求企业自觉地约束自己的生产经营活动，尊重自然规律，走人口、经济、社会、环境、资源相互促进、协调发展的道路，以达到经济发展和环境保护的和谐统一。酒店绿色营销，既是当今社会发展和旅游业发展的必然选择，又是酒店业实现自身可持续发展的方向。

绿色营销观念在传统营销观念的基础上增添了新的思想内容，与传统的社会营销观念相比，绿色营销观念注重的社会利益更明确地定位于节能与环保，立足于可持续发展，放眼于社会经济的长远利益与全球利益。

八、内部营销

在酒店业，大多数营销活动都是由营销部以外的酒店人员完成的。酒店营销计划是将顾客吸引到酒店当中来，而酒店员工必须把这种初次来访的客人转化为酒店的常客。管理人员希望员工为客人提供满意服务，那么管理人员自己必须对客人及员工有一个好的态度，管理人员必须运用营销原则去吸引和留住员工。内部营销是用一种营销的视角管理企业的员工，是以内部员工为目标的营销活动。

 实训考核

一、知识训练

1. 简述酒店营销观念的演变过程。

2. 比较传统营销观念与现代营销观念的不同，哪些观念是获得未来成功的最佳选择？为什么？

3. 下面列举了一些营销现象，试分析它们是由哪种营销观念导向的结果。

（1）福特公司将其全部才能都用于改进大规模汽车生产，降低成本，致使大多数美国人都能享用汽车。20 世纪初福特汽车公司的总裁福特曾经这样说："我们永远生产黑色轿车。"

（2）皇帝的女儿不愁嫁。

（3）劳斯莱斯的座右铭是"技术是崭新的，而且不被任何珍奇赶上"，"好的车子无论经过多少年都会被保持下去"。

（4）营销近视症。

（5）酒香不怕巷子深。

（6）产品好坏都要靠吆喝。

（7）日本电通的调查发现：20 世纪五六十年代，10 个消费者只有一种声音；七八十年代，10 个消费者 10 个声音；90 年代以后，1 个消费者 10 个声音。

（8）顾客就是上帝，以顾客为核心。

（9）丰田企业的经营哲学是"顾客第一、销售第二、生产第三"。

4. 讨论分析你所在（或你熟悉）学校的营销观念，它们是如何吸引新生的？

二、能力训练

案例 1—2　　　　　　　　　　　　**汉堡包的利与弊**

有人批评汉堡包快餐业提供了可口但不健康的食品。因为汉堡包脂肪含量太高，餐馆出售的油煎食品和肉饼这两种产品都含有过多的淀粉和脂肪。出售时采用方便包装，导致了过多的包装废弃物。在满足消费者需求方面，这些餐馆可能损害了消费者的健康，同时污染了环境。

问题讨论：

1. 汉堡包可以满足某些人的口味需求，就可以大量生产吗？

2. 汉堡包的生产是否考虑了顾客和社会的长远利益？

工作任务三　酒店营销的基本业务

 引导案例

难忘的一次宴会预订

一次一家酒店的销售代表接到一个会议策划人的电话，要预订一个有60人参加的宴会，需要10张6人的桌子。与这个策划人员确认了整个安排之后，销售代表很得意地把宴会的单子交到了宴会部。令他吃惊的是，这个宴会的单子被退回来了，上面盖了一个红色的大印记——"不行！我们不能提供6个人的宴会桌"。宴会部还解释说，酒店联盟要求宴会设置的桌子应是8人位或10人位的。

销售代表没有就此放弃，而是返回了宴会部，并了解到每张桌子必须付给服务员8份小费，于是，他想出了一个创造性的解决方案。他给那个会议策划者打电话，解释了协约的限制，并说服这位顾客同意每桌付额外的两份小费。这样，他通过满足顾客的需要挽回了这个预订。

若干年后，这位销售代表已经成为美国著名的时代旅馆首席执行官，他说，他永远不会忘记那个会议策划者的回答："我不管你们酒店联盟的合同是怎样规定的——我是顾客，我会到其他能满足我需要的酒店去。"

分析案例请回答：

1. 宴会预订单为什么被退回？
2. 酒店的销售代表怎样挽回了这个预订？

 相关知识

一、进行酒店市场调研

酒店市场调研分别由市场调研专员进行的专门调研和营销员进行的日常调研组成。

市场调查专员为某个调研目标而进行专门调研。营销员在日常的销售产品中通过客户拜访、电话销售等方式调查顾客需要。

调研的内容主要包括以下内容。

1. 酒店营销环境

营销环境包括宏观环境和微观环境。宏观环境包括人口、经济、政治、法制、技术、文

化要素状况和发展趋势，微观环境包括自身、供应商、中间商、顾客、同行业竞争对手、社会公众要素状况和发展趋势。根据收集的信息资料进行酒店市场营销环境分析，为制定营销战略和策略、进行营销决策提供依据。

2. 消费者需求

主要包括总体情况、具体情况、对酒店的看法和态度、消费结构和内容、消费偏好、销售趋势。

3. 竞争情况

① 市场占有率（分析本酒店在行业市场上的市场占有率，以便确定在行业中的市场地位）。

② 竞争对手的销售策略和实际做法（销售方案、广告、户外、机场广告、直邮广告、直接招徕顾客，旅行社、公共关系、营业推广销售活动情况）。

③ 客房出租率。

④ 分析本酒店的各竞争对手的特点。

4. 酒店营销能力

① 酒店内部产品、价格、渠道、促销。

② 酒店内部资源状况、组织结构及效率、管理水平。

③ 市场份额与相对份额。

5. 顾客购买动机调查

调查哪些因素对顾客选择酒店会产生决定性的影响；消费者购买行为分析。

6. 在市场调查基础上预测市场需求

在市场调查的基础上对酒店所面临的外部环境进行分析，预测哪些因素对酒店来说是机会，哪些因素对酒店的未来发展是威胁。对酒店内部环境进行分析，充分认清酒店具有的优势和劣势，从而预测酒店未来的发展趋势。

二、进行营销策划，制定具体的营销计划

根据市场调研掌握的资料分析酒店面临的机会和威胁、酒店本身具有的优势和劣势，制订酒店发展的营销战略和具体营销计划，明确营销目标、行动方案，这一系列的工作都是在进行营销策划，为营销活动的开展规划蓝图。

进行营销策划包括以下步骤。

① 进行市场细分，勾画细分市场轮廓。

② 评估每个细分市场的吸引力，选择目标细分市场。

③ 对每个目标细分市场进行定位，制定营销组合。

④ 制订营销计划，阐述营销活动的总体行动方案，按照这个方案科学地开展营销活动，便于酒店营销人员对整个营销过程进行有效控制。营销计划主要包括营销目标、实施的营销

组合策略及营销预算。

三、营销计划执行——开展营销活动

酒店营销部开展的营销活动包括市场调研、客户预订、产品销售（旅行社团队、商务客户、会议客户、宴会客户）、公关活动、广告策划等。目的是开发新客户和吸引、保持和发展盈利性客户的关系。

一项营销业务活动流程如下。

① 根据营销计划中的营销策略和计划指标，销售经理利用各种形式进行客户拜访，宣传酒店产品，刺激顾客需求，从而拓展客源。

② 销售经理邀请顾客到酒店参观，使顾客对酒店产品有更深刻的认识。

③ 销售经理与有购买意向的顾客进行洽谈，争取达成购买意向。如果是自投散客，由前厅部负责接待。

④ 销售总监或销售经理与顾客签订购买合同或协议，收取定金。

⑤ 预订员接待团体顾客预订，销售经理对销售订单跟进服务。

⑥ 根据顾客预订单上的要求，销售经理与各部门进行协调，落实各项准备工作。

⑦ 顾客到酒店后，销售经理跟进各部门的接待服务。

⑧ 顾客离店，做好结账工作，征求顾客意见。接待工作结束时销售经理做好相关表格的填写，把与顾客有关的资料进行归档，建立顾客档案，为下一次接待顾客打好基础。

在开展营销活动的同时，营销经理应与重要客户建立紧密的合作关系，给常住客和贵宾提供最佳服务。根据准确的市场信息，在满足酒店最大利益和市场需求的基础上，制定产品价格。

四、营销活动的控制

1. 销售控制

（1）市场份额。定期了解本酒店在本行业所占的市场份额，确立在行业中的经营水平，如市场占有率。

（2）市场定位。定期检查本酒店产品的市场定位是否准确。

（3）销售投入。定期测算销售产品的资金投入，如营销费用率、投资回收期指标。

2. 利润控制

（1）目标市场的获利性：将用于各目标细分市场的营销费用与来自这些目标市场的销售额进行对比，确定是否产生利润。如果获利性小要查找原因，以便进行控制。

（2）产品获利性：综合所获营业额、所耗成本及间接成本等因素进行对比，如果获利性小，分析产品的寿命周期、特色、价格及竞争等因素以决定该产品的取舍。

3. 客源控制

客源结构指顾客对酒店的了解程度、忠诚度，顾客的消费行为和消费能力等。

 实训考核

一、知识训练

1. 说明营销业务流程的步骤。
2. 讨论如何管理营销活动。

二、能力训练

浏览职业餐饮网。

案例 1-3　　鸿翔酒店营销策划方案——目标、市场形势分析

根据目前酒店情况，首先树立"以市场为先导，以销售为龙头"的思想。为了更好地开展销售工作，现制订营销方案和市场推广计划，并在工作中逐步实施。

1. 目标任务

① 客房目标任务：　　　万元/年。

② 餐饮目标任务：　　　万元/年。

③ 起止时间：自 2012 年 1 月—2012 年 12 月。

2. 形势分析

（1）市场形势

① 2011 年全市酒店客房 10 000 余间，预计 2012 年还会有 1～2 个酒店相继开业。

② 竞争形势会相当激烈，"僧多粥少"的现象不会有明显改善，削价竞争仍会持续。

③ 今年与本店竞争团队市场的酒店有：鸿运大酒店、海外大酒店、海口宾馆、海景湾大酒店、长昇酒店、宇海大酒店、海润酒店、金融大厦、黄金、万华、南天、汇通、五洲、泰华、奥斯罗克等。

④ 与本店竞争散客市场的有：泰华、海景湾大酒店、长昇酒店、海外、海口宾馆、金融、鸿运、奥斯罗克、万华、南天、豪富等。

⑤ 预测：新酒店相继开业，团队市场竞争更加激烈；散客市场仍保持平衡；会议市场潜力很大。

（2）竞争优、劣势

① 三星级酒店地理位置好。

② 老三星级酒店知名度高、客房品种全。

③ 餐饮、会务设施全。

④ 四周被高星级酒店包围，本店设施设备虽翻新，但与周围酒店相比还是有差距。

问题讨论：

1. 鸿翔酒店本年度的营销方案在哪些方面制定了目标任务？

2. 鸿翔酒店本年度的营销方案从哪些方面对市场形势进行了分析？

3. 列举鸿翔酒店的优、劣势。

项目一小结

1. 在营销活动中营销人员要涉及许多概念：酒店市场、酒店的顾客需求、酒店营销产品、酒店营销、酒店顾客满意、酒店关系营销、酒店营销组合。

2. 酒店在开展业务时，可选择八种不同的营销观念：生产观念、产品观念、推销观念、营销观念、社会营销观念、大市场营销观念、绿色营销观念、内部营销观念。前三种观念在今天的用处是非常有限的，后五种观念是现代酒店经营中必须建立的观念。

3. 酒店营销的基本业务归纳起来：一是进行酒店市场调研；二是进行营销策划，制订营销计划；三是营销计划执行——开展营销活动；四是对营销活动的控制。

参考资料信息

香格里拉的营销之道

香格里拉是国际著名的大型旅游企业连锁集团，香格里拉饭店与度假村从 1971 年新加坡豪华香格里拉饭店的开业开始起步，很快便以其标准化的管理及个性化的服务赢得国际社会的认同，在亚洲的主要城市得以迅速发展。其总部设在香港，是亚洲最大的豪华旅游企业集团，并被许多权威机构评为世界最好的旅游企业集团之一，它所拥有的豪华旅游酒店和度假村已成为最受人们欢迎的休闲度假场所。香格里拉始终如一地把让游客满意当成旅游企业经营思想的核心，并围绕它把其经营哲学浓缩于一句话——"由体贴入微的员工提供的亚洲式接待"。

香格里拉有 8 项指导原则：

① 我们将在所有关系中表现真诚与体贴；

② 我们将在每次与游客接触中尽可能为其提供更多的服务；

③ 我们将保持服务的一致性，客人只需打一个电话就可解决所有问题；

④ 我们确保我们的服务过程能使游客感到友好，员工感到轻松；

⑤ 我们希望每一位高层管理人员都尽可能地多与游客接触；

⑥ 我们确保决策点就在与游客接触的现场；

⑦ 我们将为我们的员工创造一个能使他们的个人、事业目标均得以实现的环境；

⑧ 客人的满意是我们事业的动力。

香格里拉饭店回头客很多。饭店鼓励员工同客人交朋友，员工可自由地同客人进行私人的交流。饭店建立的"游客服务中心"，与原来各件事要查询不同的部门不同，客人只需打一个电话到游客服务中心，一切问题均可解决，饭店因此也可更好地掌握游客信息，协调部门工作，及时满足游客需要。在对待客人投诉时，绝不说"不"，全体员工达成共识，即"我们不必分清谁对谁错，只需分清什么是对，什么是错"。让客人在心理上感觉他"赢"了，而"我们"在事实上做对了，这是最圆满的结局。每个员工时刻提醒自己多为客人着想，不仅在服务的具体功能上，而且在服务的心理效果上满足游客。香格里拉饭店重视来自世界不同地区、不同国家客人的生活习惯和文化传统的差异，有针对性地提供不同的服务。如对日本客人提供"背对背"服务，客房服务员必须等客人离开客房后再打扫整理客房，避免与客人直接碰面。饭店为客人设立个人档案，长期保存，作为为客人提供个性化服务的依据。

项目二　酒店营销部组织机构形式及人员管理

项目描述

为了维持正常运营，酒店设置了许多部门，其中营销活动是由酒店营销部具体负责的。本项目阐述酒店营销部的组织机构形式和人员管理。

项目目标

【知识目标】能够理解酒店营销部机构的作用；了解酒店营销部机构设置形式；掌握酒店营销部的职能和下设各岗位的基本职责和任务。

【能力目标】能够根据酒店营销业务设置组织机构形式和岗位；能够画出营销部组织机构图；能够写出营销部各岗位的岗位工作说明书；明确各岗位层级关系；掌握对营销部人员的配备和管理的方法。

工作任务一　酒店营销部机构设置形式

安梓华获选"2006年度全球最佳酒店经理人"

在全球酒店行业权威性刊物《酒店》杂志2006年度评选中，香格里拉酒店集团行政总裁兼董事总经理安梓华当选"2006年度全球最佳酒店经理人"。这一奖项由《酒店》杂志

170 个国家的 6 万多名读者投票评出。安梓华先生将此殊荣归功于香格里拉集团稳固而富有创造精神的模范领导团队和全体员工。他们致力于为客人提供最高水平的服务，并充分展现集团一贯的"殷勤好客香格里拉情"，这不仅为香格里拉集团创造了有史以来最丰厚的利润，也保持了全行业最低的员工流失率。该集团的成功同样体现在员工培训方面，香格里拉的培训是业界公认的典范。《酒店》杂志主编 Jeff Weinstein 说："我们的读者将安梓华先生评为'2006 年度全球最佳酒店经理人'，是因为他作为一个远见卓识的领导者，完美地诠释了全球酒店业管理和发展的最高水平。他对酒店行业的贡献还体现在，他一直坚持给予每个员工充分发挥自身潜力和实现职业目标的机会。"安梓华先生说："能够和香格里拉的优秀同事一起工作，并且得到业主的大力支持，令我感到非常荣幸。这个奖项是整个集团的杰作。我愿意和我们这个大家庭的三万名员工共同分享这份荣誉。"

1988 年，安梓华加入香格里拉酒店集团，任香港九龙香格里拉大酒店总经理。1993 年他被任命为集团运营副总裁兼香港港岛香格里拉大酒店总经理。他从事酒店行业已有 40 多年，始于家乡意大利，之后在瑞士、百慕大、大开曼群岛、加拿大和美国等地积累了丰富的经验。在威斯汀集团工作的 14 年间，他的足迹遍布了墨西哥、韩国、日本、新加坡，以及中国香港。

分析案例请回答：

1. 安梓华先生对酒店业的贡献表现在哪些方面？
2. 安梓华先生为什么愿意与香格里拉大酒店的三万名员工共同分享这份荣誉？
3. 从这个案例中你怎样理解酒店的管理者与员工之间的关系？

 相关知识

一、酒店营销部的业务

酒店营销部，也可称作"市场销售部"，主要任务是在总经理的领导下，通过各种公关、销售活动，树立酒店形象，为酒店招徕客源，创造经济效益和社会效益。酒店营销部的主要工作有以下几项。

（1）建立、完善并执行酒店营销部工作相关的规章制度。

（2）开展市场调研工作，了解酒店市场动态、客户需求和竞争对手信息，整理市场调查资料并进行预测。分析酒店的内外环境，识别可利用的机会和面临的威胁，认清酒店自身的优势和劣势，从而为酒店的经营决策奠定基础。

（3）结合酒店内外部环境制定营销战略与策略，通过市场细分可以确立本企业的目标市场，并进一步确立自己的市场定位。制定酒店发展与竞争战略、酒店营销组合策略、营销资源的配置战略。

（4）制订营销计划和实施方案。主要有产品管理和发展计划、价格管理和定价计划、分

销渠道管理和分销计划、促销管理和促销计划、营销总费用预算。

（5）实施和控制营销活动包括开展市场调研、广告策划、公关接待、美工设计等对外公关活动，以树立和维护酒店良好的形象，为酒店创造和保持"人和"的经营环境；开展日常性的预订受理、旅行社销售、商务销售、长包房销售、会议销售、宴会销售等销售工作；对营销公关的预算进行管理，控制并尽量降低营销成本；对本部门销售队伍组建、培训和考核实施管理；协调全酒店各部门的营销工作。

二、酒店营销部的机构设置形式

1. 职能管理型营销组织

职能管理型营销组织指根据营销部门内部的职能不同来决定组织的形式，换句话说就是组织的不同部门按照各部门不同的职责进行划分。这是最常见的一种管理组织形式的划分方法。其一般的形态如图 1-2 所示。

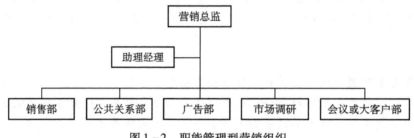

图 1-2　职能管理型营销组织

在酒店中，营销部具体的机构形式根据业务情况又有所变化，如图 1-3 所示。

为了成功地开展酒店的营销公关业务，必须根据营销部经营业务量的大小来设置组织机构和岗位，制定岗位职责。配置各岗位的人员，对人员进行合理分工，既有分工又有协作，共同完成营销部经营目标。

营销部开展的销售业务按照职能大致分为三大块：一是客户预订受理；二是各项产品的销售；三是公关活动的策划和实施。所以，营销部组织机构的设置形式横向上大致是在营销总监和营销经理的领导下设置预订主管、旅行社销售主管、商务销售主管、会议销售主管、宴会销售主管及公关主管六个并列的职位。每个主管岗位下根据业务需要设置若干销售专员。

酒店营销部组织机构的设置形式纵向大致由四个层次组成。

① 部门最高管理层：营销总监。

② 现场管理层：营销部经理。

③ 作业组织层：预订主管、旅行社销售主管、商务销售主管、会议销售主管、宴会销售主管、公关主管。

④ 作业层：营销部秘书、预订员、旅行社销售专员、商务销售专员、长包房销售专员、会议销售专员、宴会销售专员、市场调研专员、广告策划专员、公关代表、美工等。

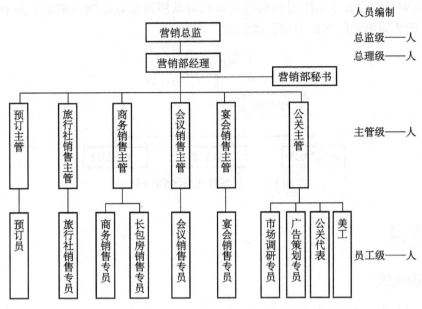

图 1-3 酒店营销部组织机构

2. 客户管理型营销组织

客户管理型营销组织以客户为中心，每名销售经理围绕着自己负责的客户来开展营销工作。这样可以更加了解客户的需求，为客户提供满意的服务，从而有利于维护与发展同客户之间的良好关系。如图 1-4 所示，营销部组织结构分三个层级：部门最高管理层是营销总监，中间层（现场管理层）是营销部经理，作业层是销售经理、预订员、美工。

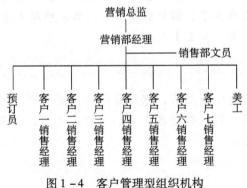

图 1-4 客户管理型组织机构

3. 区域管理型营销组织

区域管理型营销组织是指企业对市场营销组织的管理是从地域的概念出发进行相应的组织规划与管理。这种营销组织也是比较常见的类型，许多大的跨国餐饮集团为了管理方便，都在一定的区域范围内设定不同层次的管理组织对其所辖地理范围内的酒店进行相应管理。图1-5所示即为简单的区域管理型营销组织。

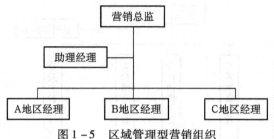

图1-5　区域管理型营销组织

一、知识训练

1. 简述营销部具体业务工作。
2. 描述营销部组织机构设置形式。
3. 说明营销部组织结构纵向上包括的层级，讨论层级数与管理效率的关系。

二、能力训练

案例1-4

A酒店是一家五星级商务酒店，该酒店营销部设置了营销总监1名，行政助理1名、营销副总监1名、高级销售经理3名、销售经理1名、客户经理1名、婚宴经理1名、客服中心人员3名、预订部经理1名，美工1名。

案例1-5

B酒店是一家五星级旅游度假酒店，它的营销部设置营销总监1名，营销部经理3名，销售主任3名、销售员2名、预订部经理1名、预订员3名、公关部经理1名、美工1名、宴会经理2名、销售员1名。

案例1-6

C酒店是一家四星级商务酒店，它的营销部设置营销总监1名、营销副总监1名、销售经理5名、行政助理1名、美工1名。预订业务属于前厅部。

请根据案例1-4、1-5、1-6分别画出三个酒店营销部的组织结构图，并说明各岗位的层级关系。

工作任务二 酒店营销部的人员管理

引导案例

小张的困惑

小张是某五星级商务酒店的餐饮服务生。某日，该酒店接待了一个非常重要的大型国际会议。小张的领班孙某在晚宴之前进行了详细的接待计划安排，考虑到在用餐高峰时客流量较大，领班孙某特别安排2名领座员，原本从事餐饮服务的小张被领班安排和小王合作在餐厅入口处做领座员。餐饮总监也在现场作指导。可是就在用餐高峰期之前，餐饮总监发现某包厢准备还不到位，于是临时让小张去该包厢做好卫生及相关准备的扫尾工作。小张见是总监的命令，不敢怠慢。可当小张准备完包厢回到餐厅入口处，客流量已经很大了，小王一人无法应付，导致不少客人不满。领班对小张擅自离开岗位给予严厉批评，并称事后将追究其相应责任。而小张简直是一肚子的冤枉，明明自己是被餐饮总监调用的，并不是擅自离岗，对领班的批评觉得很委屈。

分析案例请回答：

1. 领班对小张擅自离开岗位给予严厉批评对不对？
2. 如果你是小张应如何应对总监的命令？

相关知识

一、酒店营销部各岗位工作说明书

岗位工作说明书是说明各岗位的名称、所属部门、服务单位、工作区域、直属上级、直属下级及岗位职责与任务的书面文件。它明确了营销部各岗位分工负责范围、上下级关系、职责任务，规定了拥有的权利和义务，严格按照上级逐级领导下级、下级逐级对上级负责的统一领导分工负责的原则进行人员管理。下面列举出营销部16个岗位的岗位说明书。

1. 营销总监

[岗位名称] 营销总监

[所属部门] 营销总监办公室

[服务单位] 营销部

[工作区域] 营销总监办公室，营销部办公室

［直属上级］ 总经理

［直接下级］ 营销部经理

［岗位职责］ 全面负责酒店营销部的销售、公关工作，保证酒店营销战略和目标的实现。

［职责任务］ ① 参与酒店的高层决策，参与制定酒店的经营发展战略和目标。

② 组织制定并监督执行公关、营销等的相关规章制度。

③ 掌握国内外市场动态和潜在客户需求，制订公关营销活动方案。

④ 制定酒店市场战略和销售策略。

⑤ 指导并监督营销经理编制公关、销售等各项市场计划。

⑥ 组织并监督营销部经理开展各阶段销售工作。

⑦ 指导拟定酒店的广告策划方案，并对广告宣传工作给予指导和监督。

⑧ 监督和管理公关、营销活动的费用使用，严格按照开支范围和标准控制开支。

⑨ 参与营销部经理及副经理的招聘、培训与考核工作，负责对各个主管考核结果的审核工作。

⑩ 完成领导交办的其他工作。

2. 营销部经理

［岗位名称］ 营销部经理

［所属部门］ 营销部

［服务单位］ 营销部

［工作区域］ 营销部经理办公室

［直属上级］ 营销总监

［直接下级］ 预订主管、各销售主管、公关主管

［岗位职责］ 负责酒店营销部销售、公关活动的开展，保证营销工作计划的完成。

［职责任务］ ① 参与制定相关的公关营销规章制度，对执行情况进行监督和检查。

② 参与制定营销策略，负责编制年度市场销售计划，制定客房营销的计划与经费的预算，提出相应的政策性建议和措施方案。

③ 负责制订营销的各项业务计划，组织、协调、指挥控制本部门各项工作的准确实施，结合加强成本费用控制管理，切实抓出市场营销实效。

④ 主持本部门的工作例会，听取汇报，督促工作进度，解决工作中的问题。

⑤ 负责本部门日常工作的管理和检查督促本部门工作人员按工作流程和要求进行工作，实行规范作业。

⑥ 负责本部门员工的岗位业务培训，不断提高销售人员的业务知识水平和工作技能，全面提高销售人员的总体素质。

⑦ 协调本部门与酒店其他部门的联系，积极配合，搞好工作。

⑧ 建立良好的公共关系，协调好酒店与重要客户、旅行社、合作单位的关系，保持经常的联系和沟通，不断改进工作。

⑨ 审阅部门每天的业务报表，掌握酒店全面的销售情况、预订情况及计划和实际对照表，建立信息沟通网络，负责各类信息的分析和处理，特别是竞争对手的有关市场动向、经营管理和服务项目及设施等方面的最新情况，结合本酒店的特点提出有效改进措施，供营销总监决策和参考。

⑩ 负责各类对外合约的签订，亲自洽谈主要客户业务，接待他们的来访，并经常随同销售代表走访主要客户，与主要客户保持并发展良好的业务关系。

⑪ 掌握重要的销售和接待任务的情况，及时检查和督导销售人员做好促销和接待工作。

⑫ 组织建立并维护客户档案系统，督促相关人员及时整理可维护档案。

⑬ 掌握下属的日常工作业绩，创造民主管理气氛，鼓励员工的士气和积极性，不断提高管理效能，对销售人员进行激励、考核、评估。

⑭ 完成上级交办的其他各项工作。

3. 营销部秘书

［岗位名称］营销部秘书

［所属部门］营销部

［服务单位］营销部

［工作区域］营销部办公室

［直接上级］营销部经理

［直接下级］无

［岗位职责］协助和处理营销部的日常内勤工作。

［职责任务］① 执行营销部经理的工作指令并报告工作。

② 负责本部门各种文件、合同、通知、信件、报表业务档案、资料等的收发，登记和传阅、保管及回收工作，及时分类归档。

③ 通知落实营销部召开的会议，做好记录编写纪要。

④ 负责接待及处理来访，来访事宜转达有关人员。

⑤ 接听工作电话并做好来电留言和转告工作。

⑥ 负责统计本部门员工的考勤，领取发放工资、奖金。

⑦ 负责部门的物资管理，特别是固定资产的管理，制定年度所需办公用品的计划，做好领取、发放和登记工作。

⑧ 负责销售人员客情统计及销售收入核查工作。

⑨ 负责本部门财务报销工作。

⑩ 负责本部门合同的保管登记造册及发放相关部门。

4. 预订主管

［岗位名称］预订主管

［所属部门］营销部

［服务单位］营销部

［工作区域］预订办公室

［直接上级］营销部经理

［直接下级］预订员

［岗位职责］负责开展和督导预订服务工作，统计和分析客户信息，完成预订工作计划。

［职责任务］（1）制订预订工作规范、计划。

① 健全预订处管理制度，制订咨询、预订服务的工作规范及程序。

② 明确预订处工作目标，制订预订处具体的工作计划。

（2）组织开展预订服务。

① 监督预订员日常预订接待工作，及时为下属提供指导和支持。

② 监督预订员及时处理和发出预订信息，保证信息准确、到位。

③ 处理预订异常情况和客户投诉，有重要情况应及时上报。

（3）督办预订准备工作。

① 按规定及时检查各接待部门预订服务的准备情况。

② 落实预订信息的取消、更改，监督接待部门的执行情况。

（4）信息统计分析。

统计分析客户预订、消费的波动，及时提供给销售人员和公关人员，协助营销部经理做好部门总结工作。

（5）其他工作。

① 参与下属的培训和绩效考核工作。

② 完成上级交办的其他事务。

5. 旅行社销售主管

［岗位名称］旅行社销售主管

［所属部门］营销部

［服务单位］营销部

［工作区域］营销部办公室

［直接上级］营销部经理

［直接下级］旅行社销售专员

［岗位职责］具体负责酒店的旅行社销售，并与各部门协调做好旅行社客人的服务工作。

［职责任务］① 根据营销部经理的指示和营销计划，确定营业目标和销售重点，制定具体的销售计划并认真加以实施。

②做好旅行社接待的协调和组织工作。

③定期或不定期地拜访各类客户，不断保持与老客户的良好关系，同时不断开发新客户。

④经授权代表酒店与客户签订旅行社销售协议并与其他部门沟通，保持协议的实施。

⑤协助营销部经理收集整理市场信息，并提出建议性的意见，供营销部经理参考。

⑥具体负责日常旅行社销售工作，及时处理电话、传真与函件，准确无误地办理预订，确认更改或取消等工作，并按程序将信息传递到有关部门或人员。

⑦负责旅行社客户控制，为决策者提供准确的团队预订信息，确保旅行社用房准确无误。

⑧协助财务部、前厅等部门处理旅行社账务、开房、行李等事物。

⑨根据指示代表营销部经理出席有关会议，会后及时汇报。

⑩完成营销部经理交给的其他有关工作。

6. 商务销售主管

[岗位名称] 商务销售主管

[所属部门] 营销部

[服务单位] 营销部

[工作区域] 营销部办公室

[直接上级] 营销部经理

[直接下级] 商务销售专员、长包房销售专员

[岗位职责] 负责开展商务客户、长包房客户的销售工作及客户管理，全面完成商务销售工作计划。

[职责任务]（1）制订工作计划。

①制订年度、月度商务客户销售目标、走访计划。

②制订长包房的销售策略和销售计划。

（2）组织开展销售工作。

①组织下属开展客户走访工作，加强与客户的联络。

②不断拓展酒店的商务客户，扩大销售网络。

③组织酒店长包房客户开发工作，以达成目标出租率。

（3）客户管理。

①收集客户反馈信息，及时解决客户疑虑。

②主持或参与策划各类商务客户间的联谊活动，以增进感情。

（4）销售人员管理。

① 制订下属销售人员培训计划并组织实施，以提升他们的销售技能。

② 参与下属销售人员的培训考核、绩效考核工作。

7. 会议销售主管

[岗位名称] 会议销售主管

[所属部门] 营销部

[服务单位] 营销部

[工作区域] 营销部办公室

[直接上级] 营销部经理

[直接下级] 会议销售专员

[岗位职责] 负责开展会议销售及客户服务管理工作，完成会议销售计划。

[职责任务]（1）制订会议销售计划。

制订酒店会议服务或产品的销售计划，明确年度、季度及各月度的会议销售目标。

（2）组织开展销售工作。

① 组织销售拜访工作，定期走访政府机构、企事业单位及各类协会组织。

② 组织做好有意向的客户来酒店参观、咨询、洽谈的接待工作，努力促成合作。

（3）客户服务管理。

① 跟踪会议客户的服务，并根据客户的要求落实会议的前期准备事项。

② 组织做好客户资料的收集、整理与分析工作，以便全面地掌握客户的消费需求。

③ 积极听取会议客户对酒店会议设施、设备及服务情况的反馈意见，并及时转达相关部门。

（4）其他相关工作。

① 积极完善酒店会议销售及会议服务的各种工作程序、制度。

② 参与下属销售人员的培训、考勤与绩效考核工作。

8. 宴会销售主管

[岗位名称] 宴会销售主管

[所属部门] 营销部

[服务单位] 营销部

[工作区域] 营销部办公室

[直接上级] 营销部经理

[直接下级] 宴会销售专员

[岗位职责] 负责开展宴会销售及宴会服务工作，完成宴会销售计划。

［职责任务］（1）制订宴会销售制度、计划。

① 制订和完善宴会销售的各种管理制度、工作程序。

② 制订酒店宴会销售业务的销售计划，并组织销售人员按时完成。

③ 与餐饮部经理和行政总厨沟通协调，共同议定宴会销售价格。

（2）组织开展宴会销售工作。

① 组织开展市场信息的收集工作，大量收集客源信息。

② 组织销售专员定期走访目标客户，开展销售拜访工作。

③ 组织做好客户来酒店参观、咨询的接待工作。

（3）宴会服务。

① 检查宴会前准备工作的落实情况，及时与餐饮部宴会厅经理、厨师长进行沟通，确保宴会接待服务事项的落实。

② 及时解决宴会进行过程中出现的问题，及时处理客户意见，以保证客户满意。

（4）其他工作。

① 参与下属销售人员的培训及绩效考核工作。

② 完成营销部经理交办的、与宴会销售业务有关的其他事务。

9. 公关主管

［岗位名称］公关主管

［所属部门］营销部

［服务单位］营销部

［工作区域］营销部办公室

［直接上级］营销部经理

［直接下级］市场调查专员、广告策划专员、公关代表、美工

［岗位职责］组织开展市场调研、公关活动和广告宣传工作，完成公关工作计划。

［职责任务］（1）制订酒店公关制度及工作计划。

① 按照酒店年度市场营销策略，编制年度公关活动计划、广告宣传计划，并根据需要制订市场调研计划。

② 完善公关处各项管理制度及工作程序，并监督其落实、执行情况。

（2）组织酒店市场调研。

① 根据市场调研计划和实际情况，制订详细的调研实施方案。

② 根据酒店市场拓展需要和具体的调研方案，组织开展市场信息、客户资料的调查与收集工作。

③ 在对信息资料整理分析的基础上，做好市场分析和市场预测工作，为公关、销售活动的展开提供依据。

（3）组织开展酒店公关活动。

① 根据酒店年度公关活动计划，组织开展酒店促销、庆典、赞助、捐赠等公关活动，并协调各项活动的运作，确保活动的顺利开展和活动目标的达成。

② 拓展和维护酒店的各类社会关系，为酒店经营提供支持。

③ 参与各类媒体、贵宾的接待工作，参与处理各类危机事件，并向营销部经理、营销总监及时汇报。

(4) 落实酒店广告宣传工作。

① 落实并监督广告的执行计划，全面负责广告策划、平面制作与媒体投放等工作。

② 监督广告实施的质量，对广告投放效果进行调查与监测。

③ 根据广告投放效果的监测数据，定期开展广告投放分析，并撰写广告效果分析报告。

10. 预订员

[岗位名称] 预订员

[所属部门] 营销部

[服务单位] 营销部

[工作区域] 营销部办公室、预订中心的值班台、酒店内部公共区域

[直接上级] 预订主管

[直接下级] 无

[岗位职责] 执行预订主管的工作指令，并报告工作。

[职责任务] ① 控制房态，掌握当日及未来的房间状况，对可买房的状况做到心中有数。

② 控制团队及散客的住房比例。

③ 制作各种收入及市场分析日报表及统计报表。

④ 定期整理客人的客史资料。

⑤ 检查 NO—SHOW 及取消的客人名单，分析原因。

⑥ 受理各种类型的个人预订（散客、团队），包括订房的接收、处理、确认、修改、取消。

⑦ 检查网络中心返佣单，及时做好返佣工作。

⑧ 将客户协议输入酒店系统。

⑨ 与相关部门做好沟通协调。

⑩ 预订单、收发传真的存档工作。

11. 旅行社销售专员

[岗位名称] 预订部

［所属部门］营销部

［服务单位］营销部

［工作区域］营销部办公室、酒店内部公共区域、与酒店相关的客源市场

［直接上级］旅行社销售主管

［直接下级］无

［岗位职责］负责旅游团等团体在酒店下榻期间的沟通工作。

［职责任务］① 协助旅行社销售主管对团体旅行业务进行管理，如建立团队档案、收集最新资料等。

② 同前厅、餐饮、客房、财务等部门进行联络，以保证旅游团用房及用餐的安排合理。

③ 在旅游团到达前 7 天将旅游团资料（如人数、名单、停留天数、抵离时间等）汇总并分发至有关部门。

④ 在团队到来之前检查核实旅游团名单、房间分配、用餐地点及时间。

⑤ 在团队到达时会见旅游团领队和陪同，介绍酒店设施情况并通告团队用餐时间和地点。

⑥ 同组团单位或导游进行沟通以保证旅游团的各种安排顺利。

⑦ 填写每一个旅游团详细资料，如入住登记时间、实际用房量及预订用房量，领队姓名及登记时的其他事项，保持完整的记录，以利于追踪。

⑧ 在旅游团整个逗留期间同领队和陪同密切合作，以保证各安排有条不紊并使团队成员满意。

⑨ 在旅游团逗留期间款待旅游团领队及陪同，并同他们保持密切联系，以扩大酒店其他产品销售（如酒水、额外就餐及娱乐设施）。

⑩ 向旅行社销售主管提出建议以改善和提高旅游协调工作。

⑪ 在工作中遵守酒店所有的规定。

⑫ 完成营销部经理或其他管理人员安排的工作。

12. 商务销售专员

［岗位名称］商务销售专员

［所属部门］营销部

［服务单位］营销部

［工作区域］营销部办公室，酒店内部公共区域，与酒店相关的客源市场

［直接上级］商务销售主管

［直接下级］无

［岗位职责］负责推销酒店的产品，争取商务散客、长住客人及会议客人等，完成既定的营业计划，并帮助商务销售主管完成各项工作。

［职责任务］① 执行商务销售主管的工作指令，并对其报告工作。

② 根据销售拜访的要求：走访客户、征求意见、搜集信息、做好销售访问报告，并将有价值的信息上报营销部经理。

③ 每周末进行一周工作总结，填写每周销售访问报告。

④ 每周末进行下周走访客户的预约工作，重点客户上报营销部经理一同走访。

⑤ 接待来访参观的商务客户，做好酒店推销介绍工作。

⑥ 负责职责范围内的订房及协议事宜。

⑦ 向营销部经理汇报现阶段客户发展情况，并及时介绍一类客户给营销部经理认识。

⑧ 根据档案程序要求，负责商务市场的客户档案开设。

⑨ 不断收集竞争酒店的市场动向、销售策略、价格政策及出租率并及时报营销部经理，对各类客户的报价、合同价严格保密，切忌外泄。

⑩ 准时参加每日工作总结会。

⑪ 根据市场推广计划和销售策略的要求，负责市场的开拓和销售及会议接待工作的内部协调。

⑫ 了解年度展览会议市场信息，有针对性地对这些展览公司与举办单位进行接触和促销。

⑬ 了解各合资企业的年度会议、促销会议、培训会议市场情况，开拓与此有关的会议业务。

⑭ 积极招揽本地区每年常规大型会议活动及节庆活动的业务。

⑮ 积极开拓高校委办的海外团体和校庆活动。

⑯ 负责会议市场信息的收集和分析，并将有价值的信息上报部门经理。

⑰ 做好会议的组织协调工作，与餐饮、客房、前厅等部门和岗位加强沟通，及时送达有关通知单，确保会议活动顺利进行。

⑱ 按照会议的接待顺序，在客户入店前收取订金并确保结账工作准确无误。

⑲ 会后负责收集会议客户的意见和建议，并上报部门领导。

⑳ 发挥主动性与积极性，认真完成上级交办的其他任务。

13. 长包房销售专员

[岗位名称] 长包房销售专员

[所属部门] 营销部

[服务单位] 营销部

[工作区域] 营销部办公室、酒店内部公共区域、与酒店相关的客源市场

[直接上级] 商务销售主管

[直接下级] 无

[岗位职责] 负责具体实施酒店长包房业务销售工作，拓展客源，维护客户关系，完成销售任务。

[职责任务] ① 开展市场调研工作，分析潜在客源并收集客户资料。

② 与大公司、大商社、社会组织建立联系，以挖掘潜在客户。

③ 按计划定期拜访目标客户，把握客户动态，与其建立良好的关系。

④ 根据客户需要，向客户推介酒店的长包房服务项目及配套的政策。

⑤ 经授权代表酒店与客户签订长包房协议，并及时与其他部门沟通，以保证协议顺利实施。

⑥ 处理客户意见和客户投诉，超过权限范围内的投诉和问题应及时上报。

⑦ 整理并及时归档客户信息，为维护客户关系、信用管理提供资料。

14. 会议销售专员

[岗位名称] 会议销售专员

[所属部门] 营销部

[服务单位] 营销部

[工作区域] 营销部办公室、酒店内部公共区域、与酒店相关的客源市场

[直接上级] 会议销售主管

[直接下级] 无

[岗位职责] 负责销售酒店会议产品，与客户保持良好的合作关系，并协助财务部收银处做好会议客户的结账工作。

[职责任务] ① 按计划进行客户的联系、拜访工作，开展会议产品的推介工作。

② 在授权范围内与客户开展会议预订的洽谈、签约工作。

③ 接待来酒店参观、咨询的客户，介绍酒店的设施和服务。

④ 布置并定时检查会议预订的各项服务及设施设备的准备工作。

⑤ 在会议进行中协调酒店各部门做好会议的服务工作，及时处理客户的意见。

⑥ 协助财务部做好会议客户的资信调查、账款结算工作。

⑦ 对会议客户所欠账款应及时催收。

⑧ 及时收集整理客户的信息资料，为会议销售工作做好准备。

⑨ 及时整理会议销售及会议服务过程中的各类文件资料、客户反馈意见，并建立客户档案，留待档案管理员月底归档。

15. 宴会销售专员

[岗位名称] 宴会销售专员

[所属部门] 营销部

[服务单位] 营销部

［工作区域］营销部办公室、酒店内部公共区域、与酒店相关的客源市场

［直接上级］宴会销售主管

［直接下级］无

［岗位职责］负责推介宴会产品，对宴会事项予以跟进、落实，以确保客户对宴会服务的满意度。

［职责任务］① 根据销售计划拜访或电话访问潜在客户。

② 负责来访客户参观、咨询的接待工作，介绍酒店宴会服务、设施设备及相应的销售政策。

③ 负责与客户洽谈宴会的各项细节并及时确认，与客户签订宴会协议。

④ 实地检查宴会场地布置、菜品设计等前期准备工作，与相关部门协调落实宴会接待服务事项。

⑤ 在宴会进行中负责协助宴会主办方做好赴宴宾客的招待与服务工作。

⑥ 宴会结束后，向客户发函致谢，并征求客户对宴会服务的意见和建议。

16. 美工

［岗位名称］美工

［所属部门］营销部

［服务单位］营销部

［工作区域］营销部办公室、酒店内部公共区域，与酒店业务相关的客源市场

［直接上级］公关主管

［直接下级］无

［岗位职责］负责酒店形象展示、环境美化、广告宣传等所需宣传品的美工设计、外联制作及酒店环境的陈列布置工作，完成酒店图片拍摄和各类美术品的设计、制作、选购。

［职责任务］① 在公关主管的领导下，具体负责绘制酒店各种美术宣传品、广告、营销材料、菜单等工作。

② 负责酒店各种广告、招牌、招贴、装潢、徽标、工艺美术宣传的加工配置工作。

③ 配合酒店接待任务，负责美术设计、环境布置、内部装潢等工作。

④ 会同社会上的影视传媒单位处理好酒店的对外广告宣传工作，树立为企业经营服务的思想，扩大对外影响。

⑤ 负责收集有关酒店美术、宣传品和器材的保管，并提出购买计划，填写领料单等，要降低成本，减少开支。

二、酒店营销部的人员管理

1. 建立健全规章制度

建立健全各项管理制度是为了更有利于管理，为了使营销部各岗位的工作更有序、效率

更高、质量更好。在部门制定某些制度时可采取民主集中制的方式，这样形成的制度才能得到大家的认同，并自觉地执行。

（1）制度制定的原则。

① 必须结合酒店自身和本部门的实际情况加以制定。

② 制度一旦建立，就应该坚持执行。

③ 将制度的执行情况作为绩效考核的一方面，强化制度的执行和落实。

④ 制度在执行过程中根据具体情况可进行适当变通。

（2）制度的执行。

制度的执行需要督导，一方面营销部经理经常监督员工遵守各项规章制度的行为；另一方面执行制度还需要遵循一定的方法、程序、步骤并注重灵活性，只有正确理解和掌握制度才能做到真正有效的执行。

营销部的管理制度主要涉及人员的组织纪律、工作规范和操作流程。营销部的基本制度有《销售拜访制度》、《客户档案管理制度》、《服务质量管理制度》、《销售晚例会管理制度》、《账款催收制度》、《宴请客户管理制度》、《考勤管理制度》、《销售奖惩制度》、《免费停车卡管理制度》。

2. 确立销售队伍的规模

酒店销售团队规模的大小对酒店营销成本、收入及利润都具有相当大的影响，所以必须根据酒店自身经营情况，即酒店经营规模、酒店资金限度、酒店经营目标、酒店发展规划、酒店网络化程度、销售员等候拜访客人、宣传推销、销售旅行、编写销售报告、打电话、销售准备、查阅资料、交通、就餐等实际工作量，确立与之相适应的销售团队规模。确定合理的销售团队规模。

大多数酒店常采用工作量法来确定销售队伍的规模，其操作步骤如下。

① 按年购买量的大小对顾客进行分类，并确定每类顾客的数目。

② 确定每类顾客一年内需要访问的平均次数。

③ 计算访问所有顾客所需的总次数，即年访问总工作量。

④ 用总次数除以一个销售人员一年内可以完成的平均访问次数。

计算酒店销售团队人数的公式为

$$酒店销售团队人数 = \frac{实际和潜在客人数 \times 拜访次数}{销售员年工作日 \times 平均每天拜访次数}$$

例：假设某企业有 1 000 个 A 类顾客，2 000 个 B 类顾客。A 类顾客一年平均需要访问 36 次，B 类需要访问 12 次。假设该企业销售人员平均每天拜访次数为 5 次，则需要的销售人员数量为：

$$[(1\,000 \times 36) + (2\,000 \times 12)]/[(365 - 104) \times 5] = 46(人)$$

即该企业需要配备 46 名推销人员。

3. 明确营销人员的职责和基本素质要求

酒店针对不同层次的销售岗位进行工作分析，并制定出岗位说明书，明确销售人员的工作职责和人员素质要求，作为招聘和挑选推销人员的标准和依据。

西方发达国家评价酒店营销人员的综合能力采用了科学的方法，他们把综合能力分解成了 30 个能力子系统，以"低、较低、中、较高、高"5 个标准对应聘者进行综合考察。其中，对营销人员要求较高的是：承受压力的能力、灵活性、精力体力、主动性、决策果断性、忠诚性、集体观念、冒险的胆量、谈判才能、记忆力、责任心、受教育程度、实践能力、商业经验和酒店基本知识。要求最高的是：①容易接近；②可信性；③气质；④外语口才。

4. 人员的招聘与培训

人员招聘工作完成后，重要的工作就是对营销人员进行培训，以提高他们的业务素质，确保企业销售目标的实现。

目前已经有越来越多的企业认识到，持续、有效的培训对于打造一支高素质的销售队伍、提升企业的销售业绩的重要性。国外有关资料统计也表明，对员工培训投资 1 美元，可以创造 50 美元的收益，它的投入产出比为 1∶50。

5. 人员的考核

营销人员的工作业绩直接关系到酒店销售目标的实现，酒店要打造一支高绩效的营销队伍，除了应做好推销人员的选拔与培训工作外，还需要针对销售人员的各种需要提供有效的激励，并对销售人员工作过程和工作结果实施有效的控制。

1）营销人员的激励办法

对营销人员进行有效的激励是调动营销人员销售的积极性、提高销售业绩的好方法。对营销人员的激励应注重物质激励与精神激励相结合，常用的方法主要有以下几种。

（1）营销人员的薪酬激励。为激励营销人员努力完成销售任务目标，酒店首先应拟订一个具有吸引力的薪酬制度。一般营销人员都希望收入稳定，要对超额完成任务给予必要的奖励，对他们的经历和资历给予合理的报酬。因此，有效的薪酬制度必须对销售人员的报酬水平和报酬的构成作出决定。营销人员报酬水平的确定应参照"现行市场价格"，与竞争企业营销人员的报酬水平相比具有竞争力。对于营销人员的报酬构成主要有以下三种类型。

① 单一的计时工资制（固定工资）：对营销人员根本没有激励作用，因此采用的酒店也较少。

② 纯佣金制（销售提成）：由于无法满足对营销人员基本生活的保障功能，因此应用的范围较窄。

③ 组合式的薪金制度（固定工资＋可变工资）：这是目前我国酒店采用得较多的薪金激励制度，但具体构成项目也有所不同，主要形式有三种。

第一，固定工资＋销售提成。这种薪金构成一般固定工资很低，主要依靠销售提成。这种薪金制度能否对营销人员起到有效的激励作用关键要看酒店能否科学合理地确定营销人员的销售定额。由于这种薪金制度容易操作，管理成本较低，所以经常被一些经济实力不强、管理水平不高的中小型酒店所采用。

第二，固定岗位工资＋绩效工资＋奖金。这种薪金构成的好处是将营销人员的工资发放与绩效考评结果联系起来，有利于引导推销人员自觉完成酒店所设定的工作目标。对于营销人员做出的特殊贡献，酒店可给予一定的额外奖金。采用这种薪金制度对酒店的管理水平要求较高，酒店投入的管理成本也较多，因此，一些管理基础较好的大中型酒店多采取这种薪金制度。

第三，固定岗位工资＋绩效工资＋销售提成。

（2）营销人员的福利激励。福利激励法主要是指除了薪金以外给予营销人员的额外福利激励方法。例如，一些酒店按照达到不同水平销售额，分别给予不同的推销人员以休假、旅游的奖励，或者给予住房、汽车、会员卡、购物卡或者高额保险的奖励等。

（3）营销人员的非福利激励。在收入水平比较高的行业或者地区，营销人员也许比较重视非福利激励法，如上级或同事的赏识、晋升或学习的机会、良好的工作环境或气氛、良好而且认同的企业文化等。非福利激励法受到越来越多的推销人员的青睐。

2）营销人员的绩效考评

目前许多酒店为保证战略发展目标和产品销售目标的实现，都实行了营销人员的绩效考评制度。营销人员的绩效考评，是酒店对营销人员的工作效率和工作效果所进行的事后考核与评价，它更加侧重于对营销人员工作结果的评价。

常用的营销人员绩效考核指标主要有以下两项。

（1）定量考核指标。

① 销售额：最常用的指标，用于衡量销售增长状况。

② 毛利：用于衡量利润的实现情况。

③ 每个销售人员平均每天进行销售访问的次数，用来衡量推销人员的努力程度。

④ 每次销售人员访问中平均接触顾客的时间。

⑤ 每次销售人员访问的平均收入。

⑥ 每次销售人员访问的平均成本。

⑦ 每次销售人员访问的招待费。

⑧ 每100次销售人员推销访问的订货单百分比。

⑨ 每一时期新客户数，用于衡量营销人员的市场开发能力。

⑩ 每一时期失去的客户数。

⑪ 销售队伍成本占总成本的百分比。

（2）定性考核指标。

包括营销人员掌握的产品知识、酒店政策、竞争状况，对自己的时间管理，销售访问准备状况，与客户的关系，个人仪表，健康状况，个性，文化素质，合作能力，制定决策的逻辑性。

6. 营销人员的日常管理

日常管理工作的开展主要有三种方式。

（1）会议管理。会议包括每日晨会、每周例会、每月总结会。会议主要内容包括：团队成员总结上阶段的工作执行情况，计划下阶段的工作目标及内容，提出工作中存在的问题；团队领导对上阶段营销工作做出整体分析与点评，对下阶段工作作出安排；公布团队成员上阶段的业绩，奖励先进、对后进提出整改建议；开展营销专题讨论或培训，帮助团队成员提升技能、调整心态。

（2）表格管理。常用的营销管理表格有三种。

① 工作汇报表，如每日销售拜访、销售部每日工作报告表。主要内容包括汇报人的订房及结账情况、市场信息反馈、客户及业务员的建议等总结性内容。

② 客户访问情况表，如拜访客户时间表、客户访问卡、每日销售访问报告表。主要是对营销人员进行监控及时间安排的表格。

③ 客户档案表，如现有客户档案表、客户与酒店往来记录表。主要是推销员通过详细、适时、真实的调查后，针对自己的工作对象分类型地建立起的表格。

（3）场所管理。营销团队日常办公场所应该营造一种安静、温暖、宽松、规范的工作环境。

 实训考核

一、知识训练

1. 描述营销部各岗位说明书的内容结构。
2. 说明对营销人员进行培训工作的步骤。
3. 简述对营销人员进行日常管理的方式。
4. 列举常用的营销人员绩效考核指标。

二、能力训练

根据营销部各岗位说明书的内容，结合学生自己的兴趣爱好，组织学生开展一场竞聘上岗演讲。要求每人演讲 5 分钟，加深对营销部各岗位职责任务的认识。

案例 1–7

某市一家中等规模的商务酒店从开业以来，客房出租率一直很低，能容纳 150 人的会议室也长期闲置。酒店总经理找来销售部经理研究，制定了一系列调动销售人员积极性的政策。例如：提高了销售任务指标，同时也提高销售总额提成比例，提高了销售费用标准。但是推销人员的积极性并没有明显提高，销售业绩也没有明显改观，而且由于不同区域的销售

任务指标不同、提成比例不同，销售人员相互之间也有意见，销售经理苦恼极了。

问题讨论：

1. 为什么总经理提高了销售总额提成比例，营销人员的积极性没有明显提高？
2. 如何激励营销人员的工作积极性？

✎ 项目二小结

1. 现代营销部门的组织可以有多种形式。有些酒店按照职能来设置，有些酒店按照客户来设置，还有些酒店按照地区来设置。营销部机构设置形式取决于酒店营销业务的性质和业务量的大小。在机构设计上本着高效精干的原则设置岗位。这样可以大大提高工作效率，节约人员开支。

2. 营销部各个岗位的名称、所属部门、服务单位、直属上司、工作区域及职责任务等内容是用岗位工作说明书来说明的。所以了解了岗位说明书的结构和内容，营销部的每个人员才知道自己该做什么，才能进行工作。

3. 对营销部的人员管理，主要是从建立规章制度、确立销售队伍的规模、明确营销人员的职责和基本素质、进行销售人员招聘和培训、对销售人员的考核和激励、对销售人员的日常管理等方面进行。

◔ 参考资料信息

营销人员经常要问的十四个问题

1. 如何识别和选择所服务的细分市场？
2. 如何把我们的产品与竞争者的产品差别化？
3. 如何应对要求低价的顾客？
4. 如何与低成本、低价的国内外竞争者竞争？
5. 如何为每个顾客定制产品？
6. 用哪些主要的方法使我们的业务成长？
7. 如何建立自己的品牌？
8. 如何减少顾客的成本？
9. 如何使我们的顾客保持长期的忠诚？
10. 如何辨别哪些顾客是更重要的？
11. 如何衡量来自广告、销售促进和公共关系的回报率？
12. 如何改进销售队伍的效率？
13. 如何建立多重渠道和管理渠道？
14. 如何使公司的其他部门配合营销人员？

模块二　酒店营销环境调研与预测

要想开展酒店营销业务活动，实现酒店经营目标，首先应对酒店所处的内外环境及顾客进行调研分析，预测未来酒店发展的走向。本模块首先介绍酒店营销的内外部环境因素及其对酒店营销的影响；其次，探讨顾客的购买行为特点；最后阐述酒店营销调研的设计与实施。

项目一　酒店营销环境分析

项目描述

酒店的营销活动都是在不断变化的环境中开展的，要想制订有效的营销战略，制订具体的营销计划，首先必须了解营销环境的各个因素及其对营销活动的影响。本项目包括酒店营销环境和环境分析方法两个工作任务。

项目目标

【知识目标】了解酒店营销环境包括的要素；理解这些环境要素对酒店营销活动的影响；能够理解酒店营销环境分析的作用。

【能力目标】能够根据酒店营销面对的宏观环境评估哪些环境要素是机会、威胁；对酒店面对的微观环境评估哪些要素是优势、劣势；能够用 SWOT 分析法进行环境分析；写出营销环境分析报告。

工作任务一　酒店营销环境

 引导案例

假日酒店——世界酒店业的神话

世界最大的酒店连锁企业——假日酒店网的创始人凯蒙斯·威尔逊在 1951 年携全家到华盛顿旅游。这次旅游使他吃尽了苦头：吃得次、住得差、价格高。由此，他产生了自己建造旅馆的想法。

他分析了当时的形势：动荡不安的年代随着战争的结束成为过去，经济即将恢复和发展起来。随着世界和平的实现和人民生活水平的提高，旅游者必然多起来，旅游者对吃住条件的要求也会提高，不会像战争时期那样，外出的人有个地方就行了。于是他决定创办适合于家庭旅游者消费的舒适而价格合适的旅馆。1952 年 8 月，他从当地银行贷款 30 万美元，在通向美国田纳西州孟菲斯市的主要通道——夏日大道上建成了拥有 120 个单元房的汽车旅馆，定名"假日酒店"。随后 20 个月内，又建成了三个同样的汽车旅馆。由于凯蒙斯的假日酒店适应了市场的需求，因而获得成功。有一次，一位住在假日酒店的客人说，他希望在整个旅行过程中都住这样的旅馆。说者无心，听者有意，这位顾客的一句话启发了凯蒙斯，激起了他建立连锁汽车旅馆的兴趣。这种连锁旅馆标准相同，价格一样，可以预订，对同一消费水平的客人既合适又方便。于是，他又同华莱士、约翰逊一起创建了"美利坚假日公司"，靠出卖特许经营权和向公众出售股票，获得巨大利润。

1956 年，美国政府大规模修造联邦州际公路网。凯蒙斯认为这又是一个机遇，又筹集了 70 万美元建造了三家旅馆。60 年代以后，又与石油公司联合，使假日酒店网的酒店发展到上千个，几乎每两三天就有一家新的假日酒店开业，假日酒店在美国 50 个州已遍地开花。国内市场进入饱和，于是又向国外扩展，到目前，假日酒店网在美国及世界各地拥有和经营的酒店 1 800 多家，其地点也由公路干线进入到城市，有的还深入到海滨或休养地，建筑也由一两层的矮房发展到高层。国际假日酒店成为在全球 55 个国家拥有旅馆的世界最大的酒店连锁企业。

分析案例请回答：

1. 凯蒙斯·威尔逊在 1952 年建造旅馆时怎样分析当时的宏观环境？

2. 凯蒙斯·威尔逊选择什么样的地理位置建造酒店？

3. 在 1956 年他又一次抓住了一个机会，他是怎样利用这次机会的？

![相关知识]

每一个企业都处在一定的环境中，营销环境包括酒店的外部环境与内部环境。酒店既要适应外部环境及其变化趋势与特点的要求，又要与内部条件所提供的资源相匹配。营销环境分析的目的是认识环境、适应环境、改造环境，从而寻求商机避免危机。

一、酒店宏观环境

酒店宏观环境是指间接影响和制约酒店营销活动的条件和因素，主要包括：政治与法律、经济、科技、人口、社会文化和自然社区等环境因素，如图 2-1 所示。

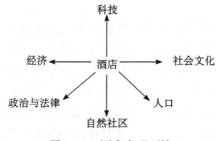

图 2-1 酒店宏观环境

1. 政治与法律

任何国家都要运用政治和法律手段对社会经济进行规范和干预。要求对调查地区的政治法律环境进行分析，主要有影响企业营销的经济政策、法律法规，包括越来越多的影响企业经营的立法与管制、政府执法机构的变化、日益增长的对道德与社会责任的强调等。

任何国家、任何社会制度下，政治都是企业营销活动最重要的影响因素，尤其对酒店。国家政局稳定，会促进旅游业的发展。政治对酒店的影响是双向的，即酒店营销活动不仅受国内政治的影响，还受到客源国政治的影响。

2. 经济环境

1) 经济发展状况

(1) 国民收入。经济发展水平决定国民平均收入水平，国民平均收入水平又决定社会购买力的大小，若经济发展快，人均 GDP 就高，社会购买力就大，营销成功的机会就多。一项资料表明：

● 一个国家人均年国民收入达到 400 美元时，就会萌生国内旅游的欲望并具备必需的经济条件；

● 一个国家人均年国民收入达到 800 美元时，出国旅游就会提到生活日程上来；

● 一个国家人均年国民收入达到 1 000 美元时，就有就近出国旅游要求；

● 一个国家人均年国民收入达到 3 000 美元时，就有出国远程旅游的要求。

旅游营销可考察本地区总体经济情况（包括失业率、经济趋势）、产业支柱、迁出迁入本地区的产业，本地区是否有旅游和观光委员会，有哪些旅游资源，有哪些主要社区活动及举办日，有哪些体育活动及举办日，有哪些社团活动可带来旅游者。

（2）消费者收入水平。消费者收入水平分析一般有三个指标：人均个人收入、个人可支配收入、个人可任意支配收入。个人可任意支配收入是社会购买力的最活跃因素。收入的增加，可以促进购买力的增强。但收入的增加额并不等于购买的增加额。"消费倾向理论"认为，收入增加到一定程度后，消费随收入增加的比例将降低，而储蓄随收入增加的比例会逐步增高。

（3）消费者支出模式和消费结构。家庭和个人收入的变化对消费结构会有重大影响。营销人员应该更加注意收入的分布状况和平均收入水平。消费结构是指各类消费支出在消费总额中占的比重。其中食物支出占消费总支出的百分比，被称为恩格尔系数。恩格尔系数是联合国衡量一个国家或一个地区贫富的重要指标之一。恩格尔系数越大，说明一个国家（地区）人们的收入越少，用于购买食物的支出在总支出中的比重就越大，而用于非食物支出方面的比例就会减少，反之亦然。"恩格尔定律"揭示：随着个人收入增加，用于购买食物的支出占消费总支出的比重将会下降，而用于居住、交通、教育、娱乐、保健等方面支出的比重将会上升。

按联合国划分贫富程度的标准，恩格尔系数在 60% 以上的国家为饥寒型国家，在 50% ~ 60% 为温饱型国家；在 40% ~ 50% 为小康型国家；40% 以下为富裕型国家。

（4）消费者储蓄和信贷情况。

① 银行利率。社会购买力与银行利率呈反比关系。银行利率愈高，居民储蓄倾向愈强，社会购买力下降，反之亦然。一般来说，消费者储蓄的目的是以备意外急用，或投资于孩子的未来教育，或是为了自己退休以后的生活。但也有例外，储蓄为了购买房屋、汽车和大件家电产品等。

② 信用消费。所谓信用消费是指个人金融服务的一种形式，是金融机构为使消费者能够购买商品或获取服务而提供的信用贷款。信用消费是影响消费者购买力和支出的一个主要因素。一个社会信用消费的水平愈高，社会购买力愈强，企业的营销机会也愈大。

（5）地区与行业发展状况。地区经济发展的不平衡，对酒店的投资方向、目标市场及营销战略的制定等都会带来巨大影响。

（6）城市化程度。酒店在开展营销活动时要充分注意到消费行为的城乡差别，相应地调整营销策略。

（7）经济发展阶段。W. W. Rostow 提出经济发展五阶段：①传统社会；②起飞前夕，即农业向工业转移；③起飞阶段，即工业化进程加快，收入增加，购买力上升；④走向成熟阶段；⑤高消费阶段。

2）交通状况

交通是旅游发展的支柱。交通的延伸、交通费用的高低、交通的改善会引发酒店结构的调整，也会使新型酒店脱颖而出，如机场酒店、市郊酒店、汽车旅馆、星级游轮酒店，这些与固定型酒店有很大区别。必须清楚什么交通工具服务于本地区及每年的乘客数，通信、邮电等基础设施是否完善。

3）汇率

人民币汇率变化对旅游、酒店的影响是非常明显的。

3. 科技环境

新技术引起的酒店市场营销策略的变化，开发新产品是酒店开拓新市场和赖以生存发展的根本条件。因此，要求酒店营销人员不断寻找新市场，预测新技术，时刻注意新技术在产品开发中的应用。国际互联网技术的发展及应用，使酒店预订系统成为酒店垄断客源的一种手段，可以在瞬间将自己的客房销售给位于世界各地的顾客。酒店能够通过信息技术，正确应用价值规律、供求规律、竞争规律来制定和修改价格。此外，广告媒体多样化，促销成本降低。新技术引起了酒店经营管理的变化，未来酒店已不再单纯要求舒适、美观、服务周到，而需要向智能型转变。具备办公自动化系统（以财务为中心）、楼宇自动化管理系统、通信自动化管理系统的酒店，简称3A酒店。

新技术在酒店建筑室内设计上体现为，节约和充分利用室内空间，并考虑室内的多功能和综合使用；节约能源及室内装饰材料，尽可能利用阳光、太阳能，充分运用自然通风，节省室内装饰材料；降低酒店产品成本。使用无污染、无害于人体的绿色装饰材料；创造高质量的室内热环境和空气质量环境，使用节能型绿色照明光源；创造回归自然、生态型的室内空间环境。

新技术、新设备在酒店广泛应用，改善企业管理，提高经营效益。新技术对购买习惯的影响，使消费者更倾向于通过互联网在家里或办公室预订，并且在消费过程中，自主性有了很大提高。

4. 社会与文化环境

文化环境包括影响一个社会的基本价值观念、偏好和行为的风俗习惯和其他因素。社会塑造了人们的基本信仰、价值观和世界观。

社会文化是影响人们购买行为的基本因素。不同社会文化环境，每个人受教育的程度、生活方式、风俗习惯、价值审美观念都有明显差异，从而就有不同的消费习惯和购买特点。要求对所调查地区消费者的民族、籍贯、受教育程度、价值观念、风俗习惯和宗教信仰进行分析，分析特定社会文化对消费者消费习惯、购买行为的影响。这是文化价值的传承性对酒店的影响。而且，每一个社会都有亚文化，它由在共同生活经验或生活环境基础上形成的有着共同的价值观念体系的人群所构成。根据亚文化团体所表现出来的不同要求和购买行为，营销人员可以选定这些亚文化群体作为目标市场。

5. 人口环境

人口是构成市场的基本要素。人口环境及其变化对市场需求有着长久整体的影响，是决策者营销活动的基本依据。市场是由那些想购买商品，同时又具有购买力的人构成的。人口环境分析的主要内容包括以下几个方面。

（1）酒店所在地区的人口总数和增长或降低速度。在收入水平一定的条件下，总人口数量决定市场需求总量，特别是基本生活资料的需求。在统计一个地区的人口总量时，不仅要统计居住人口的数量，而且要考虑到流动人口的数量、人口流动的区域（流域）、人口流动的时间长短（流时）、人口流动的距离（流距）。人口流动的比率（流率）、流动人口的结构变化对酒店的营销策略、方法都产生影响。

（2）人口的地理分布。即酒店所在地区的民族结构、人均收入等级、酒店周围的建筑情况。

（3）人口结构及老龄化。人口结构决定市场需求的结构，人口结构主要分析的是人口的性别结构和年龄结构。2025 年 60 岁以上的人口约占总人口的 25%。

（4）人口出生率。

（5）家庭状况。家庭是生活用品消费的主要购买单位。应对家庭数目和家庭类型进行统计，未来家庭日趋小型化、核心化。

6. 自然社区环境

自然社区环境是由企业营销所处的地理位置、气候、交通条件等因素构成的。不同国家、不同地区的自然物质条件是有差异的，这些差异会影响社会经济发展水平，会引起人们的消费差异，从而影响酒店的营销活动。环境问题是近 20 年来人们越来越关注的问题，酒店的营销活动应该考虑到当前社会自然资源日趋短缺、环境污染日益加剧，必须适应和注重"绿色营销"的开展。对商业酒店或市郊酒店，社区环境包括社区阶层状况、交通状况、市容、市貌、社区规划、污染状况及商业配套设施。

二、酒店微观环境

酒店微观环境是指与酒店关系密切、能够直接影响酒店营销活动的各种因素，它们包括：酒店自身、供应商、营销中间商、顾客、竞争者和公众，如图 2－2 所示。

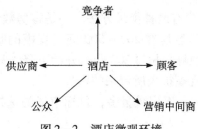

图 2－2　酒店微观环境

宏观环境因素决定微观环境因素，宏观环境常常通过微观环境作用于酒店的营销活动，对酒店营销活动产生制约和影响；微观环境对宏观环境也具有重要的反作用。所有环境因素直接或间接、单独或交叉地对企业发展构成机会或威胁。

1. 酒店自身

酒店内部涉及财务、销售、管理、员工、产品、企业形象和资源分配等。

（1）要考虑最高管理层的意图，以最高管理层制定的任务、目标、战略和政策为依据，制订营销计划，报最高管理层批准后执行。

（2）要考虑与其他部门的协作，如财务（资金）、R&D（产品研发）、采购、生产（合格产品）、会计（收入与成本）。

（3）营销业务、营销活动发展的历史和现状。对酒店过去所进行的营销活动、活动的类型、市场的反馈及收益状况的分析有助于酒店在此基础上找准新的营销重点，开展有针对性的市场推广工作，减少盲目性。营销活动内容包括广告、销售促进、直接人员推销、出版物与公关、店内促销、针对业界的营销、其他营销活动。分析这些营销活动的费用支出对目标市场及活动的效果。

（4）酒店能力。包括竞争能力、生产能力、销售能力、财务能力、获利能力、创新能力。酒店的财务能力是通过酒店不同层次、所有部门的成本、费用和收入情况进行对比分析，识别酒店创利能力和经营不良的因素。判断未来财务状况中面临的机会和威胁。酒店的销售能力主要用客房总数、出租率、市场份额、平均房价、可售房平均收入、客人总数、客人平均消费、餐厅饮食收入、宴会收入、酒吧收入、客人总数、平均消费等指标来分析和判断，从而分析酒店具有的优势和劣势。对管理人员的分析主要针对决策能力、创新能力、组织能力和管理能力进行，判断酒店的优势和劣势。

（5）酒店组织结构与管理体制。

（6）酒店内部硬件环境。主要包括：地理位置选择、整体规模设定、建筑设计与装修、大堂布局与设计、客房陈设、餐厅特色及服务。

① 地理位置选择：选择位置因素，如交通、商业设施、自然旅游景点；选址与地价，选址涉及价格通常占投资额的 30% ~ 50%，一般包括土地征用费、征地拆迁费及利息支出，土地成本受土地所在地理位置、市政设施、土地利用状况、土地用途、人口密度、建筑容积、政府政策、使用年限等因素影响。

② 整体规模设定：酒店规模有两种衡量方法，一是客房数量，二是总建筑面积。我国酒店以中型酒店为主，大多数酒店客房在 200 ~ 500 间。规模的临界点是 200 间客房，即劳动生产率在 200 间客房时，处于顶峰；超过 200 间，开始下降；只有当规模扩大到 500 间以上，规模经济产生的效益才能超过规模扩大所带来的损失。

● 规模和经营范围。规模大，客房数量多，目标市场的选择范围就有很大的灵活性；客房类别可以多样。

● 规模与面积利用率。酒店建筑面积按其功能分为五大部分：一是客房所占面积，通常占总面积的 65% ~ 80%；二是公共区域所占面积，包括大堂、餐厅、会议室、宴会厅，占总面积的 15%；三是服务区所占面积，包括食品加工储存区、工程机械区，占总面积 10%；

四是康乐设施所占面积，包括游泳池、健身中心、网球场，占总面积的 1%～2%；五是行政区域所占面积，包括行政办公用房，占总面积的 1%。

● 规模与容积率。建筑物总建筑面积/建筑物占地总面积称容积率。

● 规模与酒店类型。酒店规模和类型上的发展趋势是：豪华型酒店在新建酒店类型中所占比重在下降；中价型酒店所占比重在上升；节俭型酒店所占比重在下降。

③ 建筑设计与装修：酒店建筑的外观设计，包括与建筑物相配套的环境设计。一个成功酒店建筑应该具备的特点：造型新颖，风格独特；外表美观、壮丽，富有艺术感；采光性能好，视野开阔；坚固安全；酒店标志明显；出入口畅通、方便，有足够使用的停车场；门前美化，装饰有特色；新建酒店完工后需装修；老酒店 5～6 年要装修改造一次，一般装修改造周期也不超过 10 年。

④ 大堂布局与设计：合理的大堂布局主要表现在四个方面：第一，多种功能各执其位，互不干扰；第二，布局考虑到功能的衔接性，方便操作；第三，既有利于提高大堂面积的经济效益，又有利于为宾客创造舒适的环境；第四，兼顾顾客的出行习惯和规律，方便顾客。还应通过绿树、花草、灯光、音乐等装饰创造大堂气氛；现代大堂设计多采用中庭格局，就是将酒吧、餐厅、商店均安排在大堂中，充分体现了建筑的文化功能和经济功能，创造了一种酒店气氛。

⑤ 客房陈设：客房主要由以下几个方面构成。一是客房面积，大小应与价格成正比，国际上酒店标准间的建筑面积通常为高档酒店 47 平方米、中档 36 平方米、中低档 25 平方米；二是客房设施，包括配套家具、空调、电视、电话、地毯、椅子、枕头、照明灯具；三是客房装修，包括壁纸、地毯、挂画、饰物，体现装修质量及房间整洁度；四是卫生间，不能过小；五是客房总数、客房类型、每日可提供客房数。

⑥ 餐厅特色：餐厅是酒店整体营销的一个重要影响因素。一般餐厅收入占整个酒店营业收入的 30% 左右。酒店营销，风味特色非常重要：一是风味独特；二是风味多样，以全制胜；三是餐厅数量、类型及菜单的种类。宴会厅：宴会厅类型及数量、可容纳人数、宴会厅提供的设备、宴会厅租金。附属设施：酒吧数量、娱乐设施、健身设施。

⑦ 服务：服务设施、服务项目、服务质量、服务艺术不会出现太大的差异，也不会有更新的突破；竞争的重点将集中在服务效率和现代化服务手段的采用上。

2. 供应商

供应商是指向酒店及其竞争者提供生产经营所需资源的公司和个人。供应商对酒店资源供应的可靠性、及时性，供应的价格及其变动趋势如何，以及供应资源的质量水平，都将直接影响到酒店产品的生产、成本和质量。必须协调好和供应商之间的关系，建立畅通的供货渠道，合理控制采购时间、数量、质量和价格。

3. 营销中间商

营销中间商是协助酒店推广、销售和分配产品服务给最终顾客的企业，它们包括旅游批发商、旅游零售商、旅游代理商、旅游经销商、网上旅游服务机构。

在选择中间商的时候，酒店必须选择那些声誉好、能向顾客提供所承诺的产品并支付酒店服务费用的企业。在当前市场形势下，顾客和竞争者对企业营销活动影响最大，是微观营销环境调研的重点。

4. 顾客

顾客是酒店的目标市场，是酒店的服务对象，酒店的一切营销活动都是以满足消费者的需要为中心。酒店根据购买者及其购买目的将顾客划分为个体购买者和机构购买者（旅行社、企事业单位、政府机关），具体包括度假旅游者、商务旅游者、会议旅游者、体育旅游者等。这些旅游者的要求是不同的，因此购买和使用酒店的服务方式也不同。酒店营销人员应根据酒店本身的特点来分析本酒店所提供的产品和服务最适合于哪一种旅游者类型、购买行为及消费方式。

了解本酒店主要客源市场、目前的客源市场、本酒店具有潜力但未加以开发的市场、客源市场的旅行特征等，掌握客源市场的区域分布、顾客的旅游动机与旅游需要，使酒店能够提供相应的产品和服务。

5. 竞争者

酒店的竞争并非仅仅迎合目标顾客的需要，而是要通过有效的产品定位，形成明显差异（如省电、节省燃料等）。酒店的竞争者包括现有竞争者、潜在竞争者和替代品的生产者。对竞争对手进行分析有利于了解本酒店主要的经营威胁所在，从而在市场竞争中处于有利地位，以尽可能多地占有市场份额，取得较好的经济效益。首先选择酒店的地理位置及酒店前厅、大堂、餐厅、客房、其他各服务点的设施、服务质量和特色、酒店市场营销活动等关键因素，与竞争对手进行比较，分析竞争对手的优势和劣势。其次分析竞争对手的独特销售点，即特色产品、有力的促销手段、具有竞争力的价格、良好的品牌形象及特殊的支持与销售关系。最后分析竞争对手的促销主题、使用的传播媒体、业务量大小。

成功的营销实际上就是有效地安排好酒店与顾客、销售渠道及竞争对手之间的位置关系。

6. 公众

公众是指对酒店实现其市场营销目标构成实际或潜在影响的任何团体，公众可能有助于增强酒店实现自己目标的能力，也可能有妨碍实现目标的能力。包括以下几类。

（1）金融公众：影响企业获得资金的团体，主要包括银行、投资公司、证券公司、保险公司、股东等。

（2）媒体公众：具有广泛影响的大众媒体，主要有报纸、杂志、广播、电视、互联网等。酒店应与媒体组织建立友善的关系，争取更多有利于酒店发展的正面报道。

（3）政府公众：管理酒店活动的政府机构。酒店要与政府监管部门保持良好的关系，争取得到政府的理解与支持。

（4）社团公众：各种消费者权益组织、环保组织等。酒店的营销活动关系到社会各方面的切身利益，应密切关注来自社团公众的声音。

（5）社区公众：企业附近的居民、地方官员。酒店应同当地的邻里居民和社区组织保持良好的关系，为社区发展贡献力量，争取社区公众的理解和支持。

（6）企业内部公众：如董事会、经理、职工等。企业的营销活动需要全体员工的充分理解、支持和参与。酒店应通过内部信息平台向员工通报工作情况，介绍酒店发展计划，发动员工献计献策，关心员工福利等，以增加企业内部凝聚力。员工的责任感和满意度会传播并影响外部公众，有利于塑造良好的企业形象。

（7）一般公众：指上述各种关系公众以外的社会公众。企业需要关注一般公众对企业产品及营销活动的态度。虽然一般公众并不是有组织地对企业采取行动，然而一般公众对酒店的印象却影响着消费者对企业及其产品的看法。

 实训考核

一、知识训练

1. 描述影响酒店营销活动的外部宏观环境和微观环境因素。
2. 解释科技环境对酒店营销活动的影响。
3. 说明公众对酒店营销活动产生的影响。
4. 酒店自身的哪些因素影响酒店的营销活动？

二、能力训练

案例 2 - 1　　东南亚金融风波对我国酒店市场的影响及其对策

1. 形势分析

1997 年始于泰国的东南亚金融危机持续了一年多以后迅速向东亚其他一些国家扩散。由于货币大幅度贬值，东亚民众出境旅游及对外投资的欲望大大降低。这些国家为了避免外汇流失而限制国民出国旅游，如提高申办费用、提高国际航线机票价格等。从旅游酒店的角度，我国旅游市场所受影响主要表现在以下几个方面。

（1）日本、韩国、东南亚来华旅游客源明显减少。以青岛为例，当时日本、韩国及新马泰等东南亚国家一直是青岛国际旅游市场的主要客源国，其中日本、韩国是第一大市场，新马泰等国也是重要市场。但金融风暴以后，以青岛海关饭店来说，在接待日本、韩国、东南亚地区的游客方面逐月递减，1997 年比 1996 年同期分别下降了 37.98%、13.11%、39.4%。

（2）客源国游客消费水平明显下降，这些国家在青岛投资的企业，因本币大幅度贬值而

遭受严重打击，各公司不得不大力压缩食宿、办公费用，弥补损失。如酒店长住户纷纷提出降低租金以帮助他们渡过难关的要求。一些原定的商务会议被迫取消，这也减少了酒店应得的收入。1997 年 7 月至 12 月，日本、韩国、东南亚地区客人人均消费比上半年分别下降了 4.67%、9.73%、7.13%，比 1996 年同期下降了 6.57%、11.32%、11.97%。

（3）人均停留天数明显缩短。1997 年 7 月至 12 月，日本、韩国、东南亚地区客源人均停留天数比 1996 年同期分别缩短了 0.41%、0.78%、1.01%。

以上情况说明，1997 年的东南亚金融危机对我国酒店市场客源的影响是客观存在的，并成为当时酒店经济效益下降的一个重要原因。

2. 采取对策

① 稳住长住户。

② 抓住日本、韩国市场不放松。

③ 加大欧美市场的推销力度。

④ 大力开发港澳台市场。

⑤ 潜心开发内地市场。

⑥ 加强管理，搞好优质服务，增收节支提高效益。

3. 应对的建议

① 政府部门严格控制酒店建设。

② 旅游部门对酒店价格政策进行宏观调控。

③ 尽量减轻酒店业的税费负担。

④ 旅游部门多开发有特色的、具有吸引力的旅游项目，并拿到国际上宣传。

问题讨论：

1. 从哪些方面进行环境分析？东南亚金融危机对青岛酒店业产生了哪些影响？

2. 对消费对象怎样进行分析？

3. 怎样降低成本？

工作任务二　酒店营销环境分析方法

引导案例

新可口可乐失误的调研

1. 决策的背景

20 世纪 70 年代中期以前，可口可乐公司是美国饮料业的"NO.1"，可口可乐占据了全美80%的市场份额，年销量增长速度高达10%。

然而好景不长，70年代中后期，百事可乐的迅速崛起令可口可乐公司不得不着手应对这个饮料业"后起之秀"的挑战。

1975年全美饮料业市场份额中，可口可乐领先百事可乐7个百分点；1984年，市场份额中可口可乐领先百事可乐3个百分点，市场地位的逐渐势均力敌让可口可乐胆战心惊起来。

百事可乐公司的战略十分明显，通过大量动感的广告冲击可口可乐市场。首先，百事可乐公司推出以饮料市场最大的消费群体——年轻人——为目标消费者群的"百事新一代"广告系列。由于该广告系列适应青少年口味，以冒险的心理、青春、理想、激情、紧张等为题材，很快赢得了青少年的钟爱；同时，百事可乐也使自身拥有了"年轻人的饮料"的品牌形象。

随后，百事可乐又推出一款非常大胆而富创意的"口味测试"广告。在被测试者毫不知情的情形下，请他们对两种不带任何标志的可乐口味进行品尝。由于百事可乐口感甜、柔和，因此百事可乐公司此番现场直播的广告结果令百事可乐公司非常满意：80%以上的人回答是百事可乐的口感优于可口可乐。这个名为"百事挑战"的直播广告令可口可乐一下子无力应付，市场上百事可乐的销量再一次激增。

2. 市场营销调研

为了着手应战并且找出可口可乐发展不如百事可乐的原因，可口可乐公司开始了历史上规模最大的一次市场调研活动。

1982年，可口可乐广泛深入到10个主要城市中，进行了大约2 000次的访问，通过调查来确认口味因素是否是可口可乐市场份额下降的重要原因，同时征询顾客对新口味可乐的意见。于是，在问卷设计中，询问了例如"您想试一试新饮料吗"，"如果可口可乐味道变得更柔和一些，您是否满意"等问题。

调研结果表明，顾客愿意品尝新口味的可乐。这一结果更加坚定了可口可乐的决策者们的想法——秘不宣人的老可口可乐配方已不适合今天消费者的需求了，于是，满怀信心的可口可乐开始开发新口味可乐。

可口可乐公司向世人展示了比老可乐口感更柔和、口味更甜、泡沫更少的新可口可乐样品，在新可口可乐推向市场之初，可口可乐公司不惜血本进行了又一轮的口味测试，可口可乐公司倾资400万美元，在13个城市中，邀请19.1万人参加了对无标签的新、老可乐进行口味测试的活动，结果60%的消费者认为新可乐比原来的好，52%的人认为新可乐比百事好，新可乐的受欢迎程度一下打消了可口可乐领导者原有的顾虑。于是，新可乐推出市场只是个时间问题。

在推向生产线时，因为新的生产线必然要以不同瓶装的变化而进行调整，于是，可口可乐各地的瓶装商因为加大成本而拒绝新可乐，然而可口可乐公司为争取市场，不惜再次投入，终于推出了新口味可乐。

3. 灾难性后果

起初，新可乐销路不错，有 1.5 亿人试用了新可乐，然而，新可口可乐配方并不是每个人都能接受的，而不接受的原因往往并非因为口味原因，这种"变化"受到了原可口可乐消费者的排挤。开始，可口可乐对可能的抵制活动做好了应付准备，不料顾客的愤怒情绪越来越厉害，严重使市场推广活动受阻。

顾客之所以愤怒是认为百年秘不示人的可口可乐配方代表了一种传统的美国精神，而热爱传统配方的可口可乐就是热爱美国的体现，放弃传统配方的可口可乐意味着一种背叛。在洛杉矶，有的顾客威胁说："如果推出新的可乐，将再也不买可口可乐。"即使是新可乐推广策划经理的父亲，也开始批评起这项活动。而当时，老口味的传统可口可乐则由于人们的预期会减少，而居为奇货，价格竟在不断上涨。每天，可乐公司都会收到来自愤怒的消费者的成袋信件。公司只好接通 83 部热线电话，雇请大批公关人员温言安抚愤怒的顾客。

面临如此巨大的批评压力，公司决策者们不得不稍作动摇，而随后又一次推出的顾客意向调查中，30% 的人说喜欢新口味可口可乐，而 60% 的人却明确拒绝新口味可口可乐，没办法，可口可乐公司不得不又一次恢复了传统配方的可口可乐的生产，同时也保留了新可口可乐的生产线和生产能力。

尽管公司花费了 400 万美元，进行了长达 2 年的调查，但最终还是彻底失算了！百事可乐公司美国业务部总裁罗杰·恩里科说："可口可乐公司推出新可乐是个灾难性的错误。"

分析案例请回答：可口可乐公司建立在市场调研基础上的决策为什么是错误的？

 相关知识

一、SWOT 分析方法

环境发展趋势基本上分为两大类：一类是市场营销机会；另一类是环境威胁。所谓市场营销机会，是指对企业市场营销管理富有吸引力的领域。在该领域内，企业将拥有竞争优势。所谓环境威胁，是指环境中一种不利的发展趋势所形成的挑战，如果不采取果断的市场营销行动，这种不利趋势将伤害到企业的市场地位。

SWOT 分析法是酒店进行营销环境分析常用的方法，是编制酒店营销计划的首要步骤。SWOT 是英文词汇 Strengths（优势）、Weaknesses（弱点或劣势）、Opportunities（机会）、Threats（威胁）四个词汇首字母的组合，代表着市场上的机会和威胁、企业的比较优势和弱点，如图 2-3 所示。在复杂、多变、严峻的营销环境中，正确地找出酒店营销的机会、威胁，认清酒店的优势和劣势，才能制定相应的对策。

1. 酒店外部环境分析（机会与威胁分析）

酒店的外部环境是酒店无法控制的，外部环境中的某些因素可能会给酒店带来有利的发展机会，而另外一些因素又可能威胁到酒店的生存和发展。所以，酒店必须对外部环境作出

	优势 Strengths	劣势 Weaknesses
机会 Opportunities	SO 战略 利用优势， 利用机会	WO 战略 利用机会， 克服劣势
威胁 Threats	ST 战略 利用优势， 回避威胁	WT 战略 回避威胁， 克服劣势

图 2 - 3　SWOT 分析法

全面的分析和评价。一般来说，酒店必须监控市场上那些足以影响酒店获利能力的关键宏观环境变量（人口统计与经济、技术、政治与法律、社会与文化）和重要微观环境变量（顾客、竞争者、分销渠道和供应商）。酒店应该建立一个营销智能系统，用来跟踪形势的变化和发展的方向。对于每一种趋势和发展，管理人员都需要识别出其中潜藏的机会和威胁。外部环境中机会具有四个特征。

（1）具有利益性。对酒店及目标市场的发展都有利，能够给酒店带来经济效益和社会效益。

（2）具有针对性。对特定的目标市场及酒店特定的状况来说是机会，对其他酒店也许不是机会。

（3）具有时效性。市场机会总是随着营销环境的变化而产生或消失，机会具有时间性，在指定的时间才对酒店和目标市场有利，可以利用。

（4）具有公开性。机会是客观存在的，每个酒店都有机会发现它，市场机会不存在被某一酒店所独占的情况，在机会面前酒店是平等的，任何酒店只要善于寻找和识别，总是可以发现市场机会的。

酒店潜在的市场机会包括开发某项新产品和服务、改进和完善旧产品、取消某项产品、增强竞争优势、提高等级和顾客满意率以及加强市场营销、开发新市场和改变公众态度等方面，并在此基础上分析市场潜力大小、这一机会与现行产品的相容性，把握这一机会的所得收益、费用、执行的时间、投资回收率的可行性，为制定正确的决策提供可靠的信息。对待机会应尽量抓住和利用，对待威胁应尽量回避。

2. 酒店内部环境分析（优势与劣势分析）

外部环境中的有利因素为酒店提供了发展机会，要把握住这一机会，酒店还需具备一定的经营能力和竞争能力。所以，酒店要定期检查自己在营销、财务、组织等方面的优势与劣势所在。

（1）竞争状况分析。管理人员或外部咨询人员要通览酒店的营销、财务、生产和组织等诸方面的竞争力。

① 营销能力包括酒店信誉、地理位置市场份额、顾客满意、顾客维系、产品质量、服务

质量、定价效果、分销效果、促销效果、销售员效果、创新效果、地理覆盖区域。

② 财务能力包括资金来源、现金流量、资金稳定。

③ 生产能力包括服务设施、服务项目、产品规模、服务质量、劳动力、按时交货能力、餐饮产品的制造工艺技术水平等。

④ 组织能力包括领导、人员素质、观念导向、内部管理、适应能力等。

对这四方面能力都划分为若干等级：非常强、比较强、中等、比较弱、非常弱。

（2）竞争位置分析。

① 相对市场份额接近1，处于领先地位。

② 相对市场份额小于1很多，处于不利地位。

分析酒店本身具有的优势、劣势，目的在于充分利用和保持优势，克服劣势，使酒店在竞争中立于不败之地。

面对外部环境中的机会与威胁、本酒店的优势与劣势，形成了酒店的四种经营战略：

① SO 战略，即酒店面对机会应利用自己的优势利用机会；

② WO 战略，即酒店面对机会应利用机会克服劣势；

③ ST 战略，即酒店面对威胁应利用优势回避威胁；

④ WT 战略，即酒店面对威胁应克服劣势回避威胁。

二、环境分析矩阵

1. 市场机会分析、评价矩阵

环境分析的主要目的在于识别新的机会。可以将环境因素进行列举和分类，根据机会的吸引力大小和机会出现的可能性大小，判断这些环境因素中哪些机会的吸引力大（或小），哪些机会出现的可能性大（或小），从而采取相应的对策。在现代市场经济条件下，某种市场机会能否成为某酒店的酒店机会，不仅要看利用这种市场机会是否与该酒店的任务和目标相一致，而且取决于该酒店是否具备利用这种市场机会的条件，取决于该企业是否在利用这种市场机会上比其潜在的竞争对手有更大的优势，从而能享有更大的差别利益。以矩阵的横边代表机会出现的可能性，以矩阵的纵边代表机会的影响程度，形成一个矩阵。在矩阵中划分四个区域。如图 2-4 所示。

区域①：机会的影响程度大，出现的可能性也大，对酒店有较大的吸引力，是应该重点分析、尽量争取的机会。

区域②：机会的影响程度大，但出现的可能性小，酒店尽量创造条件。

区域③：机会的影响程度小，成功后收益小，但出现的可能性较大，酒店应注意开发。

区域④：机会的影响程度小，出现的可能性也小，酒店暂时不予考虑。

市场机会中的酒店对策：及时利用对策；准备条件，适时利用对策；放弃机会对策。

2. 市场威胁分析、评价矩阵

外部环境的某些发展构成了营销威胁，即在没有营销防御的情况下企业所面临的会导致

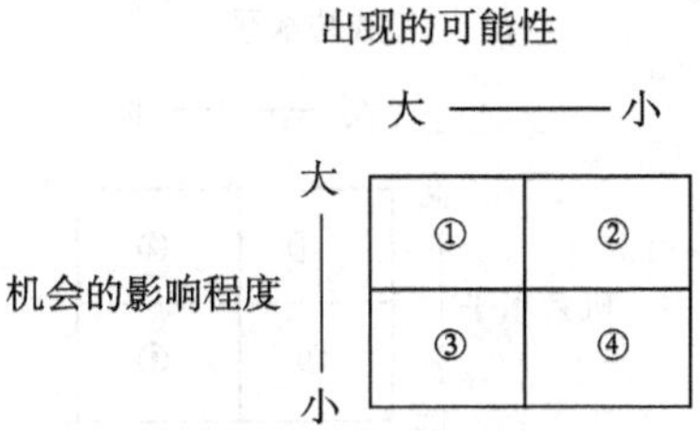

出现的可能性

大 ——— 小

机会的影响程度

	大	①	②
	小	③	④

图2-4　市场机会矩阵

销售量和利润额减少的各种不利的趋势或形势。威胁可以根据其严重程度和发生的可能性来加以分类。以矩阵的横边代表威胁出现的可能性，以矩阵的纵边代表威胁的影响程度，形成一个矩阵。在矩阵中划分四个区域。如图2-5所示。

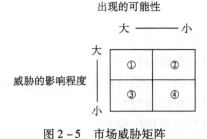

图2-5　市场威胁矩阵

区域①：威胁的影响程度大，出现的可能性也大，酒店应予以特别重视。
区域②：威胁的影响程度大，但出现的可能性小，酒店应注意其发展。
区域③：威胁的影响程度小，但出现的可能性较大，酒店应予以注意。
区域④：威胁的影响程度小，出现的可能性也小，酒店暂时不予考虑。
市场威胁中的饭店对策：反抗对策，又称正面对抗或促变对策；减轻对策，又称改良市场营销组织对策；转移对策，又称改变市场营销组合对策。

3. 酒店市场机会与威胁总体分析、评价矩阵

在以上市场机会、威胁分析、评价基础上，对市场机会和威胁进行比较，便可以明确酒店的发展前景：是机会占主导地位还是威胁占主导地位，如果前者占主导地位，对酒店发展是有利的，将机会威胁分析结果按大小放在市场机会—威胁矩阵图中，便可以确定酒店的类型并以此为依据制定、实施相应的对策。如图2-6所示。

区域①：机会水平高，威胁水平也高，属于风险型或冒险型酒店。
区域②：机会水平高，而威胁水平低，属于理想型酒店。
区域③：机会水平低，而威胁水平高，属于困难型酒店。
区域④：机会水平低，威胁水平也低，属于成熟型酒店。

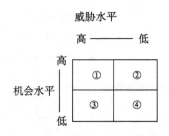

图 2-6　市场机会—威胁矩阵

一、知识训练

1. 什么是 SWOT 分析方法？
2. 如何识别外部环境中存在的机会？
3. 酒店营销人员应在哪些方面评价酒店自身的优势和劣势？
4. 面对内外环境因素，酒店如何应对？
5. 如何利用市场机会矩阵分析评价机会？
6. 如何利用市场威胁矩阵分析评价威胁？
7. 如何在市场机会—威胁矩阵图中判断酒店的业务类型？

二、能力训练

案例 2-2　　　　　　　　　　　肯德基对中国市场营销环境分析

肯德基炸鸡店是世界上继麦当劳快餐店之后的第二大餐馆连锁店，它以其独特的肯德基家乡鸡风味和方便迅捷的服务饮誉全球。自 1987 年肯德基炸鸡分店在北京开张后，仅一年多时间，其营业收入和利润总额便遥居各国肯德基分店之首，创造了世界饮食业史上的又一奇迹。而这一奇迹的产生主要归功于投资决策者对市场的正确分析和预测。

首先，他们对中国的市场环境进行了客观公正的评价和分析。在开业前，中外方合作者就中国发展美式快餐的市场前景进行了可行性论证。他们在考察了变化中的中国社会背景和中国人饮食习惯及文化背景之后认为，肯德基家乡鸡不同于其他西方食品，口味上非常接近中国食品，进餐时间和方式都顺应了当代中国人，尤其是中国青年人追求现代意识的心态，因此具有广阔的发展前景。

他们把中国第一家分店选在北京，一则因为北京是中国政治、经济、文化和交流中心，最具现代意识，最能迎合潮流，对外来饮食文化也最易接受；二则因为北京拥有 1 000 多万都市人口和上百万流动人口，市场容量极大；三则因为北京又有众多的外国驻华办事机构和公务、商务旅游者，肯德基炸鸡店的开业可以满足他们对业已习惯的西方食品的思念之情。

在选择店址时，他们不惜代价进行了大量的事前调查。他们在王府井、西单、前门等主要商业繁华中心地带进行了人流量的测定。此外，还进一步对人流结构进行分析。经测定和分析，他们发现前门地区每天人流量为 80 万，且大多是外地来京经商人员和旅游者，在外就餐需求量很大，客源不成问题。因此，一系列具有吸引力的数字促使他们选定前门作为肯德基炸鸡店的理想店址，为日后的经营成功奠定了基础。

问题讨论：

1. 中外双方从哪些方面对市场环境进行分析？
2. 为什么首选北京开店？
3. 为什么选在北京前门这个位置？

项目一小结

1. 酒店营销环境分为外部环境和内部环境，外部环境又分为宏观环境和微观环境因素。了解外部环境因素对酒店的影响，识别出哪些是机会哪些是威胁。认清酒店自身的环境条件，分析这些因素对酒店营销活动的影响程度，明确酒店具备的优势和存在的劣势。

2. 利用 SWOT 分析法分析酒店面对的机会、威胁、优势、劣势应采取的对策。利用环境分析矩阵分析机会、威胁出现的可能性大小，从而判断酒店目前处于怎样的状态以及采取的对策。

参考资料信息

广州花园酒店营销环境分析

20 世纪 90 年代，随着科技、政治、社会和经济的发展，酒店业经营环境发生了深刻的变化。它来自三个方面：一是以信息技术为核心的技术革命；二是经济全球化浪潮；三是国内经济社会的急剧转型。

现代科技的发展使客户数据库建立成为现实，营销管理由原来的主要依赖于市场调研信息向数据库信息转变。信息技术还使企业与客户建立一对一关系成为可能，因而营销由原来的注重交易实现向注重关系维持转变。传媒技术的发展，还使企业能够迅速获得客户的信息并提供相应的服务和产品，改变了营销决策依据。

科技变化从另一个方面改变着经营环境，那就是以互联网为核心的无国界数字化空间开始全面铺开，人的活动半径迅速扩大，全球化进程加快。

在经济全球化和科技进步的推动下，世界经济呈现出快速增长的态势，国际经济贸易迅速发展。中国市场成为世界各跨国公司关注的焦点，它们争先恐后抢滩中国。伴随而来的是各种规模、各种档次的国际年会、研讨会、博览会、展示会频频举行，商务客、会议客、观光客显著增加。

然而，形势并非一片大好。l997 年亚洲暴发了金融危机，泰国、韩国、马来西亚、日本等国相继陷入经济危机，给刚刚接手、目标市场仍没有得到很好调整的花园酒店的经营者提出了严重挑战。

在技术革命和经济全球化的同时，中国国内的经济环境也发生了显著的变化。到 20 世纪 90 年代后期，中国国民经济进入了转型期，供给不足已成为过去，有效需求对经济发展的作用显著增强。

就我国酒店业而言，20 世纪 80 年代和 90 年代初期发展异常迅速，到 90 年代中后期，酒店行业基本饱和。到 l997 年，我国旅游酒店的亏损面近 60%，利润率只有 1%。

广州市的旅游酒店情况也一样。广州市酒店出租率 1996 年为 63.43%，1999 年为 61.67%。接待能力利用率不到其接待能力的 2/3，且竞争越来越激烈，出租率呈下降趋势。

20 世纪 90 年代后期，花园酒店面临的经营环境呈现出以下特点。

① 行业"生产能力"过剩，竞争加剧，预示着数量竞争时代已基本结束，价格、质量竞争已经到来，品牌将成为竞争的武器。

② 合作竞争出现，战略联盟开始成为竞争的基本手段，世界各大酒店都已经在市场销售、预订和购买合同方面与其他组织合作，建立战略联盟，或加入一些组织或集团，形成战略伙伴关系，展开协作竞争。

③ 饭店市场发生了变化。在商务客增多的同时，观光客也以较快的速度增长，回头客增加，培育顾客忠诚度成为关键。

④ 随着国内经济的发展，各地间的经济联系加强，国内商务客和旅游客都显著增加。

⑤ 现代科技的发展，酒店与客人的联系将逐渐由单向联系向双向沟通转变，客人的需求也从大众化向个性化转变。

为确定科学的经营战略，花园酒店经营者应用 SWOT 分析法，对其经营环境进行了系统分析，见表 2-1。

表 2-1　花园酒店 SWOT 分析表

内部环境分析			外部环境分析		
因素	优势	劣势	因素	机会	威胁
获利能力	—	需要提高	当前顾客	呈增长趋势	—
营销网络	—	没有建立	潜在顾客	很多	
服务质量	较好		市场竞争		白热化
工作效率	较高		行业规模		严重过剩
财政实力	—	一般	技术能力	高速发展	—
财务管理	健全	—	政治气候	有利	—
业务运行	—	不畅	政府管理	一般	—
生产分配	—	成本高	法律环境	趋向规范	—
员工发展	—	机会少	经济环境		紧缩
社会声誉	较好		行业前景	广阔	
地理位置	较好		国际环境	开放度扩大	—

续表

内部环境分析			外部环境分析		
因素	优势	劣势	因素	机会	威胁
员工积极性	—	低、散			
硬件设施	较好、齐全	较旧			

　　根据上述分析，得出花园酒店的竞争优势在于：有较好的硬件设施和良好的社会声誉；地处繁华的闹市区，交通十分便利；酒店服务水平较高，设备齐全，快捷方便，能较好地满足商务客从事商务、公务或贸易洽谈等业务活动的需要。面临的机遇是中国进一步走向开放，行业前景好。面临的威胁和劣势主要是产品和市场定位不明，营销网络没有建立，竞争对手强大，员工积极性不高。花园酒店经营者根据这一分析结果，认为酒店业的经营形势不如从前，行业行为越来越规范，竞争日益白热化，必须重新调整竞争战略，扬长避短，发挥优势。

项目二　酒店消费者购买行为

项目描述

　　项目二介绍营销环境中最重要的因素——顾客，阐述酒店散客和组织顾客的购买行为。

项目目标

　　【知识目标】了解酒店散客市场的特点，掌握酒店散客类型及其购买心理特点；掌握酒店消费者购买行为类型；掌握酒店客人购买过程。

　　【能力目标】能够观察出酒店消费者购买心理状态；能够设计酒店顾客征询意见表，了解酒店客人的购买心理；掌握酒店客人购买产品的流程。

工作任务一　酒店散客购买行为

善解人意的服务员

　　早晨，长沙某酒店湘菜厅有一位客人在用早餐，桌上摆了食品和一杯牛奶，客人静静地坐着没动，良久才喝了一口牛奶。细心的服务员在远处看见了，便走过去问客人："先生，牛奶是否凉了，我帮您再热一下好吗？"客人点了点头。很快，热好的牛奶被送回来，服务员发现客人桌上的食品还没动什么，于是礼貌地问："先生，您觉得这些食品怎么样？还合您胃口吗？"通过交流，服务员了解到客人来自珠海，来长沙出差，工作不顺利，情绪低落，想念家中亲人。服务员安慰客人道："出门在外，还请多照顾自己，食品放了这么久，要不再给您热一热，暖暖胃，说不定您的心情会好些！"也许是这些话感动了客人，客人心情开朗了许多，吃完了所点的食物，临走时还向服务员致谢。

分析案例请回答：

1. 用早餐的这位先生需要的是什么？
2. 餐饮消费者的需求有何特征？

📝 相关知识

研究酒店客人购买行为就是研究客人在酒店消费活动中的心理与行为特征及其规律，客人的购买行为是获取酒店产品和服务的主要方式之一，是酒店营销人员关注的重点，也是酒店营销人员和服务人员适应、引导、改善、优化客人消费行为的基础。客人消费心理的变化引起购买行为的变化，而购买行为的变化反过来又拉动了市场的变化，酒店为了应对市场的变化就不得不调整自身的销售计划、广告形式、价格策略及销售渠道，从而制定有效的营销策略。酒店的客源市场按照消费者的需求目的、性质和规模的不同，可划分为散客消费市场和组织消费市场。

一、酒店散客消费市场的概念及特点

散客消费市场是为了满足需要而购买酒店产品和服务的个人和家庭，也称为零散客户市场，即酒店产品的直接消费者（如商务旅游者、消遣型旅游者及个人事务型旅游者）。这是一个最终消费市场，是市场体系的基础。它具有以下特点。

（1）需求的复杂多变性。客人收入水平、受教育程度、职业特点、性格、年龄、种族、生活习惯、成长环境、成长经历的差异决定了他们在兴趣爱好、信仰及价值观念等方面的区别，他们对酒店所能提供的产品和服务的需求也是千差万别的。

（2）需求的多层次性和无限扩展性。人们的需求是有层次的，马斯洛的需求理论认为人的需求分为五个层次，从低到高分别为：第一层生理需要；第二层安全需要；第三层交往需要；第四层尊重需要；第五层自我实现需要。低一层的需求满足了就产生了高一层的需求，人类的需求是不断发展的，没有止境的。

（3）需求的可诱导性。客人的需要是有所指向的，客人的需要总是和满足需要的目标紧密相连的。但需要的目的性在很多情况下处于无意识或潜在意识状态，客人的潜在意识可以被人为的外部诱因或环境状况的改变诱导和激发，这样就给酒店营销活动带来了巨大的空间。

（4）需求的伸缩性和周期性。需求具有一定的弹性，客人对某种产品和服务的需求会因外在或内在因素的影响而发生一定程度的改变，其需要可以被抑制、转化、降级，可以停留在某种水平上，还可以放弃其他需求获取某种需求的满足。

二、酒店散客类型

1. 酒店散客购买需求

一是摆脱束缚；二是显示身份和地位；三是得到尊重。

2. 酒店散客购买心理类型

①自豪心理；②仰慕心理；③占有心理；④享受心理；⑤保值心理；⑥怀旧心理；⑦便利心理；⑧好奇心理；⑨预期心理。

3. 酒店散客类型

1）旅游散客

（1）观光型。以观光为目的，停留时间不长；由于自费，消费水平不高，对酒店产品的价格较为敏感；主要强调干净舒适，其他娱乐性消费很有限。酒店有明显的淡旺季。公费观光者多为商务客人、会议客人，追求高档酒店、高级享受。

（2）消遣型。为了得到身心充分放松，消费模式不一，对旅游风景、饮食、住宿、娱乐、购物都有一定要求。对酒店产品的一般要求是：地理位置优越；餐饮产品富有特色；可提供旅行车/船/机票的代订业务；客房服务项目较完善；有较舒适、完善的康乐中心；拥有商品丰富的商场、出售纪念品、地方特色商品和礼品；通信联络和市内交通方便；房间预订方便简捷。

（3）医疗保健型。外出参加某种感兴趣的活动、度假、疗养的形式参与到旅游活动中。经济发达地区居民、高收入阶层或某些中老年旅游者，消费主要以健康、治疗为主。酒店应多从保健、舒适上下工夫，开发相应的项目。

（4）度假及周末型。一般以家庭或相关群体为基本单位，多为个人支付费用；强调经济实惠，回归大自然。在自然风景区修建的形式简易、风格独特的栖息地一般适合此类游客。

2）从事公务或商务型散客

他们较强调舒适和方便，消费较高，对价格不太敏感。每一次的消费受一定时间限制，但比较频繁。对酒店的要求是：酒店要处在商业中心区，交通方便，有利于来访、社交和联系；酒店的声誉和知名度要高；通信设施方便齐全；处于企业形象上的考虑，商务型客人要求客房面积要大，设施要豪华；有专供差旅型人士所使用的楼层、酒吧、咖啡厅；有设施完善的商务中心和多功能厅；有各式餐厅和贵宾厅。

3）个人事务型散客

如结婚和探亲消费者，季节性不强，对价格较为敏感，消费适中，旅游目的地固定；多为一次性消费，回头客很少；经济收入较高的消费领域较宽。

4）从事科技文化交流型散客

学习、考察、参加会议、讲学、科技交流，对酒店的消费档次，特别是硬件部分要求不高，注重服务质量和水平。

三、酒店散客的购买行为模式和类型

酒店消费者的购买行为是指酒店消费者为满足某种需要在购买动机的驱使下购买酒店产品的各种行为表现，包括收集信息、比较、选择、决策、购买、消费、评价等环节在内的一个完整过程。

1. 散客购买行为模式

散客购买行为模式如图2-7所示。

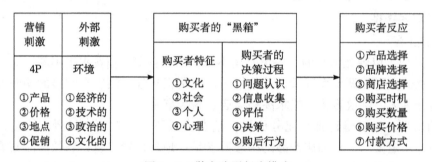

图2-7　散客购买行为模式

任何客人的购买决策都是在一定的内在因素的促动和外在因素的激励下而采取的，酒店在产品、价格分销、促销各方面的促销措施及宏观环境因素的刺激进入了消费的意识，融入了客人的个性特征，通过客人不同的决策方式，最终形成一定的购买决定，形成不同的购买行为。在这一模式中，营销和其他因素的刺激及客人最后的决策是可见的，但其购买决策和反应却是难以见到的，这就是心理学上所谓的"黑箱"效应。

2. 散客购买行为类型

（1）习惯型：凭借消费经验、信任消费对象，有固定的消费习惯和偏好。

（2）理智型：善于观察分析和比较，鉴别能力强，购买行为谨慎、理智，不易受他人和广告宣传的影响。

（3）经济型：注重性价比，收支计划性强，购买过程中保持着高度自主性。

（4）冲动型：个性心理反应强烈，情绪变化快，购买行为无计划性，易受他人评价、广告宣传和推销活动等因素影响。

（5）不定型：购买行为随意，无主见，易受他人和环境影响。

（6）想象型：想象力丰富，审美感觉灵敏，购买行为易受情感或宣传因素影响。

四、影响酒店散客购买行为的因素

消费者的购买行为深受其文化、社会、个人和心理特征的影响，如图 2－8 所示。

图 2－8　影响酒店散客购买行为的因素

1. 文化因素

文化因素对消费者行为起着最广泛、最深刻的影响。营销者对购买者的文化、亚文化和社会阶层所起的作用进行探讨。

2. 社会因素

消费者购买行为也受一些社会因素的影响，其中包括消费者参考群体、家庭、社会角色和社会地位等。由于社会因素能在很大程度上影响人们的反应，所以各个企业在制定营销策略时都必须对其予以考虑。

3. 个人因素

购买决策也受个人因素的影响，如年龄与所处家庭生命周期阶段、职业、经济状况、生活方式、个性与自我观念等。对于酒店营销人员来说，目标市场顾客的上述个人因素，都应潜心研究，摸索规律，争取促销活动能符合他们的实际。

4. 心理因素

一个人的购买行为还受到四个主要的心理因素的影响，它们是动机、知觉、学习、信念与态度。

五、酒店散客购买决策过程

1. 散客购买决策的参与者

消费者在购买决策中，扮演不同角色，起不同作用。按其在决策过程中作用的不同，可分为 5 类：倡议者、影响者、决策者、购买者和使用者。

2. 散客购买决策过程

散客购买决策的过程有 5 个环节（如图 2－9 所示），即识别需要、收集信息、方案评价、购买决策和购后行为。这个模式强调了一点：购买过程在实际购买之前很早就开始了，并持续到购买之后很久。这就鼓励营销人员要注意整个购买过程，而不仅仅是购买决策本身。

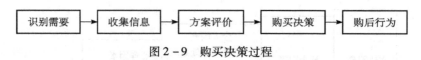

图 2-9　购买决策过程

这个模式看上去似乎表明消费者在每一次购买中都要经历这 5 个环节。但在一些日常性购买当中，消费者实际上会省略或颠倒其中的一些环节。在酒吧中购买一杯啤酒的顾客，会直接作出购买决策，不需要进行信息搜集或方案评价，这被称为自动反应环。每一个顾客都能够对他们的产品作出自动购买反应，但这不太可能发生。当消费者面对的是新的和复杂的购买情形时，就会慎重考虑。

1）识别需要

当一个人意识到某种问题或需要时，购买过程就算开始了。

在这个阶段，营销人员必须确定哪些消费者有需要的情形。他们应该对消费者进行调查，弄清楚什么类型的需要或问题导致他们购买某种产品，什么引发了这些需要，这些需要如何引导消费者选择某种特殊的产品。

通过收集这些信息，营销人员就能识别出各种最能刺激人们对某种产品的兴趣的因素，把这些因素容纳到营销计划当中。营销人员在宣传当中也能告诉人们其产品能在多大程度上解决他们的问题。

2）收集信息

一位意识到有需要的消费者可能会寻找更多的信息。消费者获得信息的来源有很多，常见的有三种。

① 个人来源：家庭、朋友、邻居和熟人。

② 商业来源：广告、推销员、经销商、包装物和展览。

③ 公共来源：餐馆评论、旅游出版社、消费者评选机构。

营销人员应该仔细识别消费者的信息来源，并判断每一项来源的重要性。可以问消费者最开始他们是如何听说本产品的，他们都知道些什么信息，对各种来源不同信息的重要性他们如何估价，等等。这些信息在制订有效的传播方案时会很有帮助。

3）各种备选方案的评价

消费者运用各种信息以便得到几种可供选择的品牌，并进行评价。

4）购买决策

在评价阶段，消费者对不同品牌进行排序，并形成了购买意向。一般来说，消费者会购买其最喜欢的品牌，但在购买意向和购买决策之间还可能会受到两个因素的影响（图2-10）：他人意见和意外因素。由于消费者只有在购买之后才知道会有什么样的经历，所以管理者必须牢记第一次购买产品的消费者并不是真正意义上的消费者，他们只是尝试了一下产品罢了。当消费者在购买时，员工必须尽其所能使消费者确信他们将会获得一次美好的经历并且购买后会给予好评。

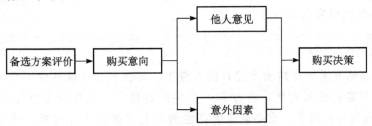

图2-10　从备选方案评价到购买决策之前

5）购后行为

当消费者购买了产品以后，营销人员的工作并没有结束。买了产品之后，消费者也许满意，也许不满意，于是就出现令营销人员特别感兴趣的购后行为问题。什么因素决定消费者购买之后是否满意。答案在消费者期望与对产品的感受之间的关系上。如果产品与预期相吻合，消费者就会感到满意；反之则不满意。

 实训考核

一、知识训练

1. 说明酒店散客市场的特点及散客类型。
2. 解释酒店散客的需求心理。
3. 描述酒店散客的购买行为模式，列出购买行为的类型。
4. 指出影响酒店散客购买行为的四个因素。
5. 结合自己购买物品的经历描述购买决策过程。

二、能力训练

案例2-3

某晚，餐厅包间内一席普通的家宴正在进行。在祥和的用餐气氛中，服务员小李看到老先生不停地用小勺翻搅着碗中的稀饭，对着鸡鸭鱼肉直摇头。这是怎么回事？是饭菜做得不合口味？不对呀，其他人不正吃得津津有味嘛？小李灵机一动，到后厨为老先生端上了一碟小菜——榨菜丝。当小李将榨菜丝端上桌后，老先生眼前一亮，对着小李不停地称赞："小姑娘，你可真细心，能够看出我对咸菜感兴趣，不简单。"老先生的老伴连忙说："这里的服务跟其他地方就是不一样，我们没说出的小姑娘们都能想到、做到，以后有时间我们要经常

到这里来。"

问题讨论：

1. 服务员小李观察到客人的哪些举止？
2. 小李是怎样判断客人的心理状态的？

案例 2 - 4

一辆出租车从远处驶进酒店大厅门口的雨棚下，某位礼宾员像往常一样给客人拉门、护顶、问候，并引领客人进入大堂。在为客人服务的过程中，他得知这位先生姓彭，住 6019 房（已退房），刚从市区回来，准备领取寄存在酒店礼宾部的 3 件行李，然后去机场。因离飞机起飞的时间尚早，并且感到很累，便在大堂休息处坐了下来。当看到彭先生汗流浃背且带着疲惫的表情时，他琢磨着：我能为他做点什么呢？嗯，有了！该礼宾员走到彭先生跟前说："彭先生，对不起，打扰一下，我给您送一杯冰水过来，好吗？""有冰水喝啊，那真是太谢谢了！"彭先生很是惊喜。该礼宾员请彭先生稍等，然后快步走到大堂吧准备好冰水，"彭先生，您的冰水，请慢用"。"你真令我感到意外，想得这么周到，太谢谢了，我下次还住你们酒店！""不用谢，这是我应该做的，我很乐意为您效劳，并期待您的下次光临。"

问题讨论：

1. 礼宾员怎样观察彭先生的动向并准确揣摩他的需求？
2. 礼宾员的优质服务是不是最好的促销？

案例 2 - 5   **肯德基在香港的沉浮**

商海沉浮，世事难料。1973 年 9 月，香港市场的肯德基公司突然宣布多间家乡鸡快餐店停业，只剩下四间还在勉强支持。到 1975 年 2 月，首批进入香港的美国肯德基连锁店集团全军覆没。

为了取得肯德基家乡鸡首次在香港推出的成功，肯德基公司配合了声势浩大的宣传攻势，在新闻媒体上大做广告，采用该公司的世界性宣传口号"好味舔到手指"。凭着广告攻势和新鲜劲儿，肯德基家乡鸡还是红火了一阵子，很多人都乐于一试，一时间也门庭若市。可惜好景不长，3 个月后，就"门前冷落鞍马稀"了。在世界各地拥有数千家连锁店的肯德基为什么唯独在香港遭此厄运呢？经过认真总结经验教训，发现是中国人固有的文化观念决定了肯德基的惨败。首先，在世界其他地方行得通的广告词"好味舔到手指"在中国人的观念里不容易被接受。舔手指被视为肮脏的行为，味道再好也不会去舔手指。人们甚至对这种广告起了反感。其次，家乡鸡的味道和价格不容易被接受。鸡是采用当地鸡种，但其喂养方式仍是美国式的，用鱼肉喂养出来的鸡破坏了中国鸡的特有口味。另外家乡鸡的价格对于一般市民来说还有点承受不了，因而抑制了需求量。此外，美国式服务难以吸引回头客。在美国，顾客一般是驾车到快餐店，买了食物回家吃。因此，在店内是通常不设座位的。而中国人通常喜欢一群人或三三两两在店内边吃边聊，不设座位的服务方式难寻回头客。

　　10 年后，肯德基带着对中国文化的一定了解卷土重来，并大幅度调整了营销策略。广告宣传方面低调，市场定价符合当地消费，市场定位于 16 岁至 39 岁之间的人。1986 年，肯德基家乡鸡新老分店的总数在香港为 716 家，占世界各地分店总数的十分之一，成为香港快餐业中与麦当劳、汉堡王、必胜客比萨饼并称的四大快餐连锁店之一。肯德基在香港的沉浮再一次证明了，市场犹如一匹烈马，只有了解它才能更好地驾驭它。

　　问题讨论：

　　1. 1975 年肯德基连锁店集团为什么全军覆没？

　　2. 中国人固有的文化观念有哪些？

工作任务二　酒店组织顾客购买行为

 引导案例

香格里拉的个性会议

　　亚太地区最大的豪华酒店集团——香格里拉为其"个性会议"计划推出特制的互动 CD，提供详尽的中英文资料，会议组织者可以通过这一工具轻松定制香格里拉会议计划。"个性会议"的 CD 可以在任何一家香格里拉旗下酒店的市场销售部或地区销售办公室免费获得。"个性会议"CD 涵盖的信息全面丰富，介绍了香格里拉旗下的酒店各类会议的特色、目的地风景名胜、会议场所、场地规模和设施、全球销售及预订信息等。在可以登录互联网的地方，会议组织者更可通过该 CD 轻松点击进入相关网页，查询更多所需信息。"个性会议"互动 CD 这一举措是为配合香格里拉的"个性会议"而首次推出的，其全面而新颖的设计，再次体现出香格里拉在该领域的领先优势，能够为客人提供全方位、一条龙的会议服务并保证其成功举行。"个性会议"让组织者自始至终享受更多量身定做的服务和优惠。与亚太地区的其他豪华酒店集团相比，香格里拉旗下的 54 间酒店拥有更多的会议场地，总面积超过 13 万平方米；而位于主要城市的一些酒店则拥有超豪华无柱高顶的大宴会厅，其中最大的面积达到 2 240 平方米。

　　分析案例请回答：

　　1. 香格里拉为满足会议客人的个性化需求推出的 CD 涵盖了哪些信息？

　　2. "个性会议"互动 CD 有哪些优越性？从中你得到哪些启示？

 **相关知识**

一、组织消费市场的概念及特点

组织消费市场是为了满足组织需要而购买酒店产品和服务的生产企业、营销中介、政府机构和一些非营利性的社会团体、组织，也称为团体客户。组织消费市场是酒店销售的中间渠道，有些是独立的经营组织，有些是与酒店之间松散联合的一种组织。这些组织购买产品和服务，一般不为了直接享用，而是为了从事企业经营活动，转售产品或向社会提供服务，如旅行社、旅行批发商、旅游零售商、旅游经销商、酒店销售代理机构、公司或企业、交通客运部门、独立的预订中介系统、酒店集团预订系统。

组织消费市场有以下特点。

（1）从交易数量和交易频率上看，组织顾客市场的一次购买量较大，交易频率较低，购买目的是转售，为了获得较多的数量价格的折扣。

（2）组织市场为了再次出售，它依赖散客市场的存在而存在。

（3）组织市场的交易活动一般是在组织之间进行的。

二、酒店组织顾客类型

（1）旅游批发商。从事批发业务的公司，即通过购买交通客运部门、酒店和其他旅游企业的产品和服务，将这些产品按日程编排为包价旅游线路或包价度假产品或服务，然后通过零售渠道出售给大众旅游者。

（2）旅游代理商。代理酒店或旅游企业向顾客销售产品和服务。

（3）公司。长期租赁酒店客房作为办公场地的公司。

（4）承包经营酒店内的餐厅、酒吧、康乐等部门的投资者。

（5）旅行社。

（6）政府机构。

（7）一些非营利性的事业单位、社会团体。

（8）独立的预订中介系统。

（9）航空公司。

三、组织顾客召开各种会议的需求

1. 各种年度会议

年度大会是一种需要提供大量会议设施的特殊市场，一般是协会成员每年一度的会议，期间要包括若干分组会议、委员会会议和特殊小组的论题会议。策划人要求在拥有一定规模的会议设施的酒店举行，年会策划要考虑的因素：酒店设施设备、交通便利程度、交通费、距离参会人员的远近、气候休闲项目、观光文化活动、食品质量、价格。酒店的食物质量对会议策划者来说极为重要。别具一格的宴会、不寻常的接待鸡尾酒会及独特的会间咖啡茶点供应都属于会议标新立异的亮点，是容易引起与会人员兴趣并乐意向同事夸耀的环节。

2. 各种协会的会议

协会所主办的会议各式各样，包括地区性会议、专门主题会议、教育会议和董事会会议等。对协会会议策划人来说，会议地点最重要的条件是酒店及其设施的可用性、交通便利程度、距离与会者远近及交通费等。气候、休闲条件和文化活动不像对年度大会那样重要，因为会议本身是主要的吸引力所在。在选择酒店时，会议策划人要看实物质量、价格、会议室、结账程序及其他类似于年度大会的条件。需要注意的是，对协会会议策划人来说，最重要的就数餐饮的质量了。

3. 公司会议

公司会议的类型有培训会议、管理会议、计划会议和奖励会议。作为一名公司会议策划人，在选择会议地点时最看重的条件是酒店的可用性、交通方便程度、交通费和与参会者的距离远近、食物质量、会议室、价格、客房、支付性服务、结算手续。

4. 奖励旅游

奖励旅游作为一种特殊的公司团体业务形式，是与会人员所接受的一种达到或超额完成工作任务的奖励。公司可以给个人也可以给集体予以表彰奖励。由于以旅游作为奖励，所以被奖励者一定会对目的地和酒店另眼相看。奖励旅游的平均支出较高，酒店较有赚头。与其他旅游形式一样，对奖励旅游而言，体验至关重要。人们关心的不再是选择适当的地点、找一家好酒店，而是能够创造一种鼓舞、振奋人心并从中受益的体验。酒店在这方面做得越多，成功的分量就越重。

5. 会议活动的总开支需求

①交通费用的正常开支；②场地、视听设备的租赁费；③餐饮开支、宴会、鸡尾酒会开支；④广告宣传费；会议室等场所租用布置费；⑤工作人员加班费、小费及其他服务费；⑥会议活动正常开支如演讲者和与会者的费用、娱乐费用；⑦会议用文具、邮资、电话费、信函、速记服务增加开支、会议旅游的开支；⑧贵宾无须登记和无须支付食宿费和赠送礼品费用；⑨偶然性开支；⑩通货膨胀因素带来的开支增加；⑪会议期间所需要的保险项目开支；⑫组织者的筹备费用、计划费用；⑬与会议相关的资料、简报等费用；⑭资料打印服务、邮资与邮寄服务费用、文娱活动和旅行费用、公关费用等宣传费用；⑮会议期间用大会徽章、会议签到、会议纪念品以及会议小册子、运输费、贮存费、保卫等费用；⑯会后的会议报告和总结印刷费、报告准备费用、邮资、会议评估过程费用。

四、酒店组织顾客的购买行为特点

（1）购买数额大。组织顾客的需求周期较长，用户在购买时对资金、人力和物力的投入较大，其所购产品和服务的受众人数也较多。

（2）购买者专业化。组织顾客的购买通常是专业人员完成的，这些人员具有专业的采购经验，有丰富的酒店消费经历，有较强的议价和谈判能力。

（3）购买决策更加复杂。技术复杂，影响面广，通常花费更多的时间、投入更多的精力来考察消费对象，并反复论证其购买决策，与组织机构内部各层次的人进行沟通。

（4）购买决策过程更正式、更规范。参与决策的人更多，有使用者、影响者、决策者、批准者、购买者。

（5）供求双方关系紧密。受购买规模的影响，供求双方通常会达成一致的购买形式、内容、价格、期限并签订书面协议或合同，以便保障和维护双方自身的利益。组织顾客还希望与酒店建立长期稳定的供求关系，以便获得更多的价格优惠、更完善的服务和更好的产品质量保证。

五、组织顾客购买行为类型

（1）新购：组织顾客首次购买酒店的产品的购买行为。新购使购买行为更为复杂和困难。

（2）重购：组织顾客按惯例进行购买的购买行为。参与购买决策的人员范围较小。

六、影响组织顾客购买行为的因素

1. 环境因素

组织顾客深受当前和未来的外部环境的影响，主要包括政治、法律、经济、文化、技术、竞争和自然环境等。

2. 组织因素

每一个组织都有其特殊的目标、政策、程序、组织结构和系统，它们与购买密切相关。接待业的营销人员必须尽可能地熟悉它们。

3. 人际因素

组织顾客内部通常有几种参与决策的人，他们的兴趣、权威和说服力有所不同，而且相互关联、相互影响，对购买决策和行为产生不同程度的影响。

4. 个人因素

购买决策过程的每一个参与者都有个人的动机、认知和偏好。参与者的年龄、收入、受教育程度、专业身份、个性和对待风险的态度，都会对购买决策过程和购买行为产生影响。不同的购买者无疑会展示不同的购买风格。酒店营销人员必须了解顾客，并运用各种战术去了解环境因素、组织因素、人际因素和个人因素所产生的影响。

七、酒店组织顾客购买决策过程

（1）问题的提出。受内外界刺激，组织顾客中有人意识到通过购买产品能够解决某些问题和满足其需要。

（2）确定总需要。组织顾客初步确定所需产品的种类和数量。

（3）产品规格说明。组织顾客由专门人员对购买内容进行详细说明。

（4）寻找供应商。通过各种渠道物色符合其要求的产品供应者。

（5）征求供应方案。组织顾客要求被选供应者提供详细的购买建议书。

（6）选择供应方案。在收到各个被选供应者提供的供应方案后，组织顾客进行评估，选择符合其要求、令其满意的供应者。

（7）签订合同。与选定的供应者进行谈判，在双方达成一致意见后签订合同。

（8）绩效评估。组织顾客评估供应者的合同履行情况及自身购买行为所产生的效用。

 实训考核

一、知识训练

1. 说明组织消费市场的特点。

2. 描述酒店组织顾客类型。

3. 阐述组织顾客召开各种会议的需求。

4. 描述酒店组织顾客的购买行为特点。

5. 阐述组织顾客购买行为类型。

6. 指出影响组织顾客购买行为的四个因素。

7. 列出酒店组织顾客购买决策过程的所有步骤。

二、能力训练

案例 2 - 6

北京五洲大酒店及北京国际会议中心是我国知名的会议型酒店，在其多年的会议型酒店经营管理过程中，总结出了一套行之有效的管理运作模式和经验。他们把会议客源按客人的需求特点、结构、地域、性质的差异进行分类，以便进行准确的会议客源需求定位：①根据国籍将客人分为国外会议客人和国内会议客人；②根据地域将客人分为本地会议客人和外地会议客人；③根据会议性质将客人分为科技界会议客人、医药界会议客人、教育与文化会议客人、企业类会议客人、政府类会议客人、学术性会议客人。

根据不同会议客人的需求，采取针对性的服务销售与接待流程。①融入式：1996 年接待的世界议员大会，他们就安排了三个人加入了组委会，每一个人都有相应的职务，和组委会密切成一体，为这个会议提供更准确的服务。②承办式：这是会议酒店或会议中心的一种更深入的创收方式。在有些会议的组委会精力不够或者缺少这方面专业人才的情况下，酒店可安排相应的人员和组委会签订协议，承办这个活动。这样可以为酒店带来更大的效益。③一

键式：针对上千人规模的大型国际会议，参会人员来自几十个国家，语言上有一定的障碍，根据客人的特定情况，在客房里放置一个提示牌，为客人设定一个号码，由酒店24小时值班电话为其服务；并提供至少三种语言的服务，为客人提供方便。④快捷式：有些特殊会议不能等营销部下任务单再执行，比如有时候会议组织方会提出一些临时性的要求；有些政府领导出席的会议，经常有部长级的会见，要临时使用一些小的会场，或需要一些相应的设备，这时候他们就要先满足客人的需要，之后再向有关部门反馈。⑤提醒式：因为会议组织者比较忙或者没有经验，需要他们主动提示一些必要的环节。如果发现会议组织者忽略了一些问题，他们也会进行提示，以保证会议运作不出问题。

问题讨论：

1. 北京五洲大酒店把会议客人分成几类？
2. 针对不同会议客人需求，北京五洲大酒店采取了哪些服务销售与接待流程？

 ## 项目二小结

1. 酒店的客人分为散客和组织顾客，本项目首先介绍了酒店散客的购买行为特点、酒店散客的类型及其需求心理；其次阐述了酒店散客的购买行为模式，即刺激—反应模式，形成了不同的购买行为类型。散客购买行为被四组购买者特征所影响：文化的、社会的、个人的、心理的。在完成一项购买时，散客要经历一个由识别需要、收集信息、方案评价、购买决策和购后行为组成的决策过程。

2. 酒店组织顾客有不同的类型，他们的需求也各不相同，在购买行为上具有明显特点，形成不同购买行为类型。在酒店组织顾客购买过程中受环境、组织、人际关系、个人等方面的影响。组织顾客购买决策过程要经历一个问题的提出、确定总需要、产品规格说明、寻找供应商、征求供应方案、选择供应方案、签订合同、绩效评估的过程。

 ## 参考资料信息

建立一整套让会议客人满意的会议销售与接待流程的关键

第一，建立会议销售与接待流程要突出规范化与专业化，满足人性需要和个性需要。所以营销人员的专业程度和工作经验就非常重要了。

第二，服务创新。在会议销售与接待流程设计中要时刻不忘、充分考虑服务创新。例如，设计与会议性质内容相适应的会议欢迎横幅或欢迎牌；适时推出特色晚宴、室外大型宴会、形式新颖的闭幕式、先进会议设备、同步影像同声传译等服务，这些都非常受欢迎，所以在会议接待服务中没有做不到的，只有想不到的。高品质的会议还要靠高品质的会议销售与接待流程来保证，会议销售与接待流程的最终标准就是：一让会议客人满意；二让会议组织者轻松；三让酒店盈利。

项目三　酒店营销调研和预测

项目描述

项目三首先介绍酒店营销调研设计；其次介绍营销调研的种类和实施营销调研的方法，根据调研的结果进行预测；最后介绍酒店最常用的调查问卷的设计及调研报告的撰写。

项目目标

【知识目标】理解酒店营销调研的重要作用；了解酒店营销调研的类型；掌握酒店营销调研报告形式；了解市场预测的基本方法。

【能力目标】能够对具体的调研主题设计调研方法和调查表；能够写出调研报告；能够制定酒店营销调研的实施流程。

工作任务一　酒店营销调研的设计

喜来登饭店市场调研

喜来登饭店公司是著名的跨国企业——美国国际电报电话公司的子公司。多年来，它一直紧跟假日公司，保持在世界大酒店联号中排行第二的位置。到 1989 年，其旗下旅馆总数已达 540 家，拥有 15.4 万间客房，遍布全球 72 个国家。短短几十年间，从 3 家小旅馆起步，亨德森先生是怎样建立起如此庞大的酒店王国的呢？其经营与管理有什么独到之处呢？

首先是长期一贯的高投入，每年光是美国境内本土的广告宣传费就超过 4 000 万美元，特聘固定的广告公司常年服务。

其次是举办多种有创意的促销活动，优惠常客的喜来登国际俱乐部活动，针对商务旅游者的喜来登公务旅行者计划、"喜来登家庭旅行计划"等，至于创立全球性的"预订网络"和率先设置"无烟客房"等举措则早已为酒店业界纷纷仿效。当然，最卓有成效的还是著名的"闪电促销战术"。

　　这次收购的新酒店是一家有 200 间客房、经营 5 年的汽车旅馆,设有可容纳 60 人的餐厅和 100 个座位的咖啡厅;能为 120 人提供服务的酒吧;容纳 500 人的餐厅,而这个餐厅可以分割为三个容纳 150 人的会议厅;还有一个由四个能容纳 50 人的小厅组成的大会议厅。新酒店还设有能提供许多娱乐设施的室内游泳池、四个室外网球场、四套豪华套房、十间行政办公室,以及可以停放 250 辆轿车的停车场。在喜来登集团接手以前,这座有一流设施的酒店已连续几年亏损,客房出租率连年滑坡,一度低于 20%,餐厅、娱乐收入则更是每况愈下,举步维艰,回天无力的店主只好忍痛低价将它出售了。亨德森先生已经以低于建造成本的理想价格购得了这座富有潜质的酒店,在紧锣密鼓交接工作之后,由六十多位销售员组成的销售小分队出发了,"销售闪电战"也拉开了帷幕。

　　首先是全面细致的市场调查。六十多名经验丰富的销售员像蝗虫一样钻进了新酒店所在的城市。他们马不停蹄,不知疲倦地走访、咨询,灵敏的触角伸进了城市的每个角落,每天都有大量的市场信息源源不断地传送给设在酒店五楼的"销售攻坚部",总部里干练的统计分析人员将这些信息汇总,最后整理出详尽完整的酒店市场分析报告。分析报告包括以下内容。

　　1. 主要客源

　　① 本地 150 家生意兴隆的轻工生产厂家,主要是改装修配厂和代理机构。

　　② 三所主要的大学,即阿城工学院、医科大学、文法学院。

　　③ 经过酒店的全国州际公路出口处。

　　2. 客源消费规律

　　① 星期一、二、三、四晚上生意不好,来客稀少,除非大学举行足球赛、毕业典礼或有一些特殊事情发生。

　　② 旺季集中在 9 月以后,12 月圣诞节期间生意不多,夏季是明显的淡季。

　　③ 主要住店客人是来出差的商务客人和当地的工人、大学办事人员;其次是学生的父母、到大学的一般来访者及参加特殊活动的人;再次是少量过路人。

　　④ 在市场上占有率较高时期,食品和酒吧的生意主要来自住店的客人,住店商务会议、举行宴会的生意也不错,大多是当地各工厂参加的会议。

　　⑤ 本地散客市场潜力大,但顾客普遍认为酒店客房价格过高,尤其是停车场每天 5 美元的收费让人难以接受。

　　⑥ 酒店的食品、娱乐项目根本没有打开本地市场,本地人在酒店举行婚宴或一日庆典的非常少。

　　明确了市场形势以后,属下销售部被分成了六个小分队,受命在一个月的时间内迅速打开当地市场,获得尽可能多的会议宴会、庆典等活动的订单,并建立起覆盖全城的客源网络,确保酒店能获得占优势地位的市场份额,使酒店迅速上升为全城最好的酒店。六个小分队各由一名资深的区域销售经理带队,负责某个方面的公关。

　　第一小分队由科夫曼博士率领,专攻三所大学的市场。他们向各校的系主任寄出调查表，咨询他们对酒店的看法，以优厚的条件聘请他们成为酒店的销售代理人，并免费提供场地，邀请大学师生于周末在酒店组织一些专题研讨会，例如如何在证券市场上投资、学习如何打网球、政府的福利政策计划研讨等；同时鼓励学校前来举行各种校友集会、毕业庆典活动。

第二小分队由德塞利女士主持，召集全城各工厂的女秘书、女经理聚会，建立秘书俱乐部和女经理俱乐部，为会员发放优惠金卡，并对她们揽来的业务进行积分奖励。全年度招揽业务最多者将获得最新款的福特跑车一辆。

第三、第四小分队由约翰逊先生统领，主攻本地的散客市场。他们将全城居民分为20个小片，每个销售员负责一个小时，并根据各片实际情况不同，确立相应的业务指导。销售员们八仙过海，各显神通，使出各自的看家本领，文质彬彬地钻进了所有的居民小区，短短一个月时间，几乎走访了全城居民中的80%，并对其中约3 000户居民进行跟踪推销，发放至少一万张一次性优惠卡，并成功地接到了300多份预订单，足够餐饮部忙碌大半年了。

第五小分队由斯特思先生统领，主要是协调与当地所有公司、公共机构的关系，并从中获取订单，发展建立起庞大的代理人网络。

第六小分队由琼斯小姐负责，主要是处理与当地传媒和过境客户的关系，他们在支付了一笔可观的广告费用之后，获得了本地几大电视网的黄金时段的广告权。一个月以后，喜来登的阿城酒店重新开张，顿时生意爆满，令所有竞争对手羡慕不已。然而，笑得最开心的还是亨德森先生，这是他"闪电促销战术"的又一次胜利，"我们又救活一家新酒店，应该说是，我们又收获了一片市场！"

分析案例请回答：

1. 喜来登酒店是怎样组织调研的？
2. 喜来登酒店调研了哪些方面？

✏ 相关知识

酒店市场调查是指为某一个特定的酒店市场营销问题的决策，运用科学的方法和手段所进行的系统设计、收集、整理、分析各种资料和信息，并得出可靠的、结论性依据的活动。酒店市场调查的目的在于尽可能收集可靠的信息，为酒店的经营决策服务。

一、营销信息系统

酒店市场营销信息是反映酒店内、外部市场营销环境要素特征及发展变化的各种消息、资料、数据、情报等的统称，市场营销信息具有广泛性、资源性、时效性、连续性、公用性等特征。每一家酒店必须为其市场营销经理组织市场营销信息流，设计市场营销信息系统，如图 2-11 所示，以满足市场营销信息的需要。

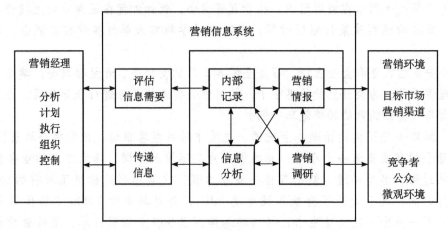

图 2-11　市场营销信息系统

二、酒店营销调研与预测的内容

酒店市场营销调研的内容包括直接或间接影响酒店营销活动的各个方面，分为四大类。

1. 营销环境

大多数情况下，主要通过报刊等资料收集情报，也有专门的调研公司，会提供有关这方面的情况。

2. 酒店消费者需求

主要包括需求总体情况、哪些因素对顾客选择酒店会产生决定性的影响、顾客购买动机、消费结构和内容、消费偏好、销售趋势。这种分析是"质"的分析，有助于判断酒店的哪些特征对顾客选择酒店会产生决定性的影响，本酒店选择的目标市场是否正确，是否提供了目标市场需要的产品和服务，是否满足了顾客的需求。

3. 酒店竞争者情况

竞争情况是直接影响酒店营销的不可控因素，需要认真研究。酒店应收集的信息包括下列 4 种。

（1）市场占有率。这方面的信息可以使酒店经营管理人员了解本酒店在竞争中的进展情况。通过比较本酒店的销售量和所有竞争对手的总销售量，计算本酒店的市场占有率。

（2）竞争对手的销售策略和实际做法。了解竞争对手的营销方案，有助于制定本酒店的营销策略。连续数日从报纸杂志收集竞争对手的广告，是获得这方面信息的最好、最简便的方法。此外，酒店还应设法了解竞争对手电台和电视广告、户外和机场广告、直邮广告，以及直接招徕宾客、旅行社及公共关系、营业推广等方面的营销活动情况。在收集这方面的信息时，经营管理人员应着重了解四个方面情况：①本酒店的竞争对手吸引哪些细分市场；

②竞争对手采用什么策略来树立市场声誉；③竞争对手使用哪些广告媒体和营销方法；④竞争对手的营销方案是否成功。

（3）客房出租率。很难获得各主要竞争对手酒店的客房出租率数据，但酒店的经营管理人员仍应搞好已经收集到的资料汇编工作，以便将本酒店与各竞争对手酒店的客房出租率及发展形势进行比较。

（4）分析各竞争者酒店的特点。包括有形特点和无形特点，通过分析，经营管理人员应编制各竞争者酒店比较表。

4. 酒店营销能力

（1）酒店内部产品、价格、渠道、促销的状况。在营销调研中，酒店应针对产品、价格、渠道、促销等可控因素对销售的影响，分别进行调查研究，并结合销售成本分析和利润分析，对酒店的战略、策略和未来的业务活动作出规划。

（2）酒店内部资源状况、组织结构及效率、管理水平。

（3）绝对市场份额与相对市场份额。

三、酒店营销调研的程序

1. 确定问题和预测目标

不同的调查目的，所涉及的调查内容和范围不同。确定的问题尽量具体明确，突出主题，避免面面俱到。酒店一般有以下几方面确定问题和预测目标。

（1）从不同层面研究旅游市场的特点，并作为市场细分的标准；着重研究目标市场的特定偏好。

（2）测定目标市场潜力。

（3）本酒店销售状况及销售趋势分析。

（4）市场竞争态势分析。

（5）推出新产品的反应。

（6）销售活动的效果评价。

（7）旅游市场的短期、中期、长期预测。

（8）酒店价格研究。

2. 制订调查计划与实施

（1）挑选适宜的人员，建立调研组织。

（2）确定询问项目和问卷设计。调查问卷是由向被调查者提问并征求回答的一组问题所组成。它是收集第一手资料的最普遍的工具。在设计调查问卷时，专业调查人员必须精心挑选要问的问题、问题的形式、问题的用词和问题的次序。问题分为闭合式问题和开放式问题。闭合式问题包括所有可能的回答，被调查人从中选择一个答案。闭合式问题规定了回答方式。开放式问题允许被调查者用自己的话来回答问题，常常能揭示出更多的信息。

（3）规划具体工作日程，进行开支核算，准备物资。

（4）确定调查资料的来源。通过现场或实验调查可以获得第一手资料；通过收集由他人收集整理过的资料，是二手资料，这些资料收集比较省时省力省钱，但不如一手资料准确、及时、可靠。酒店在二手资料的基础上，应根据具体调查情况进行使用。

（5）确定调查方法。可采用观察法、专题讨论法、问卷调查法、实验法、询问法。

（6）调查手段。采用问卷工具、还是用仪器。

（7）确定调查形式，有全面调查、重点调查、典型调查、抽样调查。

（8）确定联系方法，有电话、邮寄、面访、互联网询问法。

（9）进入全面调研阶段，收集信息。

3. 资料的整理分析与预测

（1）整理资料。检查、核对资料的准确性。

（2）分析资料与预测。对资料进行评定、分类、编号，以便统计。运用定性与定量相结合的分析方法进行分析，确定误差范围，取得可观的调研结果。如果需要，可运用高级分析方法和决策模型对调研结果进行再加工，直到调研结果能够回答调研命题为止。通过分析得出结论，并在此基础上进行市场预测，为管理者提供经营决策的依据。把调查结果形成书面材料。

4. 编写调研报告

把调查结果写成书面材料就是调研报告。调研报告的结构如下。

（1）扉页。写明报告的题目、编写报告人的姓名、接受报告人姓名、调查结束日、呈递调查报告的日期。

（2）目录。

（3）内容提要。简要写出本报告的主要内容。

（4）序言。说明调查的原因、范围、研究的问题、提出的各种假设、要实现的目的。

（5）调查方法。说明本调查所使用的调查方法。

（6）调查结果。描述调查结果，从而得出的结论。

（7）局限性。本次调查的限制性条件，得出结论的局限性予以说明。

（8）结论和建议。

（9）附件。即图表及附录。

（10）参考文献目录。

✏️ **实训考核**

一、知识训练

1. 列出酒店营销调研程序的四个步骤。

2. 指出营销调研计划应包括的内容。

3. 简单介绍调研报告的结构。

二、能力训练

将全班学生分成四组分别调查一个五星级酒店、四星级酒店、三星级酒店、社会酒楼，调查这些酒店的营销环境、消费者需求、他们的竞争对手状况、酒店自身的营销能力等状况，制定酒店营销调研的一般流程，并按照调研报告的结构写出调研报告。

案例2-7

某酒店计划进行一次对竞争对手产品的调研，选择了 B 酒店，安排一组人员在同一天的不同时间，电话预订并分别入住酒店，作为模拟客人对其所入住酒店的产品和服务进行调查。一方面进行确定的目标信息调查，另一方面作为普通消费者去体验和感受该酒店的产品和服务。

电话预订时，认真记录下被调查酒店预订人员回答电话预订的专业性、标准化、礼节礼貌等的程度。在办理入住时记录行李生的热情度、总台的登记时间、接待人员的职业水准、专业知识等。调查人员已进入 B 酒店客房，就各就各位、分头开始调查工作。一个人告诉前台说他的行李箱拉杆坏了——能否帮他修好；另一个人细心地记下客房配备的一次性易耗品的用料、质地、牌子等；同时要求西医的加急服务、了解收费情况及送还时间等；中午安排送餐服务，记录送餐所需时间；到餐厅用晚餐，记录上菜时间、速度、服务人员的服务态度和技能，了解菜品质量、特色、价格及用餐人均消费。调查结束后，参加调查的人员就调查信息分别写出调查报告，呈报营销部经理，经理就此调查情况召开专题座谈会议来讨论、分析。

问题讨论：

1. 这次调研目标是什么？
2. 本案例使用了什么调研方法？
3. 这个酒店对竞争对手哪些方面进行了调查？

工作任务二　酒店营销调研的实施

一张有问题的调查表

假设一个航空公司设计了下列调查表，供其采访乘客用。对下面每个问题，你是怎样考虑的（在阅读每个方框中的意见之前请先回答）？

1. 你的收入以人民币为单位总共是多少？

> 人们没有必要去了解他们的收入，而且他们也不会把自己的收入公布出来。何况调查表不应该涉及这类个人问题。

2. 你是偶然地还是经常地乘坐飞机？

> 你怎样确定偶然与经常的范围呢？

3. 你喜欢本航空公司吗？是（　　　）否（　　　）

> 喜欢这个词是相对的。而且，乘客的回答是不是真诚的呢？再说，是或否就是回答问题的最好方法吗？如果不喜欢乘坐飞机，这个问题又将怎样回答呢？

4. 在去年4月或今年4月你在电视上看到几次航空公司的广告？

> 谁能记住这些呢？

5. 在评价航空公司时，你认为最显著和最有决定性的属性是什么？

> 什么是显著和决定性属性？不要用夸张笼统的词。

6. 你认为政府对飞机票加税从而剥夺许多人乘飞机的机会是对的吗？

> 这是一个别有用意的问题，叫人们怎样回答这种有偏见的问题呢？

分析案例请回答：在设计调查表时要注意哪些事项？

 相关知识

一、酒店市场营销调研的种类

1. 按目的分类

酒店市场调查的种类很多，按照市场调查的目的进行划分可分成三类。

（1）探索性调查。这是指酒店对所调查的问题和范围不明确时采取的调查形式。调查目的是掌握调查相关问题，确定调查范围，确定调查的重点。

（2）描述性市场调查。这是指对市场的客观情况进行如实的描述和反映的调查方式。调查的目的是寻找准确的市场信息，为酒店正确决策提供参考。描述性调查的内容翔实、全面、客观，并要做相应的定量分析，比探索性调查要严密得多。

（3）因果性市场调查。这是指对市场上出现的各种现象之间或问题之间的因果关系进行的调查。目的是为检查某一理论、发现某一问题而寻找原因。

2. 按方式分类

按照调查所采取的方式不同，可分为全面调查和非全面调查。

（1）全面调查。全面调查是对调查对象一一进行调查。

（2）非全面调查。非全面调查是选取一部分调查对象进行调查。按照选取调查对象的方式不同又可以分为重点调查、典型调查、抽样调查。

抽样调查是一种经常用到的方法，既省时省力又可以对调查结果进行推断，具有一定的准确性。营销人员必须设计一个抽样计划，确定抽样单位、样本大小、抽样程序。

二、酒店市场营销调研的方法

基于酒店本身的复杂性，在选择调研方式时就需要与调研任务的特点和酒店本身的特点相结合，所选用的一种或几种调研方法应该能最大限度地反映客观事实，控制误差范围。

1. 资料调查法

酒店市场调研所需的数据资料从其来源和性质可以分为第一手资料和第二手资料两大类。资料调查法是通过收集酒店内外部各种现有的信息数据和情报资料，从中提取与市场调查题目有关的内容进行分析研究的一种方法。这种方法省时省力省钱，有助于更准确更有的放矢地收集第一手资料。但收集的资料具有片面性，而且时效性较差。第二手资料与调查的目的、口径、方法往往不能合拍，时间性和精确度达不到要求。因此，使用第二手资料时一定要明确材料来源，弄清目的、口径和可比性。

这种二手资料包括公开出版的各种年鉴、行业报告、政府文件，酒店的年度报告，各种专著、论文等。本酒店的内部二手资料包括：①客人记录，如酒店总台登记、客人预订要求、客人记录卡、客人的主要档案材料；②酒店销售记录，如收取费用的预订单，酒店每天及每月的销售总结，酒店每周、每月、每季的出租情况，年平均出租率等；③酒店的其他记录，如客房内的调查表、酒店各部门汇报、客人的来信等。

2. 实地调查法

在周密的调查设计与组织下，由调查人员直接向被调查者收集原始资料（一手资料）的一种调查方法。主要有观察法、访问法和实验法。

1）观察法

观察法是指调研者凭借自己的眼睛或仪器设备，在调查现场进行实地考察，记录正在发生的市场行为或状况，以获得各种原始资料的一种调研方法。这种方法的主要特点是，被调研者并不感到正在被调查，而是由调研者从侧面直接地或间接地借助仪器把被调查者的活动按实际情况记录下来，被调查者受心理干预较少，从而提高调查结果的真实性和可靠性，使取得的资料更加切合实际。

2）访问法

访问法是通过询问的方式向被调查者了解市场情况、获取原始资料的一种方法。采用访问法进行调查，对所要调查了解的问题一般都事先陈列在调查表中，按照调查表的要求询问，所以又称调查表法。根据调研人员与被调查者接触方式的不同，又可将访问法分为人员访问、电话访问、邮寄访问和网上访问等。

（1）人员访问。人员访问是通过调研者与被调查者面对面交谈以获取市场信息的一种调查方法。询问时可按事先拟订的提纲顺序进行。面对面的交谈方式，使人员访问具有以下优点：第一，人员访问具有很大的灵活性；第二，拒答率较低；第三，调研者资料的质量好；第四，调研对象适用范围广泛。访问人能够提出较多的问题并可用个人观察来补充访问的不足。面谈访问是最昂贵的方法，并且需要较多的计划和行政管理。

面谈访问的两种方式：个别访问和小组访问。

① 个别访问。个别访问是到顾客家中或办公室或路上请他们停下来进行面谈。访问者必须得到他们的合作才能进行面谈，其时间为几分钟或几小时不等。有时，因为花费了被访问者的一些时间，而应给予一些报酬或奖金。

② 小组访问。邀请6人至10人，用上几个小时，由一个有经验的访问人组织，讨论某一产品、服务、组织或营销实体。访问人必须客观，否则讨论会的结果必将误入歧途。在一般情况下，为了吸引参加需要付给一些报酬。这种访问的特点是在愉快的环境下进行（如在家庭中），为了增进非正式的气氛，可以备有茶点。小组访问人在开始时先提出一个范围宽广的问题，访问者要鼓励参加者进行自由和轻松的讨论，以期为小组的能动性带来深刻的感知和思考。同时，访问人要把讨论"集中"，因而这种方法被称为集中小组访问。各种意见通过记录本或录音机录下来，然后进行研究，以了解消费的动态和行为。集中小组访问是设计大规模调查前的一个有用步骤。它可用以洞察消费者感知、态度和满意程度，调研人员必须避免从集中小组成员的感知得出对整个市场的普遍性结论，因为这个样本的规模太小并且抽样是非随机的。

（2）电话访问。电话访问是通过电话中介与选定的被调查者交谈以获取信息的一种方法。基于电话访问是一种间接的调查方法，它的自身特点决定了要成功地进行访问，必须首先解决好以下几个方面的问题：第一，设计好调查问卷；第二，挑选和培训好调查员；第三，调查样本的抽取及访问时间的选择问题。这种访问还能够在被调查人不明确问题时予以澄清。但电话访问有两个主要缺点：只是电话所有者才能被访问到；访问时间必须简短，不能过多地涉及个人问题。

（3）邮寄访问。邮寄访问是市场调查中一种比较特殊的资料收集方法，它是一种将事先设计好的调查问卷邮寄给被调查者，由被调查者根据要求填写后寄回的一种调查方法。邮寄访问的突出优点主要表现在：第一，调查的空间广泛；第二，费用低；第三，可以给予被调查者更宽裕的时间回答；第四，邮寄访问的匿名性较好。这是在被访问者不愿意面谈其他可能受访者，避免受偏见的影响或曲解的情况下所能采取的一种最好方法。另一方面，邮寄调查表提问的语句需要简洁明了，同时一般回收率较低和（或）回收速度迟缓。

（4）网上访问。网上访问是随着网络事业发展而兴起的最新的访问方式，是市场调查者将需要调查的问题系统制作，通过互联网收集资料的一种调查方法。网上访问同其他访问方式相比具有明显的优点。首先，辐射范围大；其次，网上访问速度快，信息反馈及时；第三，匿名性很好，所以，对于一些人们不愿意在公开场合讨论的敏感性问题，网上将是一方畅所欲言的乐土；第四，费用低。

以上四种方式比较起来，网上访问的费用将是最低的。

3）实验法

实验法是最正式的一种调研方法，是指在调查中，在一定条件下有意识地改变某些影响调查目标的变量，而保持其他变量不变，以此来试验这些变量对客人消费行为的影响效果，从而取得第一手资料的调查方法。

这种方法的优点是获得的资料客观、具体，能直接、真实地反映情况，缺点是费用高，花费时间长，有多种可变动的影响因素，难以准确分析。

3. 调研工具

营销人员在收集第一手资料时，可以选择两种主要的工具：调查问卷和机械工具。

1）调查问卷

调查问卷是迄今用于收集第一手资料的最普遍的工具，是国际通用的询问调查的基本工具。调查问卷是非常灵活的，它有着许多提问的方法。调查问卷需要认真仔细地设计、测试和调整才能使用。

2）机械工具

虽然调查问卷是最普遍的一种调研工具，但在营销调研中还常使用一些机械装置。电流计可以用于测量一个对象在看到一个特定广告或图像后所表现出的兴趣或感情的强度。速示器是一种能从少于百分之一秒到几秒的闪现中将一个广告展露在一个对象面前的设备。在每次展露后，由被调查者说明他或她们所回忆起来的每件事。眼相机是用于研究被调查人眼睛活动情况的，它观察他们的眼光最先落在什么点子上、在每一给定的项目中逗留多长时间等。

三、调查问卷设计

1. 调查问卷设计要求

（1）表达方式清楚明确。

（2）内容涵盖所要调查的全部问题，方便被问方配合。

（3）便于记录、统计汇总和调研分析。

2. 调查问卷的组成

一份调查问卷由问卷说明、问题、编号三部分组成，还可附加填表说明、致谢及补充内容。

（1）问卷说明。是问卷的开头部分，向被调查者说明调查者的身份、调查的目的和意义，对问题的回答方式进行简单说明，主要解释某些代码和标号的意义，并向调查对象做出匿名和保密的承诺，通常还需要留下调查单位的联系方式。

（2）问题部分。是问卷的主体部分，问题一般包括背景问题和核心问题，背景问题一般放在问卷的前半部分，目的是了解样板的典型性，并根据其中的年龄、职业、收入水平等进行分类统计。根据某些背景问题，可以直接剔除不符合标准的调查对象。核心问题是问卷中围绕主题设置的各类事实性和认知性问题。

设置问题有闭合式问题和开放式问题两种。

① 闭合式问题：包括所有可能的回答，被调查人从中选择一个答案。表2-2所列为闭合式问题的种类。

表2-2　闭合式问题的种类

名称	描述	举例
单项选择	一个问题提出两个答案供选择	您的客房干净吗？是（　）否（　）
同意异议尺度	答卷人用以表明同意或不同意的程度	我们酒店的服务质量很好 极不同意（　）不同意（　）不置可否（　）同意（　） 非常同意（　）
多项选择	有至少三种答案的问题	您来本市的主要目的是什么？ 度假（　）公务（　）会议（　）观光（　）探亲访友（　） 其他（　）
语义差异	两个极端的词构成的标度，答卷人可在其中选择代表自己意见的一项	您对本酒店正在播放的广告的印象 深刻（　）肤浅（　）
重要性尺度	列出某些属性的重要性次序的尺度	客房送餐服务对您而言 非常重要（　）很重要（　）比较重要（　）不很重要（　） 很不重要（　）
排序尺度	列出某些属性由差到好次序的尺度	餐厅菜肴口味 极好（　）很好（　）马马虎虎（　）差（　）
购买意图尺度	描述答卷人购买意图的尺度	如果餐厅推出每周厨师特色菜，您是否会尝试 肯定（　）可能（　）不知道（　）可能不（　）肯定不（　）

② 开放式问题：开放式问题允许被调查人用自己的话来回答问题。他们可以采取各种形式。一般说来，因为被调查人的回答不受限制，所以开放式问题常常能揭露出更多的信息。开放式在探测研究阶段特别有用，这个阶段调查人期求的是洞察人们内心怎样想的而不是去衡量以某种方式在想的有多少人。表2-3列出了开放式问题的种类。

表2-3　开放式问题的种类

名称	描述	举例
自由格式	答卷人可以不受限制地回答问题	您对本酒店有何意见？
完成句子	给出不完整的句子，由答卷人完成它	选择饭店时我最先考虑的是（　　　）
词汇联想法	列出一些词汇，每次一个，由被调查者提出他头脑中涌现的每一个词	阿拉伯之塔（　　）；希尔顿（　　）；香格里拉（　　）
故事完成法	提出一个未完成的故事，由被调查人来完成它	"我在香格里拉酒店的前厅办理完退房手续后，正在等航空公司的旅游车接我到机场，突然酒店门外下起了大雨，使我产生了下列联想和感慨。"现在完成这一故事。

（3）编号。调查人员需要在问卷的适当位置编上序号，以便汇总、分类、统计和排序。

（4）填表说明。

（5）致谢及其补充内容。

3. 问卷设计注意事项

（1）提问语气表达和问题顺序。对问题的用词必须十分谨慎。应该使用简单、直接、无偏见的词汇，易于回答，难度适当，所提的问题应对被调查人预试，然后再广泛应用。所提出的问题应该合乎逻辑次序。如果可能，引导性的问题应该是能够使人引起兴趣的问题。回答困难的话或涉及私人问题会使人处于守势的地位。有关被调查人的分类数据要放在最后，因为这更加涉及个人，而且被调查人对此也不大感兴趣。

（2）调查表的内容，应围绕一个主题来设置问题。问卷的答案是否适合量化及统计分析。问题的设计必须保持中立，不可采用诱导性问题或使用不平衡的量表。问卷篇幅不可过长，过长的问卷受访者一般没有精力去认真完成。

表 2-4 列出了各种市场研究方法的优缺点。

表 2-4　市场研究方法的优缺点

方法	优点	缺点
观察法	● 不必得到被调查者的同意； ● 不干扰顾客； ● 现场观察费用少； ● 迅速获得数据、现场信息	● 没有机会提问和解释； ● 无法观察诸如住宿动机、客人未来计划、过去经历等
人员访谈	● 答复率高； ● 可以解答问题； ● 可以采用开放式问题； ● 允许有各种答案； ● 可以观察被采访者的反应； ● 获得完整的信息； ● 经验丰富的采访者可以预先估计可能的答案	● 采访者的偏见； ● 被采访者时间难以约定； ● 费用高； ● 被采访者不愿回答私人问题； ● 被采访者可能较紧张； ● 对方可能按你所期望的去答而非真实想法
小组讨论	● 与人员访谈相同； ● 比人员访谈更随意和放松； ● 可以更深入地分析和研究问题； ● 比人员访谈的答案更真实	● 很难安排到合适的时间和地点； ● 需要回答问题者花费时间和精力； ● 有些人可能操纵整个讨论或使之跑题
邮寄调查	● 在一定费用下可以覆盖较大范围； ● 可以直接到达被抽查者手中； ● 可以轻松地回答问卷； ● 回答比较真实； ● 不带采访者的偏见	● 低回收率； ● 难以获得适宜的邮寄名录； ● 没有采访者的帮助； ● 答复费用高； ● 填写问卷者可能没有代表性； ● 无法控制采访者的答复
电话征询	● 被询问者必须有电话； ● 不需要专业人员； ● 迅速获得信息； ● 资料是最新的； ● 高回收率； ● 在市区费用低	● 无法见到被询问者； ● 询问必须简单； ● 难以与之建立长久联系； ● 区域进行则费用很高

续表

方法	优点	缺点
店内调查 （包括人员访谈）	● 在被调查者住店时调查他们的感受； ● 被调查者会对你反馈他们的意见以改进产品； ● 可以容易地采访顾客，且费用低	● 问卷必须简练； ● 数据必须简单和直接； ● 局限于住宿顾客

 **实训考核**

一、知识训练

1. 说明营销调研的种类。
2. 说明营销调研可以采用的方法。
3. 说明营销调研方法各自的优缺点。
4. 说明调查问卷的组成要素。
5. 说明设计调查问卷应注意的问题。

二、能力训练

将全班学生分为五组针对某一五星级酒店的客房、餐厅、前厅、大堂、宴会厅、包房分别设计一张调查问卷，收集顾客的意见。

案例 2－8　　　　　　　　　　　**某酒店一份客房调查问卷**

亲爱的宾客：

　　欢迎您光临×××酒店！

　　我们衷心希望本酒店的设施能符合您的要求，并能在您下榻期间为您提供始终如一的满意服务。

　　如您有任何意见和建议，请坦率告诉我，我们将十分感谢您的宝贵意见并借此改善和提高酒店的设施和服务质量。请在相应的选项下打√。谢谢！

　　再次感谢惠顾！

总经理：×××
×××酒店

酒店客房问卷调查

一、请评价您对酒店总体的满意程度　（　）满意　（　）较满意　（　）不满意

二、请您从以下几方面评价本酒店（包括质量、效率、态度等）：

　　　　预订中心服务　　（　）满意　（　）较满意　（　）不满意

　　　　抵达与入住登记服务　（　）满意　（　）较满意　（　）不满意

	礼宾服务	（ ）满意	（ ）较满意	（ ）不满意
房间	整体整洁度	（ ）满意	（ ）较满意	（ ）不满意
	设施及物品	（ ）满意	（ ）较满意	（ ）不满意
	卧具用品的舒适度	（ ）满意	（ ）较满意	（ ）不满意
	房间安静程度	（ ）满意	（ ）较满意	（ ）不满意
	房间照明	（ ）满意	（ ）较满意	（ ）不满意
	房间水温	（ ）满意	（ ）较满意	（ ）不满意
	电话问询服务	（ ）满意	（ ）较满意	（ ）不满意
	洗衣服务	（ ）满意	（ ）较满意	（ ）不满意
餐饮	服务质量	（ ）满意	（ ）较满意	（ ）不满意
	食品质量	（ ）满意	（ ）较满意	（ ）不满意
	客房送餐质量	（ ）满意	（ ）较满意	（ ）不满意
康乐	桑拿/美容/美发	（ ）满意	（ ）较满意	（ ）不满意
	健身房/保龄球	（ ）满意	（ ）较满意	（ ）不满意
员工	礼节礼貌	（ ）满意	（ ）较满意	（ ）不满意
	对您需求的预见能力	（ ）满意	（ ）较满意	（ ）不满意
	沟通能力	（ ）满意	（ ）较满意	（ ）不满意
	工作效率	（ ）满意	（ ）较满意	（ ）不满意
	专业水平	（ ）满意	（ ）较满意	（ ）不满意
酒店	设施设备维护	（ ）满意	（ ）较满意	（ ）不满意
	关爱顾客	（ ）满意	（ ）较满意	（ ）不满意
	管理水平	（ ）满意	（ ）较满意	（ ）不满意
	安全感	（ ）满意	（ ）较满意	（ ）不满意
	商务服务	（ ）满意	（ ）较满意	（ ）不满意

三、您会再次光临本酒店吗？ （ ）是 （ ）否

四、您的年龄：（ ）25 岁 （ ）25～34 岁 （ ）35～44 岁 （ ）45～54 岁
（ ）55～64 岁 （ ）65 岁以上

五、您的性别：（ ）男 （ ）女

六、您来此地的主要目的是什么？ _____

七、在您对本酒店的评价中最重要的和起决定性作用的因素是什么？ _____

（请将此表投入前台宾客意见箱中）

问题讨论：

1. 在此问卷中，哪些是闭合式问题？哪些是开放式问题？

2. 这些闭合式问题属于哪种类型？

3. 开放式问题属于哪种类型？

4. 分析此调查表中，哪些问题答案不明确？

项目三小结

1. 本项目主要介绍了酒店营销调研的内容和调研程序，训练学生根据调研内容设计营销调研步骤，使得营销调研有组织有计划地顺利进行，确保营销调研的效果。

2. 营销调研的实施要运用科学的调研方法，可以运用资料调查法、实地调查法。每种调研方法都有优点和缺点，在运用时必须根据调研对象的具体情况进行选择。

3. 调研工具有问卷和机械工具。问卷是酒店经常运用的调查工具。要遵守问卷的设计要求，一份完整的问卷由问卷说明、问题、编号、填表说明、致谢及其补充内容五部分组成。在设计问卷时要注意一是提问语气表达和问题顺序、二是调查表的内容，应围绕一个主题来设置问题。

参考资料信息

威尼斯酒店的顾客意见调查

酒店行业的顾客意见调查和其他行业有所区别。深圳威尼斯酒店总经理 Peter Pollmeier 介绍，绝大多数的国际知名酒店均是由酒店管理集团管理的，集团采取统一的顾客调研方法，而且常常由第三方专业机构来完成。比如，深圳威尼斯酒店（Crowne Plaza Shenzhen）的管理机构——六洲酒店集团（Six Continents Hotels）旗下拥有多个品牌。由于在全球拥有多达 3 200 多家酒店，其顾客调研工作量非常庞大，通常聘请第三方专业公司来完成。

为了加快对顾客意见的反馈速度，六洲酒店集团还在各酒店设立了内部问卷表系统。针对客人对酒店日常经营和服务方面的更具体、更细节的问题，寻求客户的意见。该表格由酒店总经理每日审阅，并在当日向客人回馈，及时改进服务，保证了信息的快速畅通。酒店还鼓励一线员工根据自己和顾客打交道的感受，随时提出意见。调查问卷见表 2-5。

表 2-5 六洲酒店集团内部问卷表

序号	问题	满意	一般	差	问题情况
	服务员				
1	接到客人进房通知后是否在楼层等候迎接客人？				
2	是否向客人介绍酒店各营业点的位置和营业时间？				
3	服务员是否着干净、整洁和完好的制服？				
4	如果服务时客人在场，员工是否表现热情、举止职业化？				
5	如果客人要求员工在特订的时间提供服务，是否得到同意？				
6	如果挂有"请勿打扰"牌子，员工是否重视它？				
7	是否折叠并整齐放置好客人的衣服？				
8	所有的鞋子是否成对并排列整齐？				

序号	问题	满意	一般	差	问题情况
9	是否没有触碰所有的零钱和首饰？				
10	是否所有用过的杯子、盘子或刀具从房间里撤走？				
11	是否所有的员工都佩带名牌？				
12	是否保持良好的仪表？				
13	是否微笑？				
14	是否问候？				

模块三　酒店营销计划

本模块介绍酒店营销活动开展之前必须进行的营销策划。首先对酒店市场进行细分、选择酒店目标市场、进行市场定位，这三方面也被称为现代营销战略的核心；其次根据目标市场的状况，提出相应的年度销售目标、营销策略和具体的营销活动，编制书面年度营销计划和营销预算。

项目一　酒店目标市场选择及市场定位

 项目描述

酒店营销策划都应围绕酒店的目标市场来进行，所以目标市场的选择和市场定位是至关重要的。只有目标市场选择正确、市场定位准确，所采取的营销策略才能有的放矢，制订的营销计划才能完成。

 项目目标

【知识目标】了解酒店市场细分的标准；掌握酒店目标市场选择策略；掌握酒店市场定位的原则。

【能力目标】能够根据酒店市场细分的标准进行市场细分；能够准确选择目标市场；能够根据酒店的具体情况进行市场定位；掌握定位方法。

工作任务一　酒店市场细分

 引导案例

奇特的"袖珍宾馆"

在上海的南京西路，有座"袖珍宾馆"——海港宾馆。在大酒店、高档宾馆林立的上

海，许多饭店、宾馆经理们大多为住客率低而犯愁，可在这里，却常常出现10多批客人等在大厅中，抢住刚刚退出的客房的情形。生意如此兴隆，奥妙何在？不妨让我们亲临其境详细观察。夜晚，走进海港宾馆的客房，两张席梦思占据着客房的主要位置，与一般的宾馆一样，看不出有什么特别之处。可是，当你清晨起床后，轻轻按一下机关，床就会缓缓翘起翻嵌进暗墙里，这时，你才会惊讶地发现，一间客房俨然变成一间标准的经理室。对生意人来说，既不需要多付房租，又不落身价，花了标准房的钱，享受了套房的标准。

分析案例请回答：1. 海港宾馆接待的是哪些顾客？

2. 这些顾客需要什么？

3. 海港宾馆为他们提供了哪些服务？

相关知识

一、酒店市场细分的意义

现代营销战略的核心是细分（Segmenting）、目标（Targeting）、定位（Positioning），即STP营销（目标市场营销）。STP营销包括三个主要步骤，如图3-1所示。

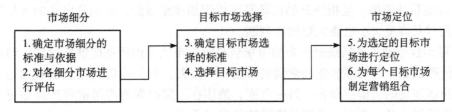

图3-1 STP营销的主要步骤

1. 酒店市场细分的理由

酒店市场细分是指酒店根据消费者需求的不同，将酒店整体市场分为若干个不同类别的子市场的过程。分属于同一细分市场的顾客，他们的需要与欲望极为相似；分属于不同细分市场的顾客对同一产品的需要和欲望存在着明显的差别。市场细分的理由有下列四个。

（1）消费者需求的差异性，各家酒店都已经意识到他们不可能吸引其所在市场的全部消费者，至少是不能使用同一种方法来吸引全部消费者。消费者实在是太多、太分散了，他们的需求和购买行为千差万别，而且复杂多变，任何一个规模巨大的酒店集团都不可能满足酒店市场上全部顾客的所有需求。

（2）酒店资源的有限性，酒店由于受到资源、设备、技术等方面的限制，也不可能满足全部顾客的不同需求。酒店只能根据自身的优势条件，从事某个市场的服务和营销活动，选择力所能及的、适合自己经营的、利润率最高的目标市场，这就有必要进行市场细分。

（3）宁做鸡头，不做凤尾，选择适合自己经营的目标市场，发挥优势克服劣势，开发相应的产品，制定营销组合，展开相应的营销计划，就有可能占领这个细分市场，取得竞争优势，成为这个市场的领头羊。

（4）分销渠道和广告媒体的多样化也使得那种试图以不变应万变的营销方式越来越困难，现在的顾客可以去酒店、旅行社、会展中心购买酒店产品，也可以选择电话购买、网上购买。顾客每天被各种媒体信息所包围：传统媒体有电视、广播、杂志、报纸、电话；新兴媒体包括互联网广告、手机短信、电子邮件等。

2. 酒店市场细分的意义

（1）通过市场细分选出目标市场，为酒店制订营销策略打下基础。

（2）通过市场细分可以发现哪些需求已经满足、哪些还没满足，那些还未满足的市场需求就是客观存在的市场机会，从而拓展了市场。

（3）抗衡对手，通过市场细分可以选择适合自己经营的目标市场，扬长避短，提高经济效益，有可能占领目标市场，与竞争对手抗衡。

二、酒店市场细分原则

寻找合适的细分标准，对市场进行有效细分，在市场营销实践中并非易事。一般而言，成功有效的市场细分应遵循以下原则。

（1）可衡量性原则。是指细分的市场是可以识别和衡量的，即细分出来的市场不仅范围明确，而且对其容量大小也能大致做出判断。

（2）可达性原则。是指细分出来的市场应是酒店市场营销活动能够抵达的，即酒店通过努力能够使产品进入并对顾客施加营销的市场。一方面，有关酒店的信息能够通过一定媒体顺利传递给该市场的大多数顾客；另一方面，酒店在一定时期内有可能将产品通过一定的分销渠道销售给该市场。否则，该细分市场的价值就不大。

（3）有效性原则。即细分出来的市场，其容量或规模要大到足以使酒店获利。进行市场细分时，酒店必须考虑细分市场上顾客的数量，以及他们的购买能力和购买频率。

（4）竞争优势原则。在细分出来的市场上，本酒店能够取得竞争优势，这样的市场细分才有意义。

三、酒店市场细分的程序

酒店市场细分可按以下 7 个步骤进行。

（1）确定市场范围。选定产品市场范围，即确定生产什么产品。产品市场范围应以顾客的需求，而不是产品本身特性来确定。

（2）列出市场范围内所有潜在消费者的全部需求。

（3）分析可能存在的细分市场。了解不同的潜在顾客的不同要求。对于列举出来的基本需求，不同顾客强调的侧重点可能会存在差异。

（4）对初步细分的市场进行筛选。抽掉潜在顾客的共同要求，而以特殊需求作为细分标准。

（5）为细分市场定名。根据潜在顾客基本需求上的差异性，将其划分为不同的群体或子市场，并赋予每一子市场一定的名称。

（6）分析市场营销机会。进一步分析每一细分市场的需求与购买行为特点，并分析其原因，以便在此基础上决定是否可以对这些细分出来的市场做进一步细分。

（7）提出市场营销策略。估计每一细分市场的规模，即在调查基础上，估计每一细分市场的顾客数量、购买频率、平均每次的购买数量等，并对细分市场上产品竞争状况及发展趋势做出分析。

四、酒店市场细分的方法

（1）单一标准细分法。用一个因素进行细分。

（2）交叉标准细分法（综合因素法）。用两个或两个以上的因素进行细分。

（3）系列标准细分法。用两个或两个以上的因素按其覆盖范围大小，由粗到细进行市场细分。

（4）产品市场方格图法。

酒店市场细分应注意：①市场细分的标准是动态的；②不同的酒店在市场细分时应采用不同的标准；③酒店在进行市场细分时，可以采用一项标准，即单一变量因素细分，也可以采用多个变量因素组合或系列变量因素进行市场细分。

五、酒店市场细分变量

1. 地理因素

按顾客所处的地理位置、自然环境来细分市场。可以根据国家、地区、城市规模、气候、人口密度、地形地貌等方面的差异将整体市场分为不同的小市场。地理变量之所以作为市场细分的依据，是因为处在不同的地理环境下的顾客对酒店产品和服务往往有不同的需求和偏好，他们对酒店采取的营销策略与措施会有不同的反应。酒店最常见的细分就是按照地区分为汽车酒店和机场酒店。

2. 人口因素

按人口统计变量，可以按年龄、性别、家庭规模、家庭生命周期、收入、职业、教育程度、宗教、种族、国籍等为基础细分市场。酒店顾客的需求、偏好与人口统计变量有着密切的关系，人口统计变量比较容易衡量，有关数据相对容易获取，酒店以收入、年龄和社会阶层作为细分因素相当普遍。

按收入可将顾客分为高收入市场、中等收入市场和低收入市场三个细分市场，按年龄可将顾客分为婴儿、儿童、少年、青年、中年、老年市场。

按社会阶层可将市场分为上层、中层和下层。实际上，大多数酒店采用两个或两个以上人口统计变量来细分市场。

3. 心理因素

按顾客心理来细分市场，可以根据生活方式、个性、住宿动机因素来细分市场。

（1）按个性特点将顾客分为商务型客人、假日型客人、会议型客人、旅游型客人、长住型客人。形成了商务型酒店、度假型酒店、会议型酒店、观光型酒店、长住型酒店、汽车酒店、BB 家庭式酒店。

（2）按住宿动机分，这是广泛采用的一种方法。大部分酒店把客人的住宿动机分为两大类：一类为公务客人，即公务旅游市场，包括政府、企业一般性的公务客人和较高层次的管理者；另一类为度假客人，即休闲观光市场，包括包团观光客人、同家人一起出游的旅游者、个人出游的旅游者、探亲访友的或有其他目的的旅游者。

4. 行为因素

按顾客行为来细分市场，可以根据顾客对产品的偏好程度、态度、使用情况、消费目的、消费数量、购买方式、停留时间等将他们划分成不同的群体，叫行为细分。它主要包括以下几个因素。

（1）按消费状况（购买频率）细分：不使用者市场；潜在使用者市场；初次使用者市场；重复使用者市场。

（2）按消费数量细分为两大类：① 团体客人，包括政府、公司、会议旅游者、旅游团、体育代表团、机组与空乘人员；② 零散客人，包括商务散客、个人旅游者、包价客人、优惠与折扣客人。

（3）按购买方式细分为直接订房市场和中间商订房市场。

（4）按偏好程度细分为极端偏好市场、中等程度偏好市场、偏好变动市场、无偏好市场。

（5）按消费目的细分为以公务为旅游目的市场、以观光度假为旅游目的市场、个人事务为目的市场。

（6）按态度细分为持肯定者、持否定者、保持中立者。

（7）按客人在酒店停留时间细分为长住客人和普通客人。

（8）按追求利益细分，顾客购买某种产品总是为了解决某类问题，满足某种需要。而产品提供的利益往往是多方面的。顾客对这些利益的追求时有侧重，如对酒店来说，观光旅游者是追求经济实惠的，商务客人则要求舒适方便等。

（9）按照酒店的规模、建筑设备、服务质量、管理水平逐渐形成了比较统一的等级标准，这也是按照国际惯例进行的分类。通行的旅游酒店的等级共分为五等，即一星、二星、三星、四星、五星级酒店。它们为不同收入的客户提供不同星级标准的产品。

（10）按照酒店的建筑规模分类，较通行的分类方法是以客房和床位的数量多少区分为大、中、小型酒店三种。小型酒店客房在 300 间以下；中型酒店客房为 300～600 间；大型酒店客房在 600 间以上。

 **实训考核**

一、知识训练

1. 什么是市场细分？酒店市场细分有何意义？
2. 简述酒店市场细分原则。
3. 描述酒店市场细分的程序。
4. 列出酒店市场细分变量。

二、能力训练

案例 3 - 1　　　　　　　　　　　　青年旅馆

1909 年，德国一位名叫理查德·斯奇曼的教师带领一班学生徒步旅行，途遇大雨，只能在一个乡间学校里，以稻草铺地当床，度过了艰难的一夜。彻夜未眠的教师，萌发了建立专门为青年提供住宿旅馆的想法。

理查德·斯奇曼主张青年走出校门，亲近自然。他说："所有的男孩、女孩都应该走出校门，参加远足，留宿青年旅馆。"他带着这一想法四处游说，最终为人们所接受。1912 年世界上第一个青年旅馆在德国一个废弃的古堡中诞生，并奠定了青年旅馆的基本结构，即以"安全、经济、卫生、隐私"为特点，室内设备简朴，备有高架床、硬床垫和被褥、带锁的个人储藏柜、小桌椅、公共浴室和洗手间，有的还有自助餐厅、公共活动室。青年旅馆受到青年人的广泛欢迎。仅一年后，青年旅馆的数量即达到了 83 家。到 1997 年，国际青年旅馆联盟在全球有 65 个成员，共有青年旅馆 4 500 家，有国际会员 350 万人。今天，青年旅馆已成为当今世界上最大的住宿连锁组织，世界上每年有 1 000 万青年旅游者在使用青年旅馆。

现在世界青年旅馆已经遍布各个国际旅游区的中心地带，而旅馆的客人则大多是 30 岁左右的旅游者或是全家开车出行或独自出游的背包一族。

问题讨论：

1. 理查德·斯奇曼发起建立青年旅馆是根据什么标准对顾客市场进行细分的？
2. 青年人旅游有什么需求特点？
3. 青年旅馆怎样满足青年人的需要？
4. 青年旅馆现已发展到什么规模？

案例 3 - 2　　　　　　　　　　　希尔顿集团的酒店种类

一个尺码难以适合所有人。希尔顿集团采用品牌延伸把一个联号集团区分成不同质量和档次的酒店。在对顾客作细致分类的基础上，利用各种不同的酒店提供不同档次的服务以满足不同的顾客需求。希尔顿集团的酒店主要分以下七类。

（1）机场饭店。希尔顿已经在美国主要空港建立了40余家机场酒店，它们普遍坐落在离机场跑道只有几分钟车程的地方。

（2）商务酒店。位于理想的地理位置，拥有高质量服务及特设娱乐消遣项目，是希尔顿旗下的主要产品。

（3）会议酒店。希尔顿的会议酒店有60家，客房30 680间，承办各种规格的会议、会晤及展览、论坛等。

（4）全套间酒店。适合长住型客人，每一个套间有两间房，收费相当于一间房间的价格，并有大屏幕电视、收音机、微波炉、冰箱等。起居室有沙发床，卧室附带宽敞的卫生间。每天早上供应早餐、晚上供应饮料，还为商务客人免费提供商务中心服务。

（5）度假区酒店。提供方便快捷的预订服务、顶尖的住宿、出色的会议设施及具有当地风味特色的食品和饮料。人们在这里放松、休养、调整，同时也可以享受到这里的各种娱乐设施。

（6）希尔顿假日俱乐部，为会员提供多种便利及服务。

（7）希尔顿花园酒店。希尔顿花园酒店有38家，客房5 270间，是近几年来希尔顿集团大力推行的项目。它的目标市场是新近异军突起的中产阶级游客，市场定位是"四星的酒店，三星的价格"，希尔顿花园酒店价格适中、环境优美，深得全家旅游和长住商务客人的欢迎。

问题讨论：

1. 希尔顿集团怎样对市场进行细分？
2. 希尔顿集团对每一细分市场提供哪些产品？

工作任务二　酒店目标市场选择

 引导案例

美国里兹-卡尔顿（Ritz Carlton）饭店个性化定制营销

为了避免繁杂的客户调查等使顾客感到厌烦或被侵犯隐私，里兹建立了一系列不让人感觉被骚扰的方法，来了解顾客的个性需要。他制作了关于单个顾客偏好的计算机记录，供其28家分支饭店共享。所有分支饭店都与这个数据库相连，里面有将近50万客人的怪癖和偏好，如顾客喜欢的收音机频道、巧克力甜饼等。且在每位顾客下一次入住时，用这些信息来对其提供量体裁衣的服务。任何一位饭店服务员或者职员都可以发现顾客是不是对羽毛过

敏，最喜欢什么报纸，或者希望提供多少条毛巾。如果一个客人在一家亚特兰大的里兹饭店住宿的时候要求了一个鸭绒枕头，那么当他几个月后甚至几年后入住另一家悉尼的里兹饭店时，会发现已有一个鸭绒枕头为他准备好了。这样每当有人购买了里兹饭店的产品和服务时，里兹就了解到他的某些品位要求，向他建议他可能欣赏的产品或组合方式，或按这种形式来提供产品。

一位顾客在里兹-卡尔顿饭店入住的次数越多、时间越长，饭店对他/她各个方面的了解就越多，就越能够有针对性地在自己的标准住宿产品中添加更多、更有效的产品和服务，从而为顾客提供更优质的服务。顾客也会体会到别的酒店不能获得的个性满足层次上的全面满意，并由此产生对里兹饭店的忠诚和偏好。

分析案例请回答：

1. 在此案例中，里兹饭店的个性化定制营销中采用了什么办法？
2. 建立数据库为集团酒店带来了哪些好处？
3. 个性化定制营销有何意义？

 相关知识

一、评估目标市场的标准

目标市场是在细分后的市场中选择出的一个或多个细分市场，是酒店决定要进入的市场，是酒店产品和服务的销售市场，是酒店营销活动所指向的具有相同需求或特征的购买者群体。

对酒店来说并非所有的市场机会都具有同等吸引力，不是每个子市场都是企业愿意进入和能够进入的，酒店的资源有限，其经营活动必然受到限制，所以必须确定评估目标市场的标准。

1. 有足够的销售量（有一定规模）

酒店进入某一市场是期望有利可图，如果市场规模太小或者趋于萎缩状态，酒店进入后则难以获得发展。此时，应审慎考虑，不宜轻易进入。

2. 有充分发展的潜在购买力

随着细分市场的发展和人们收入的增加，人们的购买力会大大增加。这种细分市场是具有吸引力的，酒店就可以占领这个市场。

3. 市场竞争还不激烈

（1）同行业竞争者。如果某个细分市场已经有了众多的、强大的或者竞争意识强烈的竞争者，那么该细分市场就会失去吸引力。如果出现该细分市场处于稳定或者衰退、生产能力不断大幅度扩大、固定成本过高、撤出市场的壁垒过高、竞争者投资很大时，情况会更糟。

这些情况常常会导致价格战、广告争夺战，酒店要参与竞争就必须付出高昂的代价。

（2）潜在的新参加的竞争者。如果某个细分市场可能吸引会增加生产能力和大量资源并争夺市场份额的新的竞争者，那么该细分市场就会没有吸引力。问题的关键是新的竞争者能否轻易地进入这个细分市场。如果新的竞争者进入这个细分市场时遇到了森严的壁垒，并且遭受到细分市场内原来酒店的强烈报复，他们便很难进入。保护细分市场的壁垒越低，原来占领细分市场的酒店报复心理就越弱，这个细分市场就越缺乏吸引力。某个细分市场的吸引力随其进退的难易程度而有所区别。根据行业利润的观点，最有吸引力的细分市场应该是进入的壁垒高、退出的壁垒低。在这样的细分市场里，新的酒店很难进入，但经营不善的酒店可以安然撤退。如果细分市场进入和退出的壁垒都较低，酒店便可以进退自如，获得的报酬虽然稳定但不高。最坏的情况是进入细分市场的壁垒较低，而退出的壁垒却很高。当经济增长时，大家蜂拥而入，但在经济萧条时，却很难退出。其结果是大家都生产能力过剩，收入下降。

（3）替代产品。如果细分市场存在替代产品或者潜在替代产品，那么该细分市场就会失去吸引力。替代产品会限制细分市场内价格和利润的增长。酒店应密切注意替代产品的价格趋向。如果在这些替代产品行业中技术有所发展，或者竞争者日趋激烈，这个细分市场的价格和利润就可能会下降。

（4）顾客。如果某个细分市场中顾客的讨价还价能力很强，或正在加强，那么该细分市场就没有吸引力。顾客会设法压低价格，对产品质量和服务提出更高的要求，并且使竞争者互相斗争，所有这些都会使酒店的利润受到损失。

（5）供应商。如果酒店的供应商能够提高或降低产品和服务的质量，或者减少供应数量，那么酒店所在的细分市场就会没有吸引力。如果供应商集中或有组织、替代产品少、供应的产品是重要的投入要素、转换成本高、供应商可以实行联合，那么供应商的讨价还价能力就会较强。因此，与供应商建立良好关系和开拓多种供应渠道才是防御上策。

4. 酒店的目标和资源拥有情况

某些细分市场虽然有较大吸引力，但不能推动酒店实现目标，甚至分散酒店的精力，这样的市场应该考虑放弃。另外，还应考虑酒店的资源条件是否适合在某一细分市场经营。只有选择符合进入条件、能充分发挥资源优势的市场作为目标市场，酒店才会立于不败之地。

二、酒店目标市场的模式

酒店目标市场模式有五种。

1. 密集单一市场

集中做市场的一部分，用一种产品满足某一类顾客的需求。许多中小酒店，由于资源有限，可以集中力量在一个客源市场上建立巩固的市场地位。但是，由于目标市场的范围比较狭窄，一旦不景气或某个竞争对手决定进入同一个市场，这种模式的经营风险就会比较大。

2. 产品专门化

为各类顾客只提供一种产品，采用这种模式酒店的市场面扩大，有利于摆脱对个别市场的依赖，有利于在某一个产品方面树立起很高的声誉，但如果这种产品被一种全新的产品所代替，酒店就会发生危机。

3. 市场专门化

为一类顾客提供各种产品，采用这种模式有助于发展和利用与宾客的关系，降低交易成本，但一旦顾客的收入减少，就会产生危机。

4. 有选择的专门化

有选择地做几个市场，酒店选择若干个细分市场，向这些市场提供几种产品。各细分市场之间很少有联系，每个细分市场都有可能盈利。这种模式可以较好地分散酒店的经营风险，但需要的经营成本比较大。

5. 覆盖全部市场

酒店想用各种产品满足各种顾客群体的需求，以覆盖整个市场。很明显只有实力非常雄厚的酒店才有可能采取这种模式。

三、酒店目标市场的选择策略

当酒店选定目标市场后，如何经营好这些目标市场，这是酒店营销人员需要考虑的一个重要问题。酒店目标市场选择策略是指酒店如何选择自己的目标市场。常用的目标市场选择策略有以下几种。

1. 无差异营销策略

无差异营销或大众营销，是指酒店不进行市场细分，而把整个市场作为自己的经营对象。这种方法在酒店的实际经营中表现为不分主次，凡是顾客都接待。如图 3－2 所示。

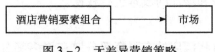

图 3－2　无差异营销策略

酒店营销人员试图用一种营销组合、广泛的销售渠道、大规模的广告宣传、超级形象致力于顾客需求的共同点，目的是为了集中满足市场消费者的共同需要。这种策略在营销学中称为无差异营销策略。

无差异营销策略适用于：同质市场，即市场需求差异小得可以忽略不计的市场；新产品介绍期；需求大于供给的卖方市场。

无差异营销策略既有一定优点又有不足之处。优点主要是它可以减少酒店的经营成本和营销费用。由于采用单一性的营销组合，产品的组合成本、销售渠道的费用（即促销费用）都大大降低。不足之处是这种策略忽视了市场需求的差异，所提供的产品乏味单调，可能会导致部分顾客的不满意。另外，这种策略不能适应竞争激烈的市场环境，酒店在竞争面前更加脆弱。酒店只生产一种产品，当这种产品过时了或在市场上处于饱和状态时，消费者不再需要这种产品，酒店会随着这种产品的衰退而渐渐衰退下去。

2. 差异性营销策略

酒店选择两个或两个以上的细分市场作为目标市场，并针对不同目标市场采用不同的营销组合，为每一个细分市场设计一种营销组合，销售渠道多样化，有针对性的广告宣传，有特色形象，致力于顾客需求的不同点。这种经营策略在营销学中称为差异性营销策略或细分营销策略。如图 3-3 所示。

它适用于：①规模大、资源雄厚的酒店或酒店集团；②竞争激烈的市场；③产品成熟阶段。

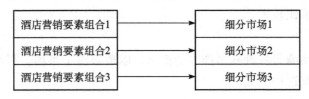

图 3-3　差异性营销策略

优点：更大的财务收益；生产、营销中的规模经济。

缺点：针对不同的细分市场制订不同的营销计划需要额外的市场调研、预测、销售分析、促销计划和管理渠道。试图采用不同的广告宣传来占领不同的细分市场也会增加促销成本。调拨人员比较困难，每个销售人员对每一种产品营销组合都精通是很难做到的。所以把原来的承担某种产品营销组合的人员调到承担另一种产品营销组合的工作是比较困难的，有时甚至在上岗前还要进行岗前培训，这样成本是比较高的。在决定是否采用差异营销战略时，公司必须对增加的销售额和增加的成本进行权衡。

3. 集中性营销策略

有时酒店营销人员不愿意将酒店的有限资源分散在许多细分市场上，避免势单力薄，而宁可将资源集中使用于某一个最有潜力且其最能适应的细分市场上去，这样可以在自己的目标市场上取得绝对优势或树立强大的形象。针对一个细分市场采取一种营销组合，销售渠道专门化，独特的广告宣传，特色经营，致力于一类顾客的需求。这种策略在营销学中称为集中性营销策略或缝隙营销策略。集中性营销策略可以用图 3-4 表示。

它适用于：①酒店资源并不多的中小酒店；②竞争比较激烈的市场。

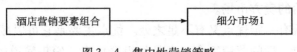

图 3-4　集中性营销策略

优点：有利于酒店经营项目专门化；有利于酒店提高资源的利用率；有利于酒店在目标市场上建立扎实的基础。这种营销策略的目的是希望能在较小的市场中占领较大的份额，使小企业能更好地与大企业竞争。

缺点：由于酒店将资源集中于某一市场，因此酒店所冒的风险较大，万一目标市场发生不利的变化，酒店就会面临危险；细分市场太小或经常变化；大的竞争者可能更有效地占有补缺市场。为此，营销人员在采用这种策略时应特别小心谨慎。

近年来，由于酒店行业竞争日益激烈，采用差异化营销策略的酒店也日趋增多。这就意味着酒店将以多种产品、多种价格、多种销售渠道及多种促销手段来满足不同的目标市场。由于选择多个目标市场，酒店的经营费用和营销费用也随之增多，同时也增加了营销人员管理工作的难度。

4. 微观营销

微观营销是指定制产品和营销方案，使之迎合每个地区和个体的需要。它包括本地化营销和个别化营销。

（1）本地化营销。本地化营销即量身定做品牌和促销，使之符合本地顾客群的需要和欲望。

优点：针对明确的地域和本地化差别市场，本地化营销更加有效。

缺点：降低了规模经济，从而增加了生产和营销成本，特别是连锁酒店需要满足不同地域和本地市场的各种需求，如果产品和信息在不同地方大不相同的话，会弱化产品的整体品牌形象。

（2）个性化营销。个性化营销是微观营销的极端，即根据每个顾客的需要和偏好来定制产品和营销方案。个性化营销也称为"一对一营销"、"定制营销"、"个体营销"。

优点：能够充分满足顾客的个性化需求，顾客在购买决策中受营销者的影响更小。

缺点：增加生产和营销成本。

总之，在选择目标市场的策略时，需要考虑多方面的因素。究竟哪个策略最好，第一方面取决于酒店的资源的多寡，当酒店的资源有限时，集中营销最好；第二方面取决于酒店产品可变的程度，如果是同质产品，无差异营销最适合。如果产品在设计上变化很大，适合采用差异营销或集中营销；第三方面取决于产品处于的生命周期阶段，当产品处于投入期时采取无差异营销或集中营销最有意义，当处于成熟期时采取差异营销策略会更好；第四方面取决于市场的可变性，如果大多数顾客的品位相同、购买数量相同，无差异营销更适合；第五方面是竞争者的策略，当竞争者采取差异营销或集中营销时本酒店采用无差异营销必然导致失败。当竞争者采用无差异营销时本酒店采用差异营销或集中营销会发挥本酒店的优势。

 实训考核

一、知识训练

1. 什么是目标市场？
2. 列举评估细分市场具有吸引力的标准。
3. 阐述酒店目标市场的模式。
4. 解释选择目标市场的策略及其优缺点。

二、能力训练

案例 3 -3   **万豪国际酒店公司的品牌细分**

万豪酒店（Marriott）是与希尔顿、香格里拉等齐名的酒店巨子之一，总部位于美国。现在，其业务已经遍及世界各地。

八仙过海，各显神通，不同的企业有不同的成功之道。就酒店业而言，上述企业在品牌及市场细分上就各有特色：希尔顿、香格里拉等单一品牌公司通常将内部质量和服务标准延伸到许多细分市场上；而万豪则偏向于使用多品牌策略来满足不同细分市场的需求，人们（尤其是美国人）熟知的万豪旗下的品牌有庭院旅馆（Courtyard Inn）、波特曼-里兹-卡尔顿等。

在美国，许多市场营销专业的学生最熟悉的市场细分案例之一就是"万豪酒店"。这家著名的酒店针对不同的细分市场成功推出了一系列品牌：Fairfield（公平）、Courtyard（庭院）、Marriott（万豪）及 Marriott Marquis（万豪伯爵），等等。在早期，Fairfield（公平）是服务于销售人员的，Courtyard（庭院）是服务于销售经理的，Marriott（万豪）是为业务经理准备的，Marriott Marquis（万豪伯爵）则是为公司高级经理人员提供的。后来，万豪酒店对市场进行了进一步的细分，推出了更多的旅馆品牌。在"市场细分"这一营销行为上，"万豪"可以被称为超级细分专家。在原有的四个品牌都在各自的细分市场上成为主导品牌之后，"万豪"又开发了一些新的品牌。在高端市场上，波特曼-里兹-卡尔顿酒店在为高档次的顾客提供服务方面赢得了很高的赞誉并备受赞赏；Renaissance（新生）作为间接商务和休闲品牌与 Marriott（万豪）在价格上基本相同，但它面对的是不同消费心态的顾客群体——Marriott 吸引的是已经成家立业的人士，而"新生"的目标顾客则是那些职场年轻人；在低端酒店市场上，万豪酒店由 Fairfield Inn 衍生出 Fairfield Suite（公平套房），从而丰富了自己的产品线；位于高端和低端之间的酒店品牌是 TownePlace Suites（城镇套房）、Courtyard（庭院）和 Residence Inn（居民客栈）等，他们分别代表着不同的价格水准，并在各自的娱乐和风格上进行了有效区分。

伴随着市场细分的持续进行，万豪又推出了 Springfield Suites（弹性套房）——比 Fairfield Inn（公平客栈）的档次稍高一点，主要面对一晚 75～95 美元的顾客市场。为了获取较高的价格和收益，酒店使 Fairfield Suite（公平套房）品牌逐步向 Springfield（弹性套房）品牌转化。

经过多年的发展和演化，万豪酒店现在一共管理着八个不同层次的品牌。

问题讨论：

1. 万豪酒店对酒店市场进行细分后推出了哪些品牌？

2. 在原有四个品牌的基础上又推出了哪些高、中、低端品牌？这些品牌分别是为哪些顾客提供产品的？

工作任务三 酒店市场定位

 引导案例

"港丽" 变位定乾坤

1. 市场初期定位

对酒店业而言，仅有正确的定位是不够的，还应具备及时处理外在环境的变化和利用环境因素定天下的能力。

对一家酒店而言，恐怕没有一件事比决定其市场定位更为重要。作为后起之秀的香港港丽酒店，以独特的市场定位统揽营销全局，突破负面环境因素——业内的激烈竞争，迅速在香港酒店业扎下了根基，直逼全港酒店业第一把交椅。

港丽立足之前，香港最好的几家酒店都已在客户心目中建立了不可动摇的地位，如香港半岛酒店，它早已被认定为亚洲最杰出的酒店，它所提供的产品特色、服务品质、定价、气氛、声誉、创新能力等，都是客户们评断其定位的依据。

港丽酒店坐落于港岛，其首选目标自然是吸引在港岛从事各种公私事宜的人。而当时港岛的主要酒店有：五星级的文华东方酒店、君悦酒店；四星级的希尔顿酒店、万豪酒店、新世界海景酒店、富丽华酒店、怡东酒店、柏宁酒店、利园酒店等。此外，香港香格里拉集团正在港丽酒店的邻近地段筹设港岛香格里拉酒店，连同万豪酒店，这 3 家酒店同处于结合办公大楼与购物中心的太古广场内，市场竞争之激烈可想而知。

经过长久以来的经营，港岛的酒店业者都建立了自己十分完善的运作系统，并选定了各自的目标市场：3 家五星级的酒店主要吸引企业高级主管和富有的观光游客；7 家四星级酒店则招揽中级主管或是对较便宜旅游行程有兴趣的人。港丽何去何从？

基于持续扩展的酒店市场、港丽所提供的服务与产品、港丽邻近香港商业中心的事实，以及美国希尔顿酒店集团的支持等原因，港丽决定将自己定位于足以和另外 3 家五星级酒店相抗衡的地位。

将港丽定位成五星级并不表示它将只以日益扩展的市场为满足，它更要把特定人群——入住四星级酒店的主要顾客吸引到自己的五星级酒店来。

2. 再定位

海湾战争的发生使得赴港欧美旅客大减，美国经济也在同时陷入衰退，许多企业必须削减出差的计划费用以降低支出成本。面对这一危机，港丽必须采取重新定位的策略。经过深思熟虑，港丽四颗半星的定位应运而生。结合这一新定位，港丽出台了一系列吸引各大企业尝试港丽各项产品与服务的奖励促销计划。

高效的奖励促销折让，配以全力支持的地区性广告宣传，再加上 18 个业务开发小组的努力，整个计划组合取得了骄人的业绩。不论商务旅客或观光客，只要他们对"港丽"两字曾有耳闻，都乐意尝试这家新酒店。

当港丽开始赢得顾客的同时，海湾战争结束了。美国经济不景气的情形也不再那般严重。此时回顾一切，港丽终于可以认定自己的稳固的定位是在五星与四星级酒店之间。

事实上，由于港丽较其他五星级酒店便宜，它所提供的服务又比四星级酒店高，它正在填补这两种酒店之间的差距。当时锁定两种等级酒店的定位策略不仅助其渡过了难关，还为港丽拓展新空间埋下了伏笔，因为较之五星级的特定客层，港丽的策略使之涵盖了更多更广的目标客层，从而树立起了商务酒店的形象，而不像其他四星级酒店，因为必须招揽旅客，而迟迟未能建立起商务酒店的形象。

3. 长期策略

随着 20 世纪 90 年代亚洲经济的跃进，中国市场经济的发展，欧美愈来愈多的企业高级经理人来港从事商务视察，港丽的定位又重新回归到五星级的位置，由此而来的市场也持续扩展中。

分析案例请回答：

1. 在进入市场初期港丽的市场定位是什么？采取了哪些策略？

2. 在海湾战争爆发后港丽的重新市场定位是什么？

3. 港丽的长期策略是什么？

相关知识

一、酒店市场定位及其策略

1. 酒店市场定位

市场定位是指根据目标市场上同类产品经营状况，针对顾客对该类产品某些特征属性或属性的重视程度，为本产品塑造强有力的、与众不同的鲜明个性，并将其形象生动地传递给顾客，求得顾客认同而作出相应决策和进行的营销活动。产品定位是相对于竞争产品而言对本酒店的产品进行设计，从而使其能在目标顾客心目中占有一个独特的、有价值的位置的行动。

市场定位与产品差异化有密切关系。在营销过程中，市场定位是通过为自己的产品创立鲜明的个性，从而塑造出独特的形象来实现的。一个产品是多个因素的综合反映，包括性能、构造、成分、包装、形状、质量等，市场定位就是要强化或放大某些产品因素，从而形成与众不同的独特形象。因此，产品差异化乃是实现市场定位的手段。

市场定位对酒店来说有重要意义。

（1）市场定位有利于建立酒店及产品的市场特色，创造差异。在现代社会中，许多市场都存在严重的供大于求的现象，众多同类酒店争夺有限的顾客，市场竞争异常激烈。为了使自己的产品获得稳定的销路，防止被其他酒店所替代，酒店就必须从各方面培养一定的特色，树立鲜明的市场形象，以期在顾客心目中形成一种特殊的偏爱。例如，希尔顿酒店集团以"快速服务"著称，假日酒店集团在中低档酒店市场上，成功地塑造了"廉价、卫生、舒适、整洁"的市场形象。

（2）市场定位可以使市场营销组合有的放矢，是酒店制定市场营销组合策略的基础。酒店的市场营销组合受到酒店市场定位的制约。例如，假设某酒店决定销售优质低价的组合产品，那么这样的定位就决定了：产品的质量要高，价格要低，广告宣传的内容要突出强调酒店这一组合产品质优价廉的特点，要让顾客相信货真价实，同时要求各部门默契配合，工作效率要高，尽量减少浪费，保证低价出售仍能获利。也就是说酒店的市场定位决定了酒店必须设计和发展与之相适应的市场营销组合。由此可见，市场定位在酒店的营销工作中具有非常重要的意义。

（3）市场定位，进一步限定顾客和竞争对手，有利于针对目标市场专门制定营销组合策略和规划。

（4）市场定位是酒店成功之道，通过定位，确立本酒店及产品的优势和差异性，使目标市场更加清晰酒店的形象。

2. 定位策略

（1）在行业中勇争某一属性的第一名，在顾客心目中加强自己现在的定位。

（2）寻找空当抓住一个未被占领的位置。

（3）反竞争定位或重新定位。

二、酒店市场定位步骤

步骤1 确定竞争对手，与本酒店是相同星级的酒店是最大的竞争对手。

步骤2 与竞争对手相比找出产品在物质属性、服务、人员、区位、形象或者产品的附属服务等方面的差异。

（1）物质属性差异。一些被翻新过的经典酒店，通过强调昔日的辉煌来使自己与众不同。但很多酒店、餐馆和机场在物理属性上都缺少差异化。特别是汽车旅馆，从建筑外表上看都是一样的，没有任何差异。在这种情况下，价格通常是体现差异的主要因素。有些餐馆通过提供天然食品的方式实现差异化。差异化使得消费者感到兴奋，同时也提供了建立良好公共关系、顾客忠诚及获得高利润回报的机会，如客房面积、客房与餐饮特色、客房物品与餐饮食品的质量一致性、酒店的建筑风格、内部装修风格等。

（2）服务差异。有些企业通过服务来寻求与竞争者的差异。例如，喜来登、香格里拉和其他旅馆提供一种房间内入住登记服务。有些餐馆把家庭送餐作为一种差异点。总之，通过提供能使目标市场顾客受益的服务，如预订客房方便、办理入住快捷、客户咨询热情、服务多样化，企业可以达到其寻求差异的目标。

（3）人员差异。一些酒店通过雇用和培训比竞争者更好的人员来获得竞争优势。人员差异要求企业必须精心挑选与顾客直接接触的人员，并且善加培训。这些人员必须有能力、有技能、有知识。他们要称职、谦虚、诚实、可靠、负责、善于沟通、友好、懂礼貌，能为顾客提供始终如一的准确的服务。他们还要努力理解顾客，清楚地与他们交流，能对顾客的问题和要求做出迅速的反应。

（4）地点差异。在酒店业，地点是很强的竞争优势。那些紧靠免费出口的汽车旅馆比起一个街区之外的汽车旅馆来，在客房出租率上会有两位数的优势。酒店企业应该寻找由地理位置所创造的价值，并记住这样的价值具有一定的随机性。

（5）形象差异。即使竞争的产品很相似，购买者也会根据公司或品牌的形象观察出差异来。所以，酒店应该致力于形象的塑造，以便使自己区别于竞争者。公司或旅游目的地的形象所传达的信息要简洁而有特色，意在表达产品的主要利益和定位。

步骤3 选择最重要的差异，识别出竞争优势。定位在第一位的企业应该宣传最优质量、最佳服务、最低价格、最好价值和最佳位置。最重要的差异指的是该差异能给目标购买者带来具有很高价值的利益。该差异是专有的，竞争者并不提供该种差异或者本公司能以更为与众不同的方式提供该差异。它是优越的，该差异优越于其他可使顾客获得同样利益的办法；它是可交流的，该差异可以向购买者传达，使他们能够感知到；它是占先的，竞争对手难以轻易地抄袭该种差异；它是付得起的，购买者有能力支付这一差异；它是有利可图的，公司能从此差异中获利。

步骤4 向目标市场有效地显示如何与竞争者不同。一旦选择好市场定位的特征，并确定了市场定位的表达方式，酒店就必须把这种定位传达给目标顾客。酒店的所有营销组合措施都必须支持其定位策略：标志、色彩、口号和特质、物理空间，如凯悦酒店通过艺术画廊营造了一个独特的形象；邀请顾客参观酒店，品尝酒店的特色美食；利用事件和公益活动给公众带来惊奇或创造影响。

三、酒店市场定位方法

对于酒店来说市场定位一方面是根据酒店的档次而划分定出的，例如酒店在四星级或以上的档次，酒店招待的客人是一些高档次的客人，其设施、服务、价格是高档的。另一方面是根据酒店所处的地理位置，如在市中心地区，酒店的客人应以商务客人、长租客人、会议团、旅行团等客人为主要客户；相反，在远离市区的酒店，客人入住会以会议团、长租客人以及全家来度假的客人为主要客人，普通的散客不多，因为交通不便的酒店不是散客入住首选的酒店。然后从以下七种定位中选择某几种进行。

① 特色定位：定位自己的特色。

② 利益定位：定位成某一特定利益上的领先者。

③ 使用定位：定位成使用或应用最佳产品。

④ 使用人定位：定位成对某些用户群体而言是最好的产品。

⑤ 竞争定位：定位成在某一方面比一个指定的竞争者具有优势。

⑥ 类别定位：定位成某些产品类别上的领先者。

⑦ 质量或价格定位：定位成能提供最好价值的产品。

酒店定位需要避免三种主要错误：一是定位过宽，即根本没能把酒店的特点凸显出来。有些酒店发现，消费者对酒店的了解非常模糊，或者根本不知道酒店有什么独到之处。许多独立的想要抓住国际市场的酒店就属于定位过宽。第二种定位错误是定位过窄，即给消费者传达的酒店形象过于狭窄。最后，酒店必须避免定位错乱，即给消费者一种令其感到混乱的酒店形象。

定位陈述应该遵循这样的形式：对……（目标市场或需求）而言，我们……（品牌）是……（定位概念），即……（独特之处）。首先要明确产品所属的类型，显示与同类产品的共同点，然后明确与其他产品的区别。

如新加坡的香格里拉酒店以其精心修剪的花园闻名于世。在一次促销活动中，公司邀请爱德蒙·希尔爵士称它为新加坡的另一家植物园，暗示这家酒店不但是住宿的地方，同时也有与国家公园媲美的景观。

四、选择总体的定位策略

顾客通常会选择能带给他们最大价值的产品和服务，因此营销人员要从产品和服务的关键价值上进行定位。可以把产品定位在高质量高价格、高质量中档价格、高质量低价格、中档质量低价格、低质量低价格的五种中的一种。

① 高质量高价格，是指提供高质量的产品或服务的同时，制定高价格来维持高成本。

② 高质量中档价格，是指通过推出高质量但价格比较低的品牌来攻击竞争者的高质量高价格定位策略。

③ 高质量低价格，是指产品质量高但价格低，短期内可以达到，但长期就很难保持低

价位。

④ 中档质量低价格，是指维持同等的产品质量保持更低的价格。

⑤ 低质量低价格，是指以更低的价格来满足消费者更低的性能和质量要求。很多旅游者在住宿时都不愿意支付一些在他们看来是不必要的东西，如汽车旅馆没有令人更舒适的性能，但是收取的价格也比较低。

 实训考核

一、知识训练

1. 什么是市场定位？市场定位有何意义？

2. 描述酒店市场定位的步骤。

3. 列出酒店市场定位的方法。

4. 解释如何在市场上定位产品，来取得最大的竞争优势。

二、能力训练

案例 3 - 4

在案例 1 - 3 中，鸿翔酒店营销策划方案确定了市场定位如下。

作为市内中档旅游商务型酒店，充分发挥酒店地理位置优势及餐饮、会务设施优势，瞄准中层次消费群体：国内标准团队、境外旅游团队、中档商务散客、各型会议。

1. 客源市场分类

（1）团队：本省旅行社及岛外旅行社（北京、上海、广东，东南亚地区、日本、韩国等）。

（2）散客：海口及周边地区，北京、上海、广州等大城市的商务公司。

（3）会议：政府各职能部门、驻琼企事业机构及岛内外各商务公司。

2. 销售季节划分

（1）旺季：1、2、3、4、5、10、11、12 月份（其中黄金周月份为 10 月、2 月、5 月）

（2）平季：7、8 月份

（3）淡季：6、9 月份

3. 旅行社分类

（1）按团量大小分成 A、B、C 三类。

A 类：省中旅、海王、风之旅、民间、山海国旅、金图旅行社、事达国旅、扬帆、山海、港澳国旅、观光、悠闲、航空假日、南山锦江、金椰风、海航商务等。

B 类：神州旅行社、省职旅、市职旅、天之涯、雁南飞、国航、春秋、东方假期、天马国旅、神州、明珠国旅、华能旅行社等。

C 类：其他。

（2）按不同分类制定不同旅行社团队价格。

① 稳定 A 类客户，逐步提高 A 类价格。

② 大力发展 B 类、C 类客户，扩大 B、C 类比例。

4. 境外团旅行社

（1）香港市场：港中旅、中航假期、康辉假期、关键旅游。地接社：港澳国旅、海王国旅、山海国旅。

（2）马来西亚东南亚市场地接社：天马国际。

（3）新加坡：山海国旅。

（4）韩国市场：热带浪漫度假之旅。地接社：京润国旅。

5. 确定重点合作的旅行社包括省中旅、事达、东方假期、神州、扬帆、省职旅、华能、山海、港澳国旅、海王、明珠、观光、悠闲、航空假日、南山锦江、风之旅、金椰风、民间、海航商务、国航风情等。

问题讨论：

1. 鸿翔酒店的市场定位是哪些消费群体？

2. 对客源市场细分为几个子市场？

3. 按照销售季节将市场细分几个子市场？

4. 旅行社和境外团旅行社分别细分成几类？

项目一小结

1. 目标市场营销过程的三个步骤（STP）是指市场细分、目标市场选择和市场定位。市场细分是将市场分割成不同的购买者群体，这些群体需要不同的产品和/或营销组合。选择目标市场要先对每个细分市场的吸引力进行评价，然后选择一个或几个细分市场。有效市场细分的原则为可衡量性、可进入性、实效性和可行动性。

2. 在对不同的细分市场进行评估之后，酒店要决定选择多少和哪些细分市场来提供服务，这就是目标市场的选择问题。目标市场由一些具有相同需要或特征的购买者构成，他们是酒店决定为之服务的对象。目标市场选择策略包括：无差异营销策略、差异性营销策略和集中性营销策略。

3. 市场定位即为产品进行竞争性定位，并制定适当的营销组合策略的过程。市场定位的策略包括：在行业中勇争某一属性的第一名；寻找空当抓住一个未被占领的位置；反竞争定位或重新定位。市场定位要遵循一般的步骤，可采用特色定位、利益定位、使用定位、使用人定位、竞争定位、类别定位、质量或价格定位等方法。最后从整体上可以把酒店产品定位在高质量高价格、高质量中档价格、高质量低价格、中档质量低价格、低质量低价格的五种中的一种。

参考资料信息

寻找市场的空当

龙海楼"生日城"是沈阳市一家专业餐饮企业。拥有 2 000 个餐位、58 个包间、两个大厅（可容纳 500 人同时就餐），每天不仅接待大量的沈阳寿星，而且不少外地人，甚至外国人也经常慕名而来，酒楼生意非常好，日营业额都在十几万元以上。

生日城的成功来自于经营者独具慧眼的市场分析。生日城的前身是安泰俱乐部，收购前由香港人经营管理。它虽然有 1.3 万平方米的经营面积，但由于总体布局不合理，有效使用面积只有 3 000 平方米，而且餐饮价格高，经营无特色，脱离了东北人主体餐饮文化的需求。这种"高不成、低不就"的定位本来就毫无优势，再加上它地处沈阳市西南角，与市区相距较远。这样，其客源便越来越少，使经营陷入困境。但龙海楼的经营者认为，劣势也可转变为优势：规模大，容易形成气候；门前有 160 多个免费停车位，可以满足开车来就餐一族消费者的需求。同时，它地处全国第二大小区——滑翔生活区内，环境优美，潜在客源充足，餐饮市场前景广阔，只要经营特色鲜明，保证质量，服务周到，就不怕没有客人，但如何把附近潜在客人变成已有客源？经营上如何准确定位？如何办出特色？采取哪些措施？龙海楼经营者为此花费了一年多时间对附近居民的消费心态、消费状况等进行了细致的调查和研究。

在市场调查过程中，龙海楼的经营者发现，整个沈阳餐饮市场到处排满了大小不一、档次不同的各式海鲜、粤菜、辽菜、西餐酒楼等，而真正有个性、有民族特色、有强烈文化气息的酒楼却是个空白。凭着多年的商场经验和敏锐的商业意识，龙海楼的经营者此时朦胧地意识到：如果开一家有文化底蕴、具有鲜明节日气氛并注重感情交流或感情寄托的特色饭店填补这个市场空白，那么生意应该十分红火。另外，在进一步的市场调研中，龙海楼的经营者还注意到：随着居民生活水平的提高、消费时尚的变化及假日的增多，越来越多的家庭喜欢在饭店用餐，特别是逢年过节和过生日时，一家三口或祖孙几代更是希望找一家理想的饭店热闹一番，享受一下天伦之乐。但在沈阳甚至全国至今都没有一家专门以生日为主题、规模较大的饭店，如今人们在酒店过生日，除了开始唱一曲生日祝福歌外，就只剩下喝酒吃饭了，完全没有那种过生日的气氛。所以，消费者虽然省去了在家切切炒炒的麻烦，但并没有真正体会到那种幸福、吉祥、温馨、气派、欢乐的感觉。所以策划开一家以中国传统的亲情为主线，以团圆、祥和为主要特色的文化酒楼，满足消费者追求热闹、温馨的心理需求，肯定能一炮打响，轰动沈城，甚至波及全国餐饮市场。通过这些分析，龙海楼的经营者认为，将经营处于"半身不遂"状态下的安泰俱乐部改建成别具一格的生日饭店，根据顾客的需求将其重新装修改造，全方位体现出过生日的吉祥气氛，价位定在一般消费者都能接受的话，客源肯定非常充足。他们大概计算了一下，目前沈阳市区、郊区人口共有 600 万人，假设生日城每天接待 100 个人过生日，那么需要 200 年才能满足这 600 万人每人在生日城过一次生日的愿望。所以，将来生日城的客源肯定不必发愁，很可能还会供大于求。同时，由于生日城在沈阳是独此一家，其地理位置等方面的劣势将会被人们忽略不计，经营状况与现在相比肯定会截然相反。就这样，一个基于详细认真的市场调查分析的产品创意便产生了。1998年，龙海楼经营者按照预先的设想和规划，接管了安泰俱乐部，并投资 1 000 万元，将其改造成了全国最大的生日饭店——龙海楼生日城，同时从装修、服务到菜品、价格等方面做了一系列配套工作，使其处处洋溢出生日快乐的气氛和情调。

项目二 酒店营销计划

项目描述

本项目包括酒店营销计划的制订和营销预算两个任务。

项目目标

【知识目标】 了解酒店营销计划的意义，了解酒店营销计划制订过程，掌握营销计划的内容，理解营销预算的组成，掌握营销预算的编制方法。

【能力目标】 能按照营销计划的内容写出一份基本的营销计划；掌握营销预算的编制方法，掌握营销计划的过程管理和控制方法。

工作任务一 酒店营销计划的制订

阿勒玛纳的营销计划

阿勒玛纳是世界一流酒店，位于火奴鲁鲁商业区和威发旅游点之间。在该区还没有与之匹敌的一流酒店。酒店与夏威夷最大的商业购物中心相连。酒店在以下几个细分市场中以市场领导者的形象出现，这些细分市场分别是火奴鲁鲁的商务旅游者、航空班机乘务员、日本特殊活动客人及克玛阿纳散客和团队客人。

酒店提供正宗的夏威夷气氛（装潢、服装、日常用品等都体现这种气氛），并以夏威夷式服务著称于世（语言、餐饮、水果、鲜花及特殊活动等都突出了这一服务方式）。在威发旅游区，当日本及美国零散客人需要停滞时，酒店易受竞争的威胁，并失去许多豪华客人。在这时期，酒店还须依靠其他目标市场的补充，并争取短住团队客人。酒店产品根据四个主要目标市场顾客的需要和要求来设计，并保证获得较高的满意度。酒店还有一个未开发的潜在市场，即常来夏威夷访问参观的散客和过夜客人。由于酒店在观光度假旅游市场中的竞争能力不强，易受旅游市场需求下降的影响。因此，酒店只有靠餐饮部门来提高酒店收入。酒店各餐饮部门努力吸引当地客人，同时采取灵活多变的策略，来满足当地客人对客房的需求。

酒店让全体员工坚信，"我们是在夏威夷最佳的酒店工作"。员工们因此必须热情好客，并将这种好客精神在酒店员工之间及与客人的接触中充分体现出来。

根据以上酒店营销目标和营销理念，制订出了以下营销计划。

1. 确立目标市场

① 火奴鲁鲁的商务旅游者；

② 航空班机乘务员；

③ 日本特殊活动客人；

④ 克玛阿纳散客和团队客人。

2. 制定营销目标

利用地理位置、设施、服务及价格方面的优势，争取成为这一市场中顾客的第一选择。明年客房出租间天数可望达到 3 100 间/天。

3. 主要营销策略

（1）通过以下组织来争取客源：

① 阿洛哈体育馆；

② 布莱斯特尔中心；

③ 夏威夷大学；

④ 计划经济部。

（2）列出本地将举办的特殊活动：

① 信息来源：报纸、夏威夷旅游局及在布莱斯特尔中心举办的每月活动。

② 为了保证争取到这些客源，酒店必须与这些单位的主要负责人取得联系，建立良好的关系。

③ 利用这些单位，为酒店确定五个宣传者，并写出他们的职称及电话号码。

④ 确定并选定夏威夷主要电台及其他宣传媒介，并列出这些机构的名称及主要负责人。

⑤ 抓住要点全面促销，提高入住率、平均房价和客房收入。

分析案例请回答：

1. 该酒店选择了哪几个细分市场，在这几个细分市场中处于什么地位？

2. 该酒店竞争状况是什么样？

3. 该酒店的营销计划的内容包括几部分？是否完善？

4. 在营销计划中该酒店制定了哪些营销策略？

相关知识

一、酒店营销计划的概念

酒店营销计划是指一份用来指导酒店在一定时期内各种营销活动的书面文件。一般是指酒店的年度营销计划。

酒店的营销管理过程具体由五步骤组成：分析市场营销机会；研究和选择目标市场；制定营销策略；制订营销计划；实施、控制营销计划。酒店营销计划集中体现了酒店管理者制定营销战略的管理思想；制订营销计划可以使酒店营销活动有一个明确的行动方案，并按照这个方案科学地开展营销活动，通过酒店营销计划便于酒店营销人员对整个营销过程进行有效的控制。

二、酒店营销计划的主要内容

（1）执行概要和目录表：营销计划文件的开头部分应该有一个关于本计划的主要目标和建议事项的简短摘要。

（2）当前营销状况分析：第二部分提出关于市场、产品、竞争、分销和宏观环境的背景资料，这些资料来自SWOT分析。从SWOT分析中提出其主要机会、主要威胁，并确定影响酒店目标的关键问题。

（3）制定营销目标：描述酒店在某一特定时期内应当实现的经营业绩。营销目标包括两大类：一类是以利润为核心的营销目标，包括计划期内实现的利润额、销售额、销售量、市场占有率、出租率、平均价格；另一类是以酒店知名度、美誉度、顾客满意度、服务质量、市场竞争地位为主要内容的营销目标。

（4）制定营销组合策略：是酒店为实现营销目标所拟定的具有政策性的基本的实施方案。确定目标市场，进行市场定位，制定营销组合策略即酒店产品策略、酒店的定价方式和定价策略、酒店产品的销售渠道策略、促销策略。

（5）确定行动方案：营销计划必须具体描述为了达到营销策略而要采取的特定和实际的营销方案，从而实现其业务目标。应把行动方案的每项具体内容都列出详细的程序表，列出相关内容，如时间、参加人员、目标、费用。

（6）营销预算：是酒店市场营销部门预先为本部门制定的各项收入和支出计划，它是营销计划的数据部分。营销预算作为部门预算，它与酒店其他部门预算共同构成酒店总体预算。在预算收入方面要说明预计的销售量及平均价格。在预算支出方面要说明开展各项营销活动应投入的成本费用。收支的差额为预计的利润或亏损。

（7）执行控制：营销计划的最后一部分概述控制，用以监督计划的过程，有时还包括在遇到特殊的不利情况发生时所应该实施的步骤。最常见的方法是酒店各部门将营销计划规定的目标和预算按月份或季度分解，便于酒店上层管理进行有效的监督检查，并督促未完成任务的部门改进工作，以确保营销计划的顺利完成。

三、酒店营销计划制订过程

酒店营销计划的制订要遵循以下六个步骤。

步骤1 分析营销现状，定位酒店产品。

步骤2 确立营销目标。

① 一定时期内使销售额得到一定程度的增长。

② 在规定的时间范围内使公司的利润率增长到计划的百分比。

③ 在一定时间内达到一定的市场占有率（新产品），或者在此期间使产品的当前市场占有率增长一定的百分比（已有产品）。

④ 通过产品类别多样化减少市场风险。

⑤ 公司的使用资本回报率稳步增长。

步骤3 制定战略与策略。包括产品策略、价格策略、渠道策略、促销策略。

步骤4 评价和选定战略与策略。

步骤5 综合编制营销计划。

步骤6 在执行计划过程中，要检查督促，进行控制。跟踪结果，更新计划。定期复查酒店的营销计划是否已经达到预期的效果，如果效果不理想应及时调整酒店营销计划。

四、制订酒店营销计划的方法

1. 自上而下计划法

自上而下计划法是酒店高层管理人员根据酒店的目标制订营销计划，再通过营销水平细分下来，由酒店的下级部门员工负责具体实施。用这种方法制订的营销计划战略性较强，计划覆盖面也较广，比较强调计划的协调性。但这种方法的不足之处在于缺乏对市场的真实了解，不能调动下级管理人员的积极性，从而容易出现决策上的偏差。

2. 自下而上计划法

酒店基层管理者和营销人员收集信息进行预测和制订计划，然后由高层管理者来进行检验和平衡，并确认完成。用这种方法制定的营销计划由基层人员参与，执行时比较顺利，但由于受这些人所处位置的限制，他们倾向于自己的业务区域而不是整个酒店所处的市场，由此制定的营销计划会有很大的局限性。

3. 综合法

综合以上两种方法的优点，酒店高层管理者对酒店的重要决策问题做出决定，然后向下级部门下达计划指导纲要，下级部门根据指导纲要制订具体的部门计划草案，报上级管理部门批准。这种方法由于高层管理者与基层管理者的共同参与，保证了营销计划的战略指导要求，另一方面又确保了计划能贴近市场。

五、酒店营销计划的实施与控制

1. 酒店营销计划的分解

营销计划的分解是计划得以有效执行的最佳方式。只有对它进行分解才能把握业务重点，也可以使营销代表容易领会重点，便于对计划效果及时评估。

（1）营销计划的时间分解。

① 周计划。由营销代表执行，主要反映计划执行中最直接的效果。

② 月计划。由营销主管和经理掌控，主要反映本地区营销态势。

③ 季计划。由部门经理和营销总监掌控，主要反映计划执行成效的阶段性的情况。以便对一个阶段的计划执行进行整体性评估。同时对整个市场形势进行整体判断，并对营销人员工作成效进行指导。

（2）营销计划按区域分解。

① 按省级区域分解。掌握全国各大区域市场的总体分布情况，对计划在各区域的实施重点进行把握，对计划在各大区域间的分配状况进行评估，掌握各区域可能产出的效益。

② 按地市级区域分解。使分管经理掌握本区域的市场状况，并在区域间对计划进行合理分配，掌控各区域计划实施重点。

2. 营销计划的过程管理

（1）营销报表。反应计划执行过程的详细情况，了解营销人员是否抓住计划实施重点、实施过程中存在的问题，同时还可以了解营销目标完成情况，掌握计划实施进度。

（2）营销工作操作程序。规范营销活动的程序或步骤，就可以在不增加任何资源的情况下达成目标，提高实施效率。

（3）营销会议。通过定期的营销会议，就计划执行状况进行双向沟通，及时发现营销人员工作中出现的问题并提供帮助和指导，对计划实施中的困难也要通过营销人员的反馈信息给予重新审视，对计划进行动态调整。

3. 对营销计划执行过程的评估

（1）目标评估。对计划的目标完成程度进行评估，随时掌握计划完成进度。

（2）过程评估。对正在实施计划的工作方式和效率进行评估，为营销人员提供营销指导。

（3）投入产出评估。对计划执行中的投入和产出进行评估，对带来的效益所体现的价值程度进行判断。

（4）推广效果评估。对在执行计划过程中的创造性进行评估，衡量这种创造方式的推广价值。

（5）执行政策评估。对营销人员执行力的评估。

（6）竞争对比评估。对竞争对手的营销工作进行评估。

4. 营销计划的控制

营销计划在实施过程中，要根据市场变化主动进行调整。首先是对竞争环境判断，由于不同酒店的市场重点不同，资源投入也有差异，造成不同区域间竞争环境各有特点，因此计划执行中要根据不同区域市场竞争环境的差异相应调整，其次是对酒店行业趋势判断，各区域间行业的发展是不平衡的，计划执行中要根据酒店行业发展状况分析提出相应措施，进行调整。最后是对消费趋势判断，对顾客消费心理和特殊消费行为模式的变化趋势进行预测，从而对计划进行适当调整。

实训考核

一、知识训练

1. 阐述酒店营销计划的作用。
2. 列举酒店营销计划的主要内容。
3. 解释酒店营销计划制定过程。
4. 怎样实施和控制酒店营销计划？

二、能力训练

案例 3 – 5

以下是成都某四星级酒店一个完整的营销计划：

×××酒店 2012 年营销计划

一、前言

2012 年对成都酒店业来说仍然是充满发展机会的一年。不管是商务市场还是旅游市场都因为成都这座城市活力的增长而受益。

首先，成都作为西部大开发的前沿，享受一些国家政策上的扶持，同时市政府改善投资环境和整顿市场秩序为经济快速增长创造了较好的外部环境。

其次，成都市政府非常关注自己的城市品牌运营和城市形象打造，从"芙蓉锦官城"到"成都，一座来了就不想离开的城市"，再到"东方伊甸园"，以及九寨沟景区的冬季宣传计划，这无疑为旅游经济的发展增加了原动力。

国家政策倾斜造成的商机致使商务活动频繁，一些跨国大公司越来越重视西南区域的市场潜力，商务活动成为星级酒店利润增长的强力支撑点，旅游观光方面也继续强劲增长。

总体看来，对于旅游酒店行业来说，2012 年的市场仍然非常有潜力，整个旅游和商务市场的客源增加会让旅游酒店业受益匪浅。

二、营销说明书

通过以下工作的实施，积极寻求并提高本酒店在商务市场和旅游市场的份额，获取最大收益。

1. 在最大范围内传播并提升酒店形象。

2. 提高服务质量，改善服务流程，创新服务内容，争取回头客，培养忠诚客户。

3. 把商务散客市场作为本酒店的目标市场。

三、竞争分析

1. 2011 年竞争对手酒店每天平均售出客房数与本酒店对比。

2. 2011 年竞争对手酒店每月住房率与本酒店对比。

3. 2011 年本酒店与竞争对手平均房价对比。

本酒店市场 SWOT 分析：

优势	1. 经过一年的宣传推广和经营，赢得了较好的口碑。 2. 酒店在文化底蕴方面比较有优势，房间装修风格在同星级酒店中有特色。 3. 公共区域有无线网络覆盖，房间内都配有宽带接口免费提供给客人使用。 4. 特色文化对欧美客人吸引力强。 5. 酒店注重改进流程，重视客户意见和要求，并尽可能地满足和超出客人期望。
劣势	1. 大部分客户对酒店品牌认知度不够。 2. 酒店地理位置差，周边环境差。 3. 员工专业化服务水平较低，培训体系不完善。 4. 酒店的促销活动不及时，信息传播力度不够。 5. 商务氛围不浓，不利于吸引高端商务客人。
机会	1. 2012 年中国 GDP 继续保持高增长。 2. 成都市交通、市政设施大规模兴建。
威胁	1. 2012 年成都高星级酒店增多。 2. 现有的五星级酒店的客房具有竞争力和价格优势。

四、2012 年市场销售指标

1. 完成客房销售总任务 2 800 万元。

2. 2012 年全年平均房价达到 430 元。

3. 最大限度争取客源，全年住房量达到 750 100 人次。

4. 全年公司协议达到 3 000 份。

5. 储值卡会员达 500 名。

五、客源结构及销售目标

1. 2011 年客源结构分析

订房中心　　　　　　　　　　　　　　　　　　　　　　　　　　**收入：437.4 万元**

单位	收入/万元	平均房价/元	间夜数	占总订房中心比率
携程	266	406	6 536	60.25%
艺龙	109	408	2 669	25%
金色世纪	17	424	396	4%
商之行	10	408	245	2.5%
统一订房网	7.8	412	189	1.8%
天赐成	6.5	416	156	1.5%
财富之旅	6	400	148	1.5%
假日阳光	5.5	413	129	1.25%
恒中伟业	4.8	415	116	1.1%
远方网景	4.8	415	116	1.1%

直接入住（单位：万元）　　　　　　　　　　　　　　　　　　　**收入：276.9 万元**

月份	1	2	3	4	5	6	7	8	9	10	11	12
实际	18.8	26.2	20.7	28	22.3	19.8	22.5	20.7	19.5	29.2	22.3	26.9

协议　　　　　　　　　　　　　　　　　　　　　　　　　　　　**收入：166.82 万元**

协议单位	收入/万元	平均房价/元	间夜数	协议价/元
甲	50.72	389	1 301	388
乙	36.9	400	920.5	400
丙	34.69	406	852.5	400
丁	22.63	426	531	400
戊	21.88	402	544	400

会议（单位：万元）　　　　　　　　　　　　　　　　　　　　　**收入：298.3 万元**

月份	1	2	3	4	5	6	7	8	9	10	11	12
实际	12	11.9	11.5	27.6	46.7	54.9	21.3	27.1	31.8	14.1	13.7	25.7

团队　　　　　　　　　　　　　　　　　　　　　　　　　　　　**收入：132.31 万元**

排名	旅行社	收入/万元	间夜数	平均房价/元
1	A1	48.77	1 566	311
2	A2	33.52	1 066	314
3	A3	24.73	804	307
4	A4	13.34	376	354
5	A5	11.95	366	326

贵宾卡　　　　　　　　　　　　　　　　　　　　　　　　　　**收入：11.69万元**

排名	持卡人	收入/万元	间夜数	平均房价/元
1	A	4.32	84	533.88
2	B	3.11	74	421.54
3	C	1.68	30	561.95
4	D	1.29	24.5	527.86
5	E	1.29	29	445.93

2. 2011年每月收入状况

月份	1	2	3	4	5	6	7	8	9	10	11	12
计划收入/万元	150	150	100	160	185	195	220	250	270	290	220	190
实际收入/万元	128	152	122	225	244	251	248	254	268	294	246	214
实际住房率/%	38.6	48	36.9	8.6	2.7	7.3	3.5	3.6	78.1	2.3	313	60.2
计划房价/元	380	390	390	400	400	400	405	410	415	420	410	410
实际房价/元	386	396	387	395	392	392	393	403	415	418	405	414
完成率/%	85.2	101	122	140	132	128	112	101	99.4	101	112	112

3. 2011年各月客源收入情况和2012年计划

单位：万元

月份	散客		协议		会议		团队		订房中心		折扣收入		贵宾部		总收入	
	2011	2012	2011	2012	2011	2012	2011	2012	2011	2012	2011	2012	2011	2012	2011	2012
1	18.8	21	49.3	105	12	15	9.5	8	21.2	36	5.6	6	8	20	123	211
2	26.2	14	62	51.5	11.9	15	10.6	8	30.6	23	3.4	3.5	9.7	13	151	128
3	20.7	20	54	54	11.5	10	6	6	21.2	22	2.4	2	5.8	6	118	120
4	28	25	88.5	100	27.6	33	26.1	26	36.8	37	3.4	4	13.4	15	214	240
5	22.3	22	79.4	100	46.7	42	39.3	40	39.4	41	5.2	3	11.3	13	242	261
6	19.8	20	80.4	100	54.9	44	45.7	46	32	33	1.8	2	15.6	17	246	262
7	22.5	22	96.3	100	21.3	30	52.3	51	33	34	4.3	4	15.9	17	239	258
8	20.7	20	103	105	27.1	33	44.1	45	35.1	36	8.8	5	14.1	17	246	261
9	19.5	21	111	115	31.8	32	49.4	50	40.3	41	5.4	4	10.2	17	262	280
10	29.2	29	107	111	14.1	15	68	68	54	55	6.4	6	14.3	18	289	302
11	22.3	22	110	110	13.7	26	25.1	25	49.7	50	3.8	3	15.7	16	239	252
12	26.9	26	88.3	100	25.7	29	10.1	10	40.5	40	2.1	2	17.4	18	203	225
总计	277	262	1 029	1 151	298	324	386	383	434	448	53	44	1 511	1 871	2 572	2 800

六、市场细分的目标和策略

1. 无预订散客（Walk-in）

（1）目标：262万元，占总收入的9.5%。平均房价550元/（间·夜）。

（2）策略。

① 实施光彩工程。

② 旺季8月、9月、10月柜台价上浮到688元。

③ 赞助演艺界明星及知名球队，赞助公益事业，提高美誉度。

④ 开设机场到酒店的免费穿梭巴士（Shuttle Bus）。

2. 协议公司

（1）目标：1 151.5万元，占总收入的41.8%。平均房价430元/（间·夜）。

（2）策略。

① 2012 年协议公司定价分两档：418 元（含单早）；458 元（含单早）。

② 全年签订公司协议 3 000 家。

③ 春节元旦邮寄明信片 5 000 张。

④ 春节前对前 400 家公司赠送礼品。

⑤ 6 月举办 2012 年客户答谢会。

⑥ 积极推行并改进积分奖励制度，培养忠诚客户。

⑦ 开设机场到酒店的免费穿梭巴士（Shuttle Bus）。

3. 会议客户

（1）目标：324 万元，占总收入的 11.7%。平均房价 400 元/（间·夜）。

（2）策略。

① 坚持旺季做会议价格、淡季做会议量策略。

② 提供更多的免费配套服务，如免费接送。

③ 整个酒店的宣传侧重点放在会议上，例如以会议专家的身份进入市场。

④ 制定有效的绩效考核制度激励员工推销会议。

4. 旅行社

（1）目标：383 万元，占总收入的 13.9%。平均房价 380 元/（间·夜）。

（2）策略。

① 控制系列团的用房量。

② 参加主要的旅游展览会和旅游交易会，以获得最广泛的宣传效果，使客户认识本酒店新形象，并争取从旅游代理商那里得到更多的商业机会。

③ 提高旺季报价和成交价，倾向高价团、优质团。

④ 积极开发淡季系列团和临时预订团，从价格和优惠政策上给予倾斜。

⑤ 旺季提前 7 天清理订单，避免预订未抵店客人（No Show）。

⑥ 旺季除系列团外，均要求预付团款或交纳定金。

旅行社协议：①向重点客源市场签订系列团协议，与少量重点旅行社签订全年协议；②无协议团队按照报价执行，视预订情况及时调整，以保证收益。

房量分配：在旺季，高于当月平均房价的团队都可以优先接受预订。

5. 订房中心客户

（1）目标：448 万元，占总收入的 16.3%。平均房价 430 元/（间·夜）。

（2）策略。

① 每月分析各订房中心订房量报表，及时发现销售控制上的薄弱环节并立即加以修正。

② 每月检查所有订房中心在网上和宣传手册上对我店的宣传内容和价格，并及时给予修正。

③ 利用一切资源确保前五大订房中心首推我店。

④ 密切关注我店竞争对手酒店的网上价格信息和促销内容，并做出相应调整。

⑤ 9 月、10 月提高网上售价，减少和柜台价格的差距。

⑥ 制定政策鼓励订房中心推销高价房，如套房、行政楼层和单间。

⑦ 定期检查订房中心预订流程及推荐力量，发现问题及时协商调整。

6. 特殊折扣

1）贵宾俱乐部

（1）目标：187 万元，占总收入的 6.8%。平均房价 430 元/（间·夜）。

（2）策略：

① 坚持每月召集各部与贵宾俱乐部召开协调会，解决经营中的各项问题。

② 积极配合贵宾俱乐部维护贵宾会员。

③协助贵宾俱乐部举办好 5 月份的贵宾客户联谊会。

2）储值卡会员

（1）目标：增加 200 名。

（2）策略。

① 房费含单早。

②奖励促销人员。

七、销售/营销活动计划

时间	活动计划
1 月	1. 走访竞争对手，了解市场行情。 2. 续签公司协议，并赠送礼品。 3. 制定淡季促销政策并执行。 4. 宴请政府及重点公司、旅行社。 5. 做好会议促销工作。
2 月	1. 大规模续签协议。 2. 宴请政府及重点公司、旅行社。 3. 做好春节大假期间的促销活动。 4. 确定宴会销售部工作权限并执行。
3 月	1. 大规模续签公司协议。 2. 研究并执行如何培养餐饮忠诚客户。 3. 重点检查和督导宴会销售工作。 4. 旅游展销会。 5. 婚宴销售。
4 月	1. 修改新的积分奖励计划并从 5 月 1 日开始实施。 2. 西餐美食节活动。
5 月	1. 做好五一大假期间的促销工作。 2. 准备 6 月份协议公司客户答谢会。 3. 婚宴销售。
6 月	1. 做好 2012 年客户答谢会工作。 2. 做好美食节。 3. 总结上半年的销售经营工作，修订下半年的经营计划。 4. 会议促销。 5. 国际旅游展销会。

续表

时间	活动计划
7月	会议促销。
8月	1. 清理旺季团队预订，做好团量控制。 2. 做好旺季控房和收益管理工作。
9月	1. 做好旺季控房工作。 2. 赠送重点客户中秋节礼品。 3. 提高订房中心网上销售价格。 4. 国际旅游展销会。 5. 婚宴销售。
10月	1. 做好旺季控房工作。 2. 做好十一大假期间的促销工作。
11月	做好淡季促销工作。
12月	1. 做好圣诞节促销工作。 2. 2012年的工作经营总结，着手准备2013年计划。 3. 宴请政府及旅行社、协议公司重要客户。 4. 邮寄贺年卡。

×××酒店营销部
2011 年 12 月 19 日

问题讨论：

1. 前言部分阐述了哪些内容？

2. 营销说明书对2012年营销战略目标做了哪些描述？

3. 该营销计划中对酒店产品、竞争对手从哪些方面进行对比分析的？

4. 2012年总体的市场销售指标有哪些？

5. 在对散客、协议、会议、团队、订房中心、贵宾部的状况进行分析的基础上提出的2012年的计划指标是多少？

6. 该酒店营销计划提出每个细分市场的目标后，制定了哪些具体策略？

7. 为每个月制定了哪些具体的营销活动？

工作任务二　酒店营销预算

引导案例

某酒店在2012年11月1日将前10个月的销售收入与11月和12月的预计收入相加为2 700万元，以总额的3%作为2013年的营销预算，或者以2013年的预计销售收入为3 000万元的2.5%作为广告预算。

分析案例请回答：如何按照 3%、2.5% 这两个比例计算营销预算和广告预算？

 相关知识

一、营销预算的组成及作用

酒店营销预算是酒店市场营销部预先制定的各项收入和支出计划。

1. 营销预算的作用

（1）营销预算确定酒店营销工作的目标。营销预算反映了酒店营销工作的重点和目标，并通过销售额、利润率、市场占有率、客房出租率、预期平均房价等量化指标来体现。在预算编制中，这些指标又按不同的部门、不同的市场进行具体分解，使其变成具体的工作目标。

（2）营销预算是重要的管理控制手段。利用营销预算来控制实际营销工作，营销预算包括确定预算目标、实施预算方案、检查预算执行情况、比较预算与实际的偏差、公布预算执行情况及调整和改进预算等环节。

2. 营销预算的组成

酒店营销预算由销售收入和费用支出两大部分组成。在酒店实际营运中销售收入的预算分别由各部门（如客房部、餐饮部等）直接创收部门编制，而营销预算主要是编制市场营销部门用于市场营销活动的费用计划。酒店营销费用由 3 个大类费用组成。

（1）本部门工作人员的工资福利。工作人员指本部门所有的管理人员、营销人员、公关人员、秘书及临时合同工，其工资福利包括工资、奖金、工资税、保险费、养老金及给本部门员工提供食品和饮料的费用，还有其他福利奖金。

（2）部门管理和日常费用。这是指与营销部门有关的费用支出。具体包括：①办公费用，如使用的印刷表格、文具办公用品、销售手册等；②通信费用，如电话、电传、传真、信函及其他邮资费用；③国内外销售旅行差旅费用；④汇票和订阅费；⑤酒店订房系统入网费；⑥促销活动费；⑦市场调研费；⑧交际费，包括经理、销售人员和其他员工的交际费；⑨酒店宣传资料小册子和特色菜单等费用；⑩其他各项支出，如陪同餐费、制装费、培训费。

（3）广告和促销费用。这是指用于广告和促销活动的费用。包括：①直接邮寄费，如通讯录、信封、写信、签字或由其他机构代理完成这类性质工作的费用；②广告费，包括广告制作费，以及在报纸、杂志、户外、电视、广播等媒体做广告的费用，媒体费是广告中最大和最重要的部分；③销售点促销用品费，如特别账单卡、特色菜单补充目录、陈列展示品的制作费用；④杂项，如复印、印刷、交通费用。

表 3-1 为酒店营销预算——推销与促销表。

表 3 – 1　酒店营销预算——推销与促销表

	月份	1月	2月	3月	1季度	4月	5月	6月	2季度	7月	8月	9月	3季度	10月	11月	12月	4季度
工资																	
奖金																	
福利																	
总工资和福利																	
部门管理和日常费用	办公用品																
	待客用品																
	清洁用品																
	纸张																
	文具																
	其他																
	通信																
	电话与电传																
	邮资和电报																
	旅游推销（本地）																
	旅游推销（外地）																
	订阅费																
	预订入网费																
	促销活动																
	市场调研																
	交际费（经理）																
	交际费（销售人员）																
	交际费（其他人员）																
	宣传手册																
	杂项																
	陪同餐费																
	制服																
	培训																
	其他																
部门管理和日常费用总额																	
广告与促销费用总额																	
市场营销费用总额																	

表 3 – 2 为广告和促销费用表。

表 3 – 2　广告和促销费用表

	月份	1月	2月	3月	1季度	4月	5月	6月	2季度	7月	8月	9月	3季度	10月	11月	12月	4季度
费用																	
直接邮寄																	
代理制作费																	
代理商费用																	
报纸																	
杂志																	

月份 费用	1月	2月	3月	1 季度	4月	5月	6月	2 季度	7月	8月	9月	3 季度	10月	11月	12月	4 季度
其他媒体																
电视和广播																
汇票																
销售点促销费用																
杂项																
电话费																
邮资费																
资料费																
交通费																
印刷和复印																
其他																
部门费用总额																

二、酒店营销预算的编制方法

1. 经验推断法

以酒店当年各项费用项目的实际开支数为基础，预测计划年度各项费用可能发生的增减变动，来确定它们的增减数额。这种方法简便易行，但是过去的数据不一定能够完全反映未来的经营情况，尤其是在酒店市场波动较大、竞争激烈的形势下，采用这种方法容易造成预算额的不准确，甚至会出现将过去的错误延续到今后的现象。

2. 量力而行法

按酒店所能拿出的资金数额来编制预算。也就是说在其他市场营销活动优先分配经费之后，还有剩余部分就用在广告上。这种方法忽视了广告的目的在于促进销售，而预算时必须考虑需要多少营销费用才能达到销售目标。

3. 行业比率

根据同行业的标准确定营销预算总额。西方国家各类酒店的营销费用在营业收入中所占的比例平均为3%~3.5%，我国涉外酒店比例为1.2%~1.8%。采用这种办法只要结合本酒店的实际情况，参照同行业的相应费用，就可确定自己的营销预算，但是必须考虑这个比率是否适合本酒店。

4. 竞争对等预算法

酒店对照竞争者的营销开支来决定自己的营销开支，以保持竞争上的优势。许多酒店都喜欢根据竞争者的营销预算来确定自己的营销预算，造成与竞争对手势均力敌的对峙局面。这种方法忽视了各个酒店具有的特殊性。

5. 销售百分比法

按照客房销售额的百分比来计算和决定营销开支。这种方法把营销费用与销售收入紧密联系起来，可以使营销费用控制在一定的水平，能够使酒店获得相应的利润。营销费用随销售额的某一比例变动，是基于可用于促销的资金多少，而不是基于营销活动的要求。这样往往容易失去对酒店有利的市场机会。此法必然导致营销预算随每年的销售波动而增减，而没有考虑到酒店在不同时期其市场和竞争形势的不同，这样容易造成营销费用不合理分配。

6. 目标任务法

酒店在编制营销预算时，根据营销目标决定为达到这种目标而必须执行的工作任务，估算执行这些任务所需的各项费用，这些费用的总和就是营销预算。酒店在编制总的营销预算时，要求每个销售经理准备一份营销预算申请单，尽可能详细地限定其营销目标，列出为实现目标所必须做的工作任务所需要的全部费用。

7. 零基预算

对于任何一个计划期，任何一项费用的开支数，都不以过去和现有的基础为出发点，即不考虑当年费用开支水平，而是一切从零开始，将下一计划期作为独立的经营周期，根据各项费用是否必要，是否能达到最佳的经济效果来决定其预算费用水平。采用这种方法，所有的费用都与预算年度的各项营销活动紧密相连，而各项营销活动的计划是在对酒店的营销优势及经营机会和挑战进行分析之后作出的，这样便能够保证各项费用得到最佳配置。

采用零基预算法进行预算，大致有三个步骤。

（1）酒店营销计划人员根据营销战略计划编制具体的行动方案，以及各项活动需要的费用数额。

（2）对每项行动方案进行"成本效益"分析，将其花费与可能收益所得进行比较，评定各项行动方案优劣，并据此排定优劣顺序。

（3）根据排列次序，结合可动用的资金来分配营销预算资金。

三、编制营销预算应考虑的因素

编制营销预算是制定酒店战略计划的重要组成部分，营销预算不仅是一个部门预算，它与酒店总体目标和其他部门预算有着密切的联系。

1. 酒店的财务状况

不论酒店规模大小，它所掌握的人力、物力、财力都是有限的，营销预算的大小必须在酒店财力所能承受的范围之内，不可能无限提高，这就需要酒店营销部门同财务部门一道来研究，确定营销预算的额度。

2. 酒店的市场和竞争形势

营销预算主要用于开发市场和进行销售活动，市场和竞争形势必然对营销预算支出总额和预算项目的具体分配产生影响。酒店在市场客源充足、竞争对手少的情况下，用于营销的预算就相应较少；而在市场客源短缺、竞争激烈的形势下，为了尽可能占有更多的市场份额、提高酒店客房和其他设施的使用率，必须投入较多的资金用于市场的开发和新产品的推广及促销活动。

3. 酒店产品的生命周期

酒店产品生命周期的不同阶段所采取的营销策略和方法是不同的，编制营销预算也应随之相应配置。在产品介绍期由于需要进行大量的宣传推广工作以打开市场，营销预算额也相应较大，有时酒店需拿出当年营业收入的10%、15%，甚至更多。在成长期，营销活动比介绍期少，营销费用相应较低。在成熟期，市场竞争十分激烈，为了保持市场份额，各酒店都进行各式各样的营销活动，大量的促销、强有力的人员推销、高额的佣金等都需要较多的营销预算。产品进入衰退期时，酒店不需要在该产品上再进行更多的营销活动，因而营销预算也会相应下降，这时只需将营销资金配置在稳定老客户的销售工作方面。

四、营销预算的调整

实际营销活动的费用与预算出现偏差是很正常的，首先找出出现偏差的原因，是预算所定目标过高、过低，还是经营中出现问题或市场出现重大变化；其次采取相应的措施，对预算及时加以调整。

 实训考核

一、知识训练

1. 解释营销预算的作用。
2. 列出酒店营销费用构成的主要项目。
3. 列出编制酒店营销预算的方法。
4. 解释编制营销预算应考虑的因素。

二、能力训练

案例 3 - 6

在案例 1 - 3 鸿翔酒店营销策划方案中制定的营销策略如下。

不同季节营销策略

根据淡旺季，不同月份、各黄金周制定了不同的价格、月日团队与散客比例、每天营业收入、月度完成任务及各月份工作重点。

1. 旺季（1、2、3、4、5、10、11、12月份）

1）本年1月（31天）、3月（31天）、4月（30天），上年11月（30天）、12月（31天）。

① 每天团队与散客预订比例为6:4。

② 房价：团队价为110元/间，散客平均价为180元/间。

③ 月平均开房率为 90%，161 间／日。

④ 每日收入：团队为 9 666 元，散客为 10 948 元。

⑤ 五个月（153 天）总收入为 314.394 2 万元，月平均收入为 63.078 8 万元。

下面列出各月工作重点。

（1）1 月份：

① 加强对春节市场调查，制定春节促销方案和春节团、散预订；

② 加强会务促销；

③ 加强商务促销和协议签订；

④ 加强婚宴促销。

（2）3 月份：

① 加强会务、商务客人促销；

② 加强婚宴促销；

③ "五一" 黄金周客房销售应在 3 月中下旬完成促销及接待方案。

（3）4 月份：

① 加强会务、商务客人促销；

② 加强婚宴促销；

③ 加强对五一节市场调查，制定五一节促销方案和五一节团队、散客预订；

④ 制定 "母亲节"（五月第二个星期天）活动方案并促销，"母亲节" 以 "献给母亲的爱" 为主题进行餐、房组合销售。

（4）上年 11 月、12 月份：

① 加强对春节市场调查；

② 加强会务促销；

③ 加强商务促销和协议签订；

④ 加强婚宴促销。

2）10、2、5 月份各黄金周及月收入

（1）上年 10 月份（31 天）。

① "十一" 黄金周：全部七天。

● 2、3、4、5 日，团队:散客 = 6:4，房价：团队价为 160 元／间，散客价为 280 元／间。开房率为 95%，即 170 间／日。每日收入：团队为 16 320 元，散客为 19 040 元。

● 1、6 日，团队:散客 = 7:3，房价：团队价为 120 元／间，散客价为 220 元／间。开房率：90%，即 161 间／日。每日收入：团队 13 524 元，散客 10 626 元。

● 7 日，团队:散客 = 7:3，房价：团队价为 100 元／间（含双早），散客价为 160 元／间。开房率：80%，即 143 间／日。每日收入：团队为 10 010 元，散客为 6 864 元。

● 黄金周收入：20.67 万元。

② 当月余下 24 日收入为 49.473 6 万元，预订比例为团队:散客 = 6:4，房价：团队价为

100 元/间，散客平均价为 170 元/间。开房率：90%，即 161 间/日。每日收入：团队为 9 666元，散客为 10 948 元。

③ 本月总收入：70.1436 万元。

④ 本月工作重点。

● 加强会议促销。

● 加强婚宴促销。

● 加强商务促销和协议签订。

● 同餐饮部拟定圣诞节促销方案——圣诞大餐。10 月上旬餐饮部、销售部完成制作圣诞菜单、广告宣传促销、抽奖游戏设计方案及环境布置方案，各项工作逐步开展。

● 春节客房、家宴或年夜饭、元宵节、情人节：餐饮部 10 月下旬完成制作方案；销售部、餐饮部 10 月下旬完成广告宣传促销方案及环境布置方案，由于春节、元宵节、情人节时间相近，可贯穿起来。

（2）2 月份（本月只有 28 天）。

① 春节黄金周：全部七天。

● 2、3、4、5 日，团队：散客 = 5:5。房价：团队价为 180 元/间，散客价为 280 元/间。开房率：98%，即 175 间/日。每日收入：团队 15 750 元，散客 24 500 元。

● 1、6 日，团队：散客 = 6:4。房价：团队价为 150 元/间，散客价为 220 元/间。开房率：92%，即 165 间/日。每日收入：团队 14 850 元，散客 14 520 元。

● 7 日，团队：散客 = 7:3。房价：团队价为 100 元/间（含双早），散客价为 160 元/间。开房率：80%，即 143 间/日。每日收入：团队 10 010 元，散客 6 864 元。

● 黄金周收入：23.661 4 万元。

② 当月余下日收入：43.289 4 万元（21 天）。预订比例：团队：散客 = 6:4。房价：团队价为 100 元/间，散客平均价为 170 元/间。开房率：90%，即 161 间/日。每日收入：团队 9 666 元，散客 10 948 元。

③ 本月总收入：64.950 8 万元。

④ 本月工作重点：

● 加强会议促销；

● 加强婚宴促销；

● 加强"三八节"活动促销。

（3）5 月份（31 天）。

① "五一"黄金周，全部七天。

● 2、3、4、5 日，团队：散客 = 6:4。房价：团队价为 150 元/间，散客价为 260 元/间。开房率：90%，即 161 间/日。每日收入：团队为 14 490 元，散客为 16 744 元。

● 1、6 日，团队：散客 = 7:3。房价：团队价为 120 元/间，散客价为 220 元/间。开房率：90%，即 161 间/日。每日收入：团队 13 524 元，散客 10 626 元。

● 7 日，团队:散客 =7:3。房价：团队价为 110 元/间（含双早），散客价为 160 元/间。开房率：80%，即 143 间/日。每日收入：团队 11 011 元，散客 6 864 元。

● 黄金周收入：17. 111 1 万元。

② 当月余下 24 天收入：47. 473 6 万元。预订比例：团队:散客 =6:4。房价：团队价为 100 元/间，散客平均价为 170 元/间。开房率：90%，即 161 间/日。每日收入：团队 9 666 元，散客 10 948 元。

③ 本月总收入：66. 5847 万元。

④ 本月工作重点：

● 加强对 6 月份市场调查，"六一"儿童节——以"享受亲情、欢乐无限"为主题推出儿童欢乐节进行餐饮、娱乐组合销售，制订父亲节（六月第三个星期天）——以"父亲也需要关怀"为主题的餐、房组合销售方案；

● 加强"六一"儿童节、父亲节活动促销；

● 加强商务促销。

2. 平季（7、8 月份）

（1）2002 年 7 月（31 天），2001 年 8 月（31 天）。

预订比例：团队：散客 =7：3。房价：团队为 90 元/间，散客为 160 元/间。开房率：85%，即 152 间/日。每日收入：团队为 9 576 元，散客为 7 296 元。

（2）二个月（62 天）总收入：104. 606 4 万元。月平均：52. 303 2 万元。

（3）各月份工作重点。

① 7 月份：

● 加强暑期师生活动促销，加强商务散客促销；

● 制订"学生谢师宴"方案、中秋节活动方案和促销，7 月中旬餐饮部完成菜谱方案、销售部完成广告宣传促销方案、各项工作逐步开展；

● 中秋节——月饼促销，7 月中下旬餐饮部完成制作方案、销售部完成广告宣传促销方案、各项工作逐步开展。

② 8 月份：

● 加强暑期师生活动促销，加强"学生谢师宴"促销；

● 加强商务散客促销，制订出 9 月份团、散用房与月饼奖励促销方案；

● 国庆节客房、节后婚宴，8 月下旬餐饮部完成制作国庆菜单方案，餐饮、销售部完成接待及促销方案。

3. 淡季（6、9 月份）

（1）2012 年 6 月（30 天），2011 年 9 月（30 天）。

预订比例：团队:散客 =7:3。房价：团队价为 80 元/间，散客平均价为 150 元/间。总开房率：70%，即 125 间/日。每日收入：团队 7 000 元，散客 5 625 元。两个月（60 天）总收入：75. 75 万元。月平均：37. 875 万元。

（2）各月工作重点。

① 6月份：

● 加强对"高考房"市场调查；

● 加强暑期师生活动促销；

● 加强商务促销。

② 9月份：

● 加强会务促销；

● 加强商务促销；

● 加强对国庆节市场调查，制订国庆节促销方案和国庆节的团、散预订；

● 制订"圣诞"活动方案。

4. 预算全年客房营业收入（万元）

（1）年平均开房率：86.065%。

（2）每日可供租房数：179间；计划每日出租房数：154间（其中，团队96间/日，散客58间/日）。

（3）平均房价：团队价为100元/间，散客价为165.8元/间。

（4）每天收入：团队为0.96万元，散客为0.9616万元。

（5）会务设施和其他代理收入：16.5703万元。

（6）总计：717.9908万元。

问题讨论：

1. 鸿翔酒店营销策划方案中营销策略是从哪些方面制定的？

2. 鸿翔酒店怎样根据季节特点制定营销工作重点？

项目二小结

1. 酒店营销计划是将一定时期内各种营销活动的总体安排，用书面形式写出来的酒店文件。它是做好全年营销管理活动的依据。主要包括七方面内容，在制订营销计划过程中应按照步骤进行，应采取多种方法。

2. 营销计划的实施首先是对营销具体指标的分解，落实到销售部的每个人，然后按照营销工作操作程序或步骤实施一系列的营销活动，通过营销报表、营销会议反映和监控营销活动的过程和结果，了解营销目标完成情况，掌握计划实施进度。发现问题及时解决，保证营销活动按照营销计划执行。

3. 酒店营销预算是酒店市场营销部预先制定的各项收入和支出计划。营销活动的开展需要投入一定的资金，预测一下计划开展的营销活动能带来多少收益。营销费用包括三大部分，即本部门工作人员的工资福利、部门管理和日常费用、广告和促销费用。在编制营销预算时应考虑酒店的财务状况、市场和竞争形势及产品生命周期。

4. 编制营销预算的编制方法有经验推断法、量力而行法、行业比率法、竞争对等预算法、销售百分比法、目标任务法、零基预算。

参考资料信息

客户分级

客户分级的目的在于区别价值最大的客户。对已有客户分级的几个指标是：累计销售额、年度/季度/月度平均销售额、信用状况、销售利润率、销售额增长率等。对潜在客户分级的几个指标是：企业性质、资产规模、营业额/销售额、发展速度、潜在需求等。对客户进行分级管理要求营销人员对客户进行市场细分，实际上是对客户的关系和购买力进行细分。分类识别目标客户，对客户实力进行评估，高级别的客户应具备三个条件：一是处于企业生命周期成长期和成熟期；二是对其他客户具有影响力；三是能促使酒店改进工作。表3-3是对重点客户进行分级后，为他们提供的不同公关接待等级的标准。

表3-3　重点客户公关接待等级划分及接待标准表

规格 / 项目	VV	VA	VB	VC
接待对象	中央、国务院各部委办以上领导	省、市重要领导人 与酒店密切的同行酒店总经理 世界旅游组织知名人士 持酒店《至尊卡》的客人	经同行介绍酒店总经理 旅行社总经理 国内外知名人士 持酒店《钻石卡》的客人	与酒店密切的同行酒店随行人员 与酒店关系密切的非同行客人，如新闻媒介、民航持酒店《名人卡》的客人
房间配置	盆花、什锦干果、葡萄酒、五色水果、巧克力、总经理名片、总经理欢迎卡、全套酒店宣传册、晚安卡、晚间点心	盆花、四色水果、巧克力、总经理名片、总经理欢迎卡、全套酒店宣传册、晚安卡、晚间点心	鲜花、三色水果、巧克力、总经理欢迎卡、宣传册、晚安卡、晚间点心	鲜花、两色水果、总经理欢迎卡、宣传册、晚安卡、晚间点心
迎候标准	董事长带领全体中层干部在酒店门口迎候，为主宾献捧花，董事长送主宾进房间	总经理带领全体中层干部在酒店门口迎候，为主宾献捧花，总经理送主宾进房间	总经理带领全体中层干部在酒店门口迎候，为主宾献捧花，销售部经理送主宾进房间	全体中层干部在酒店门口迎候，为主宾献捧花，销售部经理送主宾进房间
用餐标准（全免客人）	250元/人天（早餐30元，午餐100元，晚餐120元）	230元/人天（早餐30元，午、晚餐各100元）	180元/人天（早餐20元，午、晚餐各80元）	140元/人天（早餐20元，午、晚餐各60元）
酒店宴请标准（供参考）	180元/人	150元/人	100元/人	80元/人
用餐地点	宴会包间	宴会包间	宴会餐厅或包间	宴会餐厅或包间
住房标准（全免客人）	360元/人天	260元/人天	260元/人天	260元/人天
房间类型	楼层套房	楼层套房	标间	标间
减免标准	根据情况付费、部分减免或全免			
其他事项	同行人员食宿接待标准（供参考）：①用餐标准为100元/人天，住房标准为200元/人天；②房间类型为楼层标间。公关部可安排一次用餐宴请，标准为60元/人			

模块四　酒店营销组合策略

本模块介绍执行营销计划所制定的酒店营销策略，分为产品策略、价格策略、渠道策略和促销策略四个项目。

项目一　酒店产品策略

项目描述

酒店产品是酒店营销组合四大要素之首，是酒店赖以生存和发展的基础，产品策略是酒店营销组合策略的基础，制定合理有效的酒店产品策略，直接决定着价格策略、渠道策略和促销策略。本项目主要介绍酒店产品、新产品开发及品牌。

项目目标

【知识目标】了解酒店产品及其品牌的特征，树立酒店整体产品观念，掌握酒店产品的生命周期各阶段特点及其对策。

【能力目标】根据酒店实际，对酒店产品进行组合销售；根据酒店产品的生命周期各阶段特点采取不同的策略；掌握酒店品牌建设的途径和方法。

工作任务一　酒店产品

酒店营销的创新之策：金融家俱乐部

地处黄浦江西岸的和平饭店，曾荣获"世界最著名饭店"、"全国百优五十佳酒店"等称号，以管理严格、服务精湛著称于世。为进一步推动中外交流、改善投资环境，该店根据自身的地理位置、历史渊源和硬件优势，适时组建"金融家俱乐部"，以品位、环境、信息、交际场所满足中外银行、金融界人士的需要，开创了一条以非营利性产品推动商业性产品（客房、餐饮等）的销售、消费的新途径。

1. 发挥品牌、地理位置优势

"和平"的主体建筑人称"远东第一楼"，是外滩的标志性建筑。新中国成立以前，该店曾是金融家经常聚会的场所，即会员制俱乐部"上海社交中心"，曾风靡一时。改革开放以来，中央决心将上海重塑为远东金融中心，不少中外银行通过土地置换的方式进驻外滩，使其成为金融一条街，周边地区成为中央商务区。按照国际金融界的惯例，类似纽约、伦敦、巴黎、东京这样的金融中心城市，应该有专供业界人士交际、休闲、交换信息的专门场所。这些均是"和平"开办国内第一家金融家俱乐部的外部条件。

2. 不收费，但要上档次

外部环境虽佳，但对企业来讲，还有决策、投入、策划、成本等问题，然后是档次、规模、运作和设施问题。经过反复探讨、论证，"和平"的老总铁了一条心，牺牲局部利益，放弃黄金地段最佳楼层的 120 平方米面积，也要为自身、社会、对外开放做些有益的事，以社会效益弥补经济效益的损失，以主体产品销售填补机会收益的流失。他们明确提出，饭店全力投入，甘心做俱乐部的后盾。按照高档交际场所的要求，俱乐部设在饭店的顶层，三面临江，两岸景色历历在目，一览无遗；室内布置典雅舒适，装潢一新，字画、盆景增添无限情趣；室内电子设备齐全，可 24 小时接收、播放英国路透社、美国道-琼斯公司的全球股票、外汇、期货交易的即时行情。同时，两名服务员分班次提供服务，满足会员的临时需要。

3. 组织有方，运作得法

饭店销售部具体负责金融俱乐部的策划操作，设立秘书处处理具体事务。根据章程，它采取限额制，以吸收法人会员（团体会员）为主，填写申请单后，饭店在审查其资格、营业执照、身份证件后，决定是否收纳。如获通过，申请者获入会承诺书一份。对个人会员要求更严一些，以确保俱乐部的高档联谊性质。所有会员须交两张证件照，办理会员卡。

俱乐部自 1995 年年末成立以来，已举办过 10 余次重要活动。每次均先发征求意见单，会员们填写汇总后再作决定。通过策划—认可—反馈—修正过程，可保证各类活动获得成功。主要的活动有：企业联谊会、会员读书会、学术讲座、专题讨论会、新闻发布会、产品介绍展示会。对于后者，饭店适当收取费用，如可视通信设备介绍会、缩微设备展示会等，因为展示是为了推销产品，属商业性行为。这笔钱还是会用在会员身上，有些活动因场地关系，须向其他单位租借场地。

4. 无偿使用与优惠促销

"和平"对俱乐部的定位是：俱乐部的成员享受 VIP 待遇，会员持有的会员卡具有饭店贵宾卡的效用，除随时使用俱乐部场地外，还免费使用健身房、棋牌室，本人住宿 6 折优惠，介绍的客人7折优惠，用餐享受9折优惠，弹子房、桑拿浴、美容美发8折优惠，会员亦可在饭店预订机票，安排宴请、会议等。

目前，入会的中外银行、金融机构已有30余家。他们除参加、主办正式活动外，常常利用俱乐部会见客人、洽谈生意，故零星活动难以计算。"和平"牺牲了一定面积的原有营业场所，作为对固定客户的回报。会员单位从中无偿地得到了实惠，得到了方便，对饭店更加感激，购买客房、餐饮产品的回头客占50%以上。双方在互利互惠的基础上形成向心力强、认同性高的供求纽带，积蓄成牢不可破的友谊。

分析案例请回答：

1. 和平饭店是如何发挥品牌和地理优势的？
2. 和平饭店是如何策划金融家俱乐部的？
3. 和平饭店是如何运作的？
4. 和平饭店是如何以非营利性产品推动商业性产品的销售的？

一、酒店产品的概念

1. 概念

酒店产品是指顾客在酒店下榻期间能够得到的，满足客人某一需要或欲望的任何有形物品和无形服务之和。酒店产品是酒店的经营者为满足顾客需求所提供的物质和非物质的组合产品。酒店服务是与有一定使用价值的有形物质结合在一起的服务。只有借助一定的资源、设施、设备，酒店服务才能得以完成。

2. 酒店产品的构成

酒店产品由6个部分组成，每一部分都可能带给顾客不同的感受和利益。

（1）地理位置：是指与机场、车站、商业中心、旅游景点等场所的距离及周围环境。周围环境的经济发达、有旅游景点、周围景观美观、交通方便这样的地点地理位置好。

（2）设备与设施：包括酒店的建筑风格、内部的客房、餐厅、酒吧、会议室及配套设备、娱乐休闲设施等。

（3）服务：包括礼貌礼仪、服务项目、方式、态度、速度与效率、技能、质量、方便舒适程度、清洁卫生、环境安静、自由安全等。

（4）形象：指客人对酒店产品的历史、知名度、服务质量、信誉、饭店设施、地理位置与室内外环境等各种因素的印象总和。

（5）价格：价格既表示饭店通过其地理位置、设施和设备、服务和形象给予客人的价值，也表示客人从上述因素中获得的满足。

（6）气氛：是客人对酒店的一种感受，是一种无形的特点。它的形成取决于酒店的外貌、内部设施、装潢设计、员工素质和行为、酒店的企业文化等因素。

二、酒店产品的特征

1. 有形产品与无形服务的结合

客房、餐厅、菜肴、酒水、各种空调设施都是有形产品。但是，顾客在酒店住宿、用餐和其他活动，几乎都离不开酒店工作人员提供的无形服务。

2. 不可储存性

客房、娱乐设施等一天不出租，就不能创造价值，它们作为酒店产品的组成部分是不能像有形产品一样储存起来日后再出售的。无形服务同样不可储存。

3. 季节性明显

酒店产品是旅游产品的组成部分，通常体现出很强的季节性。酒店在旺季时需求旺盛，淡季时则需求疲软。大家都知道，从某种意义上说，营销管理就是对需求的管理，许多酒店经营者和销售人员面临的最大挑战就是增加和创造淡季需求。

4. 不可专利性

一家酒店不可能为自己设计的客房装饰、菜肴、糕点、服务方式申请专利，唯一能申请专利的是酒店的名字及标记。这种不可专利性带来的直接后果是某一新产品如果能创造良好的经济效益，其他酒店很快就会模仿。在产品设计上，如何贯彻"人无我有，人有我优，人优我廉，人廉我转"的竞争策略，便成了经营者必须苦心加以对待的难题。

5. 品牌忠诚度低

由于产品的不可专利性，导致竞争模仿，产品雷同。对于一般顾客而言，只认定在某一家意义不大，更何况人们具有追新求异的心理，换一个新酒店、新环境，常能给人以愉快的满足感，品牌忠诚度低也就不可避免了。

6. 对信息的依赖性强

酒店的主要客源来源于外地或外国。他们人生地疏，需要通过大众媒体了解酒店，口碑是极其重要的。因此，要求酒店营销人员注意做好信息传递工作。同时酒店要树立良好的形象，为每位顾客留下美好的记忆，酒店的口碑才会好。

7. 脆弱性

酒店的脆弱性源于旅游业本身的脆弱性。旅游业要迅速健康地发展，离不开住食行乐购。此外，还有多种旅游业无法控制的外部因素，每个因素都能对酒店产品产生重大影响。

8. 生产、销售和消费的同时性

酒店服务的生产过程、销售过程、消费过程是同时或几乎同时进行的，即当场生产、当场销售、客人当场消费。这种特殊性决定了酒店生产经营必然会受到区域的限制，市场范围受到一定的局限，而且因为这一特点也增加了酒店质量控制的难度。

9. 不可转移性

酒店产品不是物质产品，无法运输。虽然有时营销需要经过中间环节，但是它的产品交换后，客人得到的不是具体的物品，而是一种感受或经历。客人在酒店住宿，只是购买酒店客房和其他设施的使用权，这便是酒店产品不同于其他物质产品之处。

三、酒店整体产品观念

一项完整的酒店产品应由核心产品、形式产品、延伸产品、期望产品和潜在产品五个层次构成。

1. 核心产品

酒店产品最基本的层次是核心利益，即向顾客提供的产品的基本效用和利益，也就是顾客真正要购买的利益和服务。顾客购买酒店产品并非是为了拥有该产品实体，而是为了获得能满足自身某种需要的效用和利益。酒店产品核心利益必须依附于一定的实体，即产品的基本形式，包括产品的结构外形等，如酒店的地点位置、建筑风格、客房、餐厅、会议室、装潢、设备、服务项目等都属于基本产品。

2. 形式产品

形式产品是指产品向市场提供的实体和外观，是酒店真实的产品，包括酒店的所在位置、建筑、装潢、设备、服务项目、服务水平、声誉、客房、餐厅、会议室。

3. 延伸产品

即产品包含的附加服务和利益的总和。如酒店的机场接送服务、提供免费订票业务、免费停车场、免费卡拉 OK、商务中心、体育及娱乐设施、客房服务等，是能够使一个产品区别于同类产品独具特色的产品。附加产品来源于对顾客需求的综合性和多层次性的深入研究，要求酒店营销人员必须正视顾客的整体消费体系，但同时必须注意顾客是否愿意承担因附加产品的增加而增加的成本的问题。

4. 期望产品

即宾客购买某一酒店产品时随之产生的种种期望，包括安全感、受人尊重、得到关心、良好的服务、干净的客房、安静的环境等方面。

5. 潜在产品

潜在产品是为了满足个别客人的特殊需求而提供的特殊的和临时性的服务。通常是超越了顾客的期望和预料而额外提供的服务。例如，在酒店客房能浏览国际互联网将是顾客的潜在需求，所以要求酒店在建设或改造客房时预留连接国际互联网的线路和接口。

上述酒店产品的五个层次既相互独立、各具特点又紧密联系，共同构成酒店整体产品的全部内容。在五个层面上，确保基本产品和期望产品的质量，是使顾客满意的前提条件。延伸产品和潜在产品是酒店产品灵活性的具体表现，同时也是基本产品在现有价值之外的附加价值。产品五个层面的全部意义在于提供一个具有质量保证和一定灵活性并具有竞争优势的产品。

全面理解酒店产品的五个层次可认识到：第一，酒店产品的竞争始于核心产品，更确切地说，始于产品的核心利益；第二，能否满足顾客的期望是酒店经营成功的关键，如果一家酒店不能提供顾客期望的产品，顾客便可能不满足甚至投诉；第三，在激烈竞争的市场条件下，竞争主要体现在延伸产品上，也就是酒店产品的差异化；第四，一家成功的酒店常以提供潜在产品为其特征；第五，灵活性来自于酒店管理人员和所有工作人员，来自于持续进行的、卓有成绩的培训，来自于适当的授权，即让一线工作人员直接处理日常工作中遇到的麻烦与问题。

四、酒店产品组合

1. 酒店产品组合概念

大多数顾客进酒店不是来消费分类产品的，而是来消费分类产品组合的。虽说整体产品代表了酒店的整体功能，但顾客往往只是根据自己的需要选择其中若干项的组合。因此对酒店来说，要考虑产品的有效组合。酒店产品组合是酒店提供给市场的全部产品线和产品项目的组合和搭配，即经营范围和结构。酒店产品组合包括酒店的地理位置、各种客房、餐厅、娱乐设施、产品的形象部分、服务部分和产品的价格。

产品组合由酒店产品的广度、长度、深度和关联性所决定。

（1）酒店产品组合的广度是指酒店拥有几条不同的产品线，如客房、餐饮、酒吧、商场、邮电、桑拿浴、游泳池、网球场、夜总会、健身房等。

（2）酒店产品组合的长度是指酒店每一条产品线中可以提供多少种不同的服务项目，如酒店有商务套房、豪华套房、总统套房、经济套房等不同档次、不同楼层的客房，酒店餐厅有中餐厅、西餐厅、日式餐厅、韩式餐厅。

（3）酒店产品组合的深度是指酒店产品线上的每个产品项目可提供多少品种。例如，每个餐厅能提供的菜肴、饮料和酒类的品种，经济套房分为188元、288元、588元三个品种。

（4）产品组合的相互关联性（也称密度）是指酒店产品组合中的各类产品品类在最终用途、生产条件、目标市场、销售方式及其他方面相互联系的程度。例如，客房与餐饮在销售渠道上可能有较好的关联性，在价格和服务上更能达到一致，凡住店客人均能享受免费的自助餐。

产品组合的重要意义：有利于产品组合在更大领域提高企业知名度，挖掘经营潜力，吸引更广泛的消费者。巩固其市场地位。

2. 酒店产品组合的策略

（1）拓宽产品组合的广度。增加产品线（即增加产品组合的广度），把市场上的良好声誉用于新增的产品。

（2）增加产品组合的长度。增加现有产品线的长度，而成为拥有全线产品的酒店。

（3）增加产品组合的深度。增加各产品的种类，以加深其产品组合深度。

（4）加强产品组合的关联性。在特定领域中博得好的声誉，或者减少产品组合的一致性以进入数种不同的领域。

（5）广度和深度的组合策略。

① 扩展策略，酒店为拓展经营、扩大产品组合广度而采取的策略。

② 简化策略，酒店缩小产品组合广度的策略。

③ 改进策略，酒店对现有产品加以完善。

④ 高档策略，增加高档产品项目，有利于提高现有产品的档次，增加声望促进销售。

⑤ 低档策略，在高档产品中增加廉价产品项目。借高档产品声望吸引顾客，并以一定项目去适应中低档顾客需求，从而提高市场占有率，增加销售额。

3. 产品组合的动态调整

在酒店中产品组合是随着顾客需求的变化而变化的，所以酒店要不断地进行调整。在调整之前应该首先评估现有产品的行业或市场吸引力，其次是评估它在行业或市场中的定位优势。可以用波士顿矩阵（图4-1）进行评估，纵坐标上的市场增长率衡量的是市场吸引力；横坐标上的相对市场份额衡量的是酒店在市场上的优势。把现有产品分为四种类型：明星类、问题类、金牛类、瘦狗类。

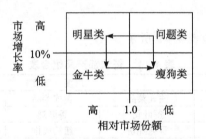

图4-1　波士顿成长—份额矩阵

（1）明星类：市场增长率高且市场份额也高的产品，它们通常需要投入大量资金来维持高速市场占有率，最终增长率会降低，成为金牛类产品。应采取发展的策略。

（2）金牛类：市场增长率低而市场份额高的产品，它们只需要较少的投资来保持它们的市场份额，会给酒店带来现金收入，支持其他需要投资的产品。应采取保持的策略。

（3）问题类：在高增长率的市场上占有较低的市场份额的产品。它们需要投入很大的资金才能保持市场份额，但是不能保证一定会提高市场份额，必须考虑哪个问题类产品可以被培养成明星类产品，哪个应该被淘汰。对能成为明星类的产品应采取发展的策略。对其他产品采取收获或放弃的策略。

（4）瘦狗类：指低增长率和低市场份额的产品，它们有可能会产生足够的资金来支持自身，但不能保证带来更多的资金来源。应采取收获或放弃的策略。

随着时间的推移，现有产品在矩阵中的地位也会发生变化，每个产品都有生命周期。它们从问题类开始，如果成功可以转向明星类；随着市场增长率的下降变成金牛类，最终成为瘦狗类，走向自己的生命周期终点。酒店要不断地增加新产品，来保证一些产品成为明星类产品，进而成为金牛类。

 实训考核

一、知识训练

1. 解释酒店产品的概念并列出酒店产品的五个层次。
2. 描述酒店产品具有的特征。
3. 解释酒店产品组合的概念并描述产品组合策略。

二、能力训练

对当地的一家五星级酒店进行一次调研，考察酒店的客房和餐饮产品，分别用波士顿矩阵检验哪些产品是明星类，哪些是金牛类。

案例 4-1

某酒店餐饮部产品组合如表 4-1 所示。

表 4-1　餐饮部产品组合表

产品 品类	广度（宽度）				
	中式菜品	法式菜品	美式菜品	印度菜品	日式菜品
长度	佛跳墙	鲜吐司	香酥鸡	全麦印度烤饼	日式冷面
	丁香排骨	香煎蚝饼	纽约肉排	咖喱杂菜	杂锦鱼生
	北京烤鸭	法式烧鹅	炸龙虾	印度炒饭	神户铁板牛肉
	清蒸石斑	芥蓝炒方鱼	牛肉丝	摊多利烧鸡	鸡肉叉烧

问题讨论：

1. 该酒店餐饮部产品的广度是多少？
2. 该酒店餐饮部产品的长度是多少？

案例 4-2

假日酒店连锁集团的产品构成，从低到高依标准可分为六个层次，分别是：①假日快线，主要设在美洲，提供较简单的客房和有限餐饮及健身设施，其产品在中档偏低的层面上，有极大的竞争力；②假日花园，主要设在欧洲、中东和非洲，提供标准的假日客房、较少的餐饮服务、小型会议服务、娱乐和健身设施；③假日酒店，是假日酒店网的中档市场核心产品，提供全面的各种设施和服务；④假日阳光狂欢度假村，主要设在美洲，是假日酒店

网度假村市场为休闲客人提供的，设有全面的休闲和娱乐设施；⑤皇冠假日酒店，提供更高水准，更合适的设施和服务，是假日酒店中高档次的酒店；⑥皇冠假日度假村，档次与皇冠假日相同，但主要目标是休闲的客人和团队。

问题讨论：

假日酒店连锁集团的产品分为几个层次，每一层次有哪些特点？

工作任务二　酒店新产品开发

可口可乐中文名字的由来

美国 Coca Cola 在 20 世纪 20 年代初首次进入中国市场时，根据 Coca Cola 的英文发音，译成中文名字为"口渴口蜡"，投放市场后销量极低，因为很多人将"口渴口蜡"理解为"口渴时喝一口蜡"而不予购买。Coca Cola 公司发现这一情况后，马上组织人员对产品进行更名，他们在研究了 4 万个汉字的基础上，最后确定了发音相近、读音悦耳、寓意精妙的可口可乐这四个中国字，结果取得了巨大成功。

分析案例请回答：

1. 酒店在为产品命名时应考虑哪些因素？
2. 从可口可乐的中文名字的由来中你得到哪些启示？

一、酒店产品生命周期

酒店产品生命周期是指产品从正式进入市场开始，直到最后被市场淘汰、退出市场为止的全部过程。

与产品使用寿命周期不同，产品使用寿命是指产品的耐用程度，是产品从开始使用到损失报废的时间间隔。

1. 产品生命周期阶段划分

产品生命周期通常是以销售额、所获利润额的变化来衡量的。典型的产品生命周期包括四个阶段：投入期、成长期、成熟期、衰退期。

酒店产品生命周期各阶段可以根据销售增长率、产品普及率等定量指标划分。

（1）销售增长率在 0.1% ~10% 为投入期和成长期；大于 10% 为成熟期；小于 0.1% 为衰退期。

（2）产品普及率小于 5% 为投入期；5% ~50% 为成长期；50% ~90% 为成熟期；90% 以上为衰退期。

2. 产品生命周期理论的含义

（1）任何产品的生命都是有限的，大部分产品都要经过一个类似 S 形的生命周期。

（2）每个生命周期阶段的时间长短因产品不同而不同。

（3）产品在不同生命周期阶段的盈利高低不等。

（4）对不同生命周期阶段的产品，需采取不同的营销组合策略。

理想产品生命周期的形态，如图 4 - 2 所示。

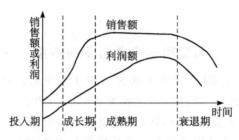

图 4 - 2　理想产品生命周期形态

产品开发期短，因此产品开发成本低；投入期和成长期短，因此销量很快达到最高，这就意味着较早获得最大收益。成熟期持续时间长，意味着盈利时间长。衰退非常缓慢，意味着利润是逐渐降低的。

酒店推出新产品时，应根据影响每个阶段时间长短的因素，预测该产品生命周期的形态。当一种新产品推出时，酒店必须刺激知觉、兴趣、使用和购买。这都需要时间，而且在产品导入阶段，只有少数人（创新者）购买它。如果该产品使顾客满意，更多的购买者（早期采用者）会被吸引过来。接着，经过日益增长的市场知觉和价格下降，竞争者加入市场，加快了采用过程。随着产品正规化，更多购买者（早期大众）加入了市场。当潜在的新购买者人数趋向零时，成长率下降，销售量稳定在重复购买率上。最后，由于新产品种类、形式和品牌的出现，购买者对现行产品的兴趣转移了，该产品销售下降。由此可见，产品生命周期可通过新产品在扩散和采用中的正常大战过程来说明。

二、酒店产品生命周期各阶段的特点及其策略

1. 投入期

投入期，又称介绍期，指产品引入市场、销售缓慢上升的时期。在这一阶段因为产品引入市场所支付的巨额费用，致使利润几乎不存在。

特点：分销及促销费用高，通常利润微薄或亏损。促销重点：产品功能的宣传，提高知名度。

策略：突出"短"或"快"字，以较短的时间迅速进入和占领市场，尽快由投入期进入成长期。

（1）双高策略（迅速撇脂策略）：即运用高价、高促销相配合策略，一方面可以使酒店迅速收回成本，并给潜在顾客以"高质"的感觉；另一方面可以使潜在顾客迅速了解产品，有利于产品迅速占领市场。

（2）迅速渗透策略：即运用低价、高促销相配合策略。以最快速度占领尽可能大的市场份额。价格较低不仅能快速打开市场销路，能减少潜在竞争者，大量的促销活动能使酒店产品具有较高的市场占有率。

（3）缓慢撇脂策略：即运用高价、低促销相配合策略。降低促销费用，以便赚取较高利润。

（4）双低策略（缓慢渗透策略）：即低价、低促销相配合策略。不急于占领市场只求逐步打入市场。市场容量较大，顾客对价格较为敏感。

2. 成长期

这个时期产品基本定型，被该市场迅速接受，在市场上有一定知名度，销售量和利润迅速增加，广告费用相对减少，新的竞争者进入市场。

特点：销售额迅速增长，引入竞争者。

策略：突出"好"字，保证产品质量。

改善产品质量，增加特色，广告的重点在于使消费者信服，培养顾客的忠诚度和提高品牌声誉，适当时降价吸引对价格敏感的顾客，创造新的分销渠道。

3. 成熟期

产品已被大部分顾客接受，潜在顾客已经很少，大多属于重复购买，产品的需求量达到饱和状态。成熟时期又可分为三个阶段：增长成熟期、稳定成熟期、衰退成熟期。

特点：销售平稳，销售量的增长达到顶峰并开始呈现减缓，到后期销售增长率趋于零。销量最多，利润最高，竞争激烈。

策略：突出"长"或争字，延长产品的成熟期，采取低价。

（1）改进市场（增加现有产品的消费量）。寻找新的使用者、争夺竞争者的消费群，发展产品的新用途来吸引新的顾客。

（2）改进产品。从质量、服务、特色、式样进行改进，保持现有市场面和拓展新市场。

（3）改进营销组合策略。从扩大服务项目、价格、促销手段、分销渠道四个因素进行综合改进，以刺激销量回升。

（4）更新换代策略。更新换代策略是一种蛇蜕型策略。置身于激烈的市场竞争环境中，酒店根据主客观条件，在分析产品前景不利的情况下，干脆提前淘汰老产品，积极地开发新产品，开辟新市场。使产品不断更新换代是酒店在市场竞争中立于不败之地的最根本措施。更新换代时要注意有计划、有步骤地使新旧产品在市场上衔接。

4. 衰退期

销售量下降的趋势增强和利润不断下降的时期。大多数的产品形式和品牌销售最终都会衰退。这种销售衰退也许是缓慢的，也许是迅速的。销售可能会下降到零，或者也可能僵持在一个低水平上持续多年。销售衰退的原因很多，其中包括技术进步、顾客需求的改变、国内外竞争的加剧等。所有这些都会导致生产能力过剩、削价竞争加剧和利润被侵蚀。当销售和利润衰退时，有些酒店退出了市场。留下来的酒店可能会减少产品供应量，它们也可能从较小的细分市场中退出，也可能削减促销预算和进一步降低价格。

特点：新产品已进入市场，老产品退出市场；除少数名牌外，市场销售量明显减退，价格被迫不断下降，利润迅速减少，甚至出现亏损。

策略：突出"转"字，削价。集中精力在最好的市场面和销售渠道上，把重点放在有利润的产品上，开发代替的新产品。

（1）维持或缩小销售。如果这种产品在市场上仍能满足一部分保守顾客的需要，酒店就可以根据自身条件适当地保留一部分。

（2）延长寿命。通过降价、增加产品功能等方式开辟新用途、争取新的宾客，从而使产品生命周期不断实现再循环。

（3）彻底淘汰。将老产品进行转让或出售给其他酒店，把早已研制成功的新产品推向市场，进入一个新的生命周期。

三、酒店新产品开发

（一）新产品种类

酒店新产品是指在酒店市场上最新出现的或者酒店企业首次提供并销售的酒店产品。它可以分为全新产品、换代产品、改进产品、仿制产品和降低档次经营的产品。

1. 全新产品

这种产品在市场上从未出现过，是为了满足顾客需要、开拓全新市场而推出的新产品。如在当地新建设的最高档酒店。

2. 换代产品

对现有产品进行较大改革后生成的产品。例如，过去酒店客房夏天室内用一般分体式空调，现在改成中央空调。

3. 改进产品

对原有产品不进行重大改革，只对它进行局部形式上的改变，如餐厅延长服务时间。

4. 仿制产品

仿制产品是指市场上已经存在，酒店对其进行模仿后经营的产品。

5. 降低档次经营的产品

以较低的成本提供同样性能的新产品，主要是指酒店利用新科技，改进生产工艺或提高生产效率，削减原有产品的成本，但保持原有功能不变的新产品。例如，酒店在管理和经营中大量使用同样服务的情况下，大大降低了经营成本。

（二）酒店开发新产品的意义

新产品开发对酒店的重要性主要体现在以下几个方面。

（1）开发新产品有利于促进酒店成长。一方面，酒店开业从新产品中获取更多的利润；另一方面，推出新产品比利用现有产品能更有效地提高市场份额。利润和市场份额是酒店追求的两个重要目标，它们的增长和提高能帮助酒店不断发展。

（2）开发新产品可以维持酒店的竞争优势和竞争地位。为拥有顾客、占有市场份额，酒店会运用各种方式和手段来获得竞争优势。开发新产品是当今酒店加强自身竞争优势的重要手段。

（3）开发新产品有利于充分利用酒店的生产和经营能力。当酒店的生产、经营能力过剩时，开发新产品便是一种有效的提高其生产和经营能力的重要手段。因为在总固定成本不变的情况下开发新产品会使产品成本降低，同时提高酒店资源利用率。

（4）开发新产品有利于酒店更好地适应环境的变化。当今，酒店面临的各种环境条件在不断发生变化。这预示着酒店原有产品可能会衰退，酒店必须寻找合适的替代产品。这就导致了对新产品的研究与开发。

（5）开发新产品有利于加速新技术、新材料、新工艺的传播和应用。

（三）开发新产品的程序

1. 寻求创意

进行新产品的构思是新产品开发的首要阶段。构思是对新产品进行设想或创意的过程。缺乏好的新产品构思已成为许多酒店新产品开发的瓶颈。一个好的新产品构思是新产品开发成功的关键。在产品处于成熟期后期时，就应该开发新产品，一旦产品进入衰退期，新产品就可以上市，弥补衰退期产品带来的利润下降。在产品到了成熟期后期时，酒店营销人员就要收集改进酒店产品的意见和建议，可以通过零星散客、现场服务人员、社会公众、同行业竞争者、分销商和供应商收集反馈建议。

2. 筛选创意

新产品构思筛选是运用一系列评价标准，对各种构思进行比较判断，从中找出最有成功希望的构思的一种"过滤"工程。进行构思筛选有以下目的：第一，权衡各创新项目的费用、潜在效益与风险，尽早发现和放弃不良构思，找出可能成功的构思；第二，筛选的过程有助于对原有构思做出修改和完善；第三，筛选可促进跨职能的联系与交流。对不同构思进行评分时，评分者往往需要讲述自己判分的理由，这是吸取他人经验并增长才干的大好机会。

筛选工作程序如下。

（1）成立筛选小组。构思的筛选小组通常由酒店设立或临时成立。小组的成员需要涉及财务、技术、生产、销售和营销等方面的专家与代表。在筛选人员的选配上，不仅要考虑他们各自代表的职能和部门，还要考虑他们的评分能力和性格特征，筛选人员之间要做到性格互补。

（2）经验筛选。由筛选人员根据各自的经验来判断构思与酒店经营目标、生产技术、财务能力、销售能力是否相适应，把明显不适应的构思提出两个较接近者留下以作进一步筛选。

（3）评分筛选。评分筛选是指利用评分模型对粗筛选留下的构思进行评分筛选。评分模型包括 4 个基本要素：评分因素、评分等级、权重及评分人员。评分因素是指影响新产品开发成功的各种因素，如酒店的研究能力、财务能力、生产能力、营销能力、原材料的采购能力、市场潜力、竞争者状况、酒店形象等。评分等级即对各评价因素进行量化，如对酒店研究能力的评价可采用等级分数来描述，7 分表示研究能力最强，1 分表示研究能力最弱，界于强弱之间则分别用 6 分至 2 分表示。评分等级是评价人员乐于使用但又不易度量的要素。权重的应用不仅限于评价因素，对每位评分人员也须加权。权重对评分结果影响很大，但权重的确定却很难有科学的依据，需要评价人员对各影响因素的重要性进行客观、深入的研究。筛选人员依据评分模式对各构思加权计分，再依据其分值选出下一步开发的对象。

3. 新产品概念的形成与试验

新产品概念是指酒店从顾客的角度对产品构思进行的详尽描述，即将新产品的构思具体化。描述出产品的性能、具体用途、形状、优点、外形、价格、名称、提供给顾客的利益等，让顾客能一目了然地识别出新产品的特征。因为顾客不是购买新产品构思，而是购买新产品概念。

新产品概念一旦形成，就必须在一大群顾客中进行新产品概念测试，这群人应该代表未来新产品的目标市场。新产品概念的测试主要是了解顾客对新产品概念的反应，受测试者是顾客，而不是新产品开发团队的人员。进行概念测试的目的在于，能从多个新产品概念中选择出最有希望成功的新产品概念，以减少新产品失败的可能性；对新产品的市场前景有一个初步认识，为新产品的市场预测奠定基础；找出对这一新产品概念感兴趣的消费者，针对目标消费者的具体特点进行改进；为下一步的新产品开发工作指明方向。

4. 市场分析

1）新产品的市场机会预测

（1）新产品市场潜力预测。新产品的市场潜力是指在一个既定的环境下，当行业营销努力达到无穷大时，市场需求所趋向的极限。一个产品的市场需求是在一定的地理区域和一定的时间内，一定的营销环境和一定的营销方案下，有特定的顾客群体愿意购买的总数量。市场总需求不是一个固定的数，而是一个在一组条件下的函数，市场总需求受营销环境、顾客收入水平及行业营销费用等因素的影响。市场总需求量的大小将随着其影响因素的变化而变化，但它的变化是在一定的区间内进行。当市场需求作为行业营销努力的函数时，把市场需求变化区间的下限称为市场最低量，即不需要任何营销努力也会发生的基本销售量；市场需求变化区间的上限称为市场潜量，即当营销努力超过一定水平后，市场销售量不能再进一步增加。

（2）新产品市场渗透力预测。市场潜力的大小表明了新产品存在的可能机会，市场机会预测的另一重要指标，是新产品上市后的规划期内，市场潜力将以何种速度逐渐实现，即新产品逐渐占领市场的速度，称为市场渗透力。市场渗透力的强弱意味着新产品被顾客接受速度的快慢和程度的深浅。市场渗透力越强，新产品成功的概率越大。

2）新产品的销售预测

对酒店的新产品进行销售预测是酒店以其选定的营销计划和假设的营销环境为基础所预测的酒店销售水平。上面讨论了新产品市场潜力，该市场潜力是针对一个新产品所创造的行业内所有酒店所共同拥有的市场机会。每家酒店在这个新产品潜在的市场容量中能占有多大的市场份额，是各酒店十分关注的焦点。为此，酒店需对新产品的销售潜力进行预测。新产品的销售潜力是指当酒店的营销努力达到最大限度时，可能实现的销售量。

（1）新产品销售预测的特点。

缺乏预测的依据。与成熟产品销售预测相比，新产品销售预测的难度更大。由于预测的基本依据是预测对象的历史数据和特征，新产品因为其"新"而没有以往的销售资料，但这将使得对新产品销售的预测出现较大的偏差。特别是对全新新产品销售的预测，相似产品的可借鉴性不大。

预测方法和预测指标不同于成熟产品。成熟产品销售预测可采用的方法很多，如时间序列法、货柜分析法等。而新产品销售预测不宜采用这类方法，因为这类方法的使用前提是拥有大量的历史资料。对成熟产品在营销计划期内的销售预测一般侧重于计划期内可能达到的销售量。而新产品销售预测的重点在于估算新产品的首次购买量和重复购买量。

（2）新产品销售预测的影响因素。

良好的新产品销售预测要考虑4大主要变量：潜在顾客的行为、竞争者的行动、环境的影响、酒店的新产品战略。

① 潜在顾客的行为。在新产品市场潜力的预测中已经确定了购买新产品的全部潜在的顾客，然而谁将购买本酒店的新产品，即购买本酒店新产品的潜在顾客会有多少，是酒店对新产品销售进行预测所要分析的首要因素。酒店须对顾客的购买行为进行分析，以此来判断本酒店新产品的可能销售量。潜在顾客对新产品的认识或接受程度不仅受新产品本身所提供利益的影响，而且酒店的品牌优势、营销努力及酒店形象等也将在很大程度上影响顾客的选择，从而影响酒店新产品销售量的大小。

② 竞争者的行动。竞争者的介入会极大影响酒店新产品的销售，如竞争者改变其价格、投入新的促销或退出类似新产品等措施。竞争将使本酒店新产品的销售量下降。

目前，全世界同类产品的竞争往往表现在两个方面。

第一，表现在对核心产品的准确认识上。如顾客乘飞机需要的是经济舱，而航空公司设计出的却都是头等舱，那么，就不会有顾客来订机座；反过来顾客需要的是头等舱，而航空公司设计出的却是经济舱，则既不能使顾客满意，又损失了赚大钱的机会。

第二，表现在适当地扩大附加产品。成功酒店增加附加产品的目的，往往是使顾客获得意外的惊喜。如酒店的顾客可在傍晚时，在他们的床头发现一块巧克力薄荷糖，或者一只小水果篮。正如许多酒店经理经常所说的那样，要用顾客所喜欢的特殊方法为顾客服务。

这里需要注意的问题是，这些增加的附加产品也会增加成本支出，营销者必须考虑顾客是否愿意为享受这些附加产品而增加支出？一种情况是，原来的附加产品很快会变成顾客预期的利益。例如，现在顾客都期望在酒店客房里有闭路电视、化妆品，这意味着想保持优势的酒店必须不断在酒店客房里附加产品来与竞争对手产生不同。另外一种情况是，随着一些酒店提高了具有许多附加利益的产品的价格，一些酒店又采用了返回到用更加低的价格提供更加基本的产品上去的策略。以美国酒店业为例，伴随着追求尽善尽美的四季酒店、威斯汀酒店和凯悦酒店的发展，费用较低的酒店也在迅速发展，如红屋顶客栈、汽车旅馆和汉普顿旅馆等。住这些酒店的顾客只需要有可过夜的住宿服务，最多再加上早餐服务。

成功的酒店产品的设计可以概括为五条原则：产品便于使用；顾客买得起这一产品；产品便于代理商（如旅行社）销售；具有良好的售后服务系统；产品也易于被酒店提供出来。

③ 环境的影响。宏观环境的变化自然也会影响酒店新产品预期销售的实现。如宏观经济不景气、顾客可支配收入下降或因国家出台新政策、法规而影响新产品的销售。

④ 酒店的新产品战略。酒店新产品开发战略确定了酒店开发新产品的目的和手段。采取不同的新产品开发战略，如创业或冒险战略、紧跟战略、进攻战略及防御战略对市场份额的追求各不相同。因而预测新产品销售潜力须结合酒店的新产品战略。

5. 新产品研制

（1）新产品设计。新产品设计是应用相关的专业技术、理论，将拟开发的新产品概念具体表达为能被生产过程接受的技术文件和图样的过程。新产品设计是从新产品概念到新产品实体的转换器。新产品实体开发的指导书是新产品实体开发的关键环节。

（2）新产品试制。根据新产品设计制造出新产品实体个样，是新产品试制阶段的主要工作。进行新产品试制，一方面可以验证新产品设计的可操作性，对设计中不适应生产的部分进行改进和修正；另一方面，可摸索和掌握新产品生产的初步经验，为顺利投入大批量生产创造条件。

（3）新产品功能测试。新产品个样试制出来后，必须对新产品个样进行产品功能、使用性能等方面的测试，审核其是否达到了设计所规定的技术标准，新产品实体是否能满足顾客对产品核心利益的要求。

6. 酒店新产品营销战略的制定

为了把新产品引进市场应设计一个优秀的营销战略。营销战略包括 3 部分：第一部分描述目标市场，制定新产品的市场定位，以及几年内要达到的销售额、市场份额和利润目标；第二部分概述新产品第一年的计划价格、分销渠道和营销预算；第三部分描述长期的预期销售额、盈利目标和相应的营销组合战略。

7. 市场试销

新产品市场试销的目的是对新产品进行正式上市前的最后一次测试，而且该次测试的评价者是顾客的货币选票。尽管从新产品构思到新产品实体开发的每一阶段，酒店开发部门都对新产品进行了相应的评价、判断和预测，但这种评价和预测在很大程度上带有新产品开发人员的主观色彩。最终投放到市场上的新产品能否得到目标市场顾客的青睐，酒店对此没有把握。通过市场试销将新产品投放到有代表性地区的小范围的目标市场进行测试，酒店才能真正了解该新产品的市场前景。

市场试销是对新产品的全面检验，可为新产品是否全面上市提供全面、系统的决策依据，也为新产品的改进和市场营销策略的完善提供启示，有许多新产品是通过试销改进后才取得成功的。

8. 正式营业

经过试销，当酒店决定要大批量生产该新产品时，酒店必须作出 4 方面的决策。

（1）何时推出。首先面临的问题是引入新产品的时机是否合适。

（2）在何地推出。酒店必须决定新产品的引入是局限在单一的地点，还是在一个地区、几个地区，甚至国际市场。能够有充分的信心、资本和生产能力将新产品向全国分销的酒店为数很少。相反，酒店往往会逐渐地、有计划地扩展市场。

（3）向谁推出。在逐渐扩展的市场当中，酒店必须将其分销和促销活动对准最有发展前景的群体。在此前的市场测试中，管理人员应该已经对基本的前景有所把握。现在，他们必须重新识别市场，寻找早期使用者、经常使用者和观念领袖。

（4）以何种方式推出。酒店必须制定一个把新产品引入所选定的市场的行动计划，并将营销预算投入到营销组合中。

实训考核

一、知识训练

1. 描述产品生命周期各阶段的特点。
2. 描述产品生命周期各阶段的营销策略。
3. 列举新产品开发过程的步骤。

二、能力训练

案例 4-3　　　　　　　　　　　　　　**酒后代驾**

两年前，到 A 酒店参加生日宴会、婚宴、寿宴、朋友聚会、会议晚宴的客人常常自己开车来，他们经常担心自己喝酒后就不能开车回去，不喝酒又怕被说不给主人面子。所以客人一进门就去前厅询问酒店是否有司机能代替客人把车开回去。前厅部小王把这些客人需求及时报告给营销部经理，营销部经理召开会议，经过大家研究，决定开发酒后代驾服务项目。

这一新产品刚上市就受到广大顾客的欢迎，并且带动了酒水的销售。

问题讨论：

1. 该酒店开发的酒后代驾服务项目是属于哪一种新产品？
2. 请说明"酒后代驾"这种新产品开发过程的步骤。
3. 开发这种新产品为什么能带动酒水的销售？

工作任务三　酒店品牌

 引导案例

香格里拉酒店集团

"香格里拉"这个名字源自英国作家詹姆斯·希尔顿1933年发表的传奇小说《消失的地平线》，它所寓意的恬静、祥和、殷勤的服务，完美地诠释了闻名退迩的香格里拉酒店集团的精髓。酒店管理集团拥有两个品牌：香格里拉和商贸酒店。香格里拉品牌主要为五星级豪华的城市和度假酒店。多数城市酒店的客房量都超过500间，而度假酒店的规模则相对略小。1989年设立的商贸饭店为四星级的品牌，价格定位适中。2011年香格里拉酒店管理集团把商贸饭店改为盛贸饭店。

分析案例请回答：

1. 香格里拉酒店集团采用的是哪种品牌策略？
2. 这两个品牌应分别定位在什么星级标准？

 相关知识

一、酒店品牌概念

品牌，俗称"牌子"，美国市场营销协会（AWA）对品牌的定义是"品牌是一个名称、术语、标记、符号或图案设计，或者是它们的不同组合，用以识别某个或某群销售者的产品或服务"。品牌，通常是由文字、标记、符号、图案和颜色等要素或这些要素的组合构成，用来识别一个销售者或销售者集团的产品，以便于同竞争者的产品相区别。

酒店品牌是由以下三个要素构成：

① 品名：品牌中可以用语言表达的部分。

② 品标：品牌中可以被识别、但不一定能用语言表达的部分，如符号、图案、颜色。

③商标：品牌中的一部分经向政府有关部门注册登记后，获得专用权，受到法律保护的品牌或品牌的一部分就称为商标。

二、酒店品牌的特征

1. 酒店品牌是酒店的无形资产

品牌是有价值的，它代表了酒店的个性、文化、价值观和能给客人提供的利益。品牌的拥有者凭借品牌能够不断地获取利润。品牌是无形的，它必须通过一定的载体来表现自己，这个载体就是酒店品牌的各组成要素。酒店品牌的价值大小体现在市场知名度和美誉度上，有时会大于酒店的有形资产价值。

《金融世界》选出全球 42 个最具有价值的品牌。最知名的是万宝路，价值 301 亿美元；排行第二是可口可乐，价值 244 亿美元；第三是美国的百威啤酒（Budwiser），价值 102 亿美元；第四位为百事可乐，价值 96 亿美元；第五是雀巢咖啡，价值 85 亿美元。品牌主要有两种表现形式：一种是产品品牌，一种是企业（名称）品牌。由于服务是无形的，无法贴上品牌标签，因而对旅游服务而言，企业品牌至关重要。

2. 品牌体现酒店的个性

品牌往往有自己独特的形象和内涵，比如喜来登追求的是诚恳和亲切的个性形象，希尔顿则追求热情友善的个性形象。对酒店来说企业名称是品牌的核心要素，虽然一个普通的名称也可以建立其高效的服务品牌，但有个好名称更容易做到这一点。企业名称对品牌发挥的效应有四点。

（1）独特性。名称能一目了然地将本企业与其他竞争者区分来开。改革开放以来，大量旅游企业冠以"国际"名称，貌似走向世界，实则是"混淆视听"，无法辨别。如江都镇江某大饭店取名"国际"，不如用"甘露"有独特性，在通晓《三国演义》的日本旅游市场上能产生轰动效应，配以英文谐音"Good Luck"，即好运之意，就更有寓意。

（2）恰当性。名称要表达服务的特点或优点。例如，取名 Visa 一词的"签证"释义，使人马上感到方便。手持 Visa 卡，可以通行全球！

（3）可记性。名称应易于理解、使用和记忆。其中，简洁是最基本的要求，发音容易有助于记忆。对 McDonald 快餐连锁店，其中文名以前多称"麦克唐纳"，现在统一译为"麦当劳"，比之"麦克唐纳"，显然既简洁，又朗朗上口。

（4）灵活性。任何企业提供的服务内容都会随着时间的迁移而变化，有效的品牌也应体现相应的灵活性。国际商用及其分公司浓缩为 IBM 名称品牌就是成功的范例，从一百年前生产机器到今天生产电脑都没有影响；用 AT&T 的简介品牌来代表美国电话电报公司也是经历了电子技术迅速发展的长期考验，至今在建立信息高速公路的时代，仍具有充分的包容性。

3. 品牌具有排他性

品牌一经注册，其他酒店如果没有授权或特许，就不得使用。酒店产品可以模仿，但品牌却无法模仿。品牌一旦建立起信誉，就会形成品牌忠诚度，对其他品牌也就造成一定的排斥。

4. 酒店品牌以客人为中心

品牌是一个以消费者为中心的概念，没有消费者，就没有品牌，品牌具有一定的知名度和美誉度是因为他所代表的企业和产品能够给顾客带来实际的利益，没有顾客认可，品牌毫无价值。

5. 品牌是酒店信息传递的工具

通过品牌向市场传递酒店文化、经营理念、产品质量、消费档次等重要信息，创造顾客、留住顾客是取得竞争优势的重要手段。

三、酒店品牌的意义

1. 通过品牌塑造酒店形象

酒店将无形的服务通过品牌有形化，并塑造出鲜明的产品形象。便于顾客识别和购买，促进销售。

2. 有利于酒店获得较高的利润

酒店拥有著名品牌一方面可以对产品制定较高价格，另一方面也能吸引到大量的客源，从而获得较高的利润。

3. 有利于酒店拓展销售渠道

酒店通过品牌加盟，形成了广泛的预订网络，拓展了销售渠道，节约了促销费用。

4. 有利于酒店形成竞争优势

酒店通过品牌这个载体，可以凝聚整合内部资源，协调营销策略，形成竞争优势。品牌竞争已经成为酒店高层次的竞争手段。

四、酒店品牌策略

1. 单一品牌策略

酒店所有产品都使用同一个品牌。

优点：可以免去给新产品重新塑造品牌所需的大量成本；借助已有品牌的良好声誉很容易向市场推出新产品；容易维持顾客对酒店唯一品牌的忠诚度。

缺点：对品牌管理要求高，风险性大。一旦某个产品质量出现问题，必然损害酒店品牌形象，也连累其他产品的声誉。

2. 多品牌策略

在相同酒店产品类别中推出多个品牌。一个酒店可能面对多个目标市场，这些市场可能存在很大的差异，针对酒店不同的细分市场推出不同的产品品牌来适应不同的市场。

3. 新品牌策略

为新开发的酒店产品设计一个新品牌的策略。当酒店在拓展的新产品类别中推出一个产品时，它原有的品牌名称不适合于它，这时设计一个新的品牌。

4. 品牌延伸策略

把一个现有的酒店品牌名称使用到一个新类别的酒店产品上或改造过的产品上的一种策略。酒店品牌延伸可以实现酒店品牌无形资产转移，是酒店业务发展的一条有效途径。

5. 酒店名牌策略

名牌意味着高知名度、高市场占有率、信誉好、顾客喜爱并渴望拥有、历经考验而经久不衰。名牌酒店产品的市场份额远远大于不知名的酒店产品，经济效益也是如此。

五、酒店品牌建设途径

1. 挖掘酒店品牌价值

（1）品牌文化的附加值。品牌的首要功能就是它的识别功能和传播功能，必须注重品牌的个性化特征。

（2）创建品牌、提升品牌价值。温馨、舒适、便捷、创新，应是酒店服务品牌核心价值的基本层面，而鲜明个性是核心价值的特色所在。在酒店服务品牌的营建过程中，应把这两个层面有机结合，创造出既有本酒店特色又能给客人带来高附加值的品牌。

（3）顾客认可品牌价值。从客人角度来看待问题、解决问题，让客人充分感受到酒店产品的安全、优质、高效和物有所值，真正满意。

酒店应在完善日常规范服务的基础上，做到特色、高附加值和顾客高度满意三者的和谐统一，从而突出个性化服务和细微服务，让客人感受到与众不同的服务特色，全面提升酒店服务档次和水平。

2. 保持酒店品牌的措施

1）具有鲜明个性，特色文化

品牌个性包含两个层面：视觉层面和文化层面。

建立独具个性的品牌视觉形象，必须根据自己的特色，从店徽、店标、酒店设计、装饰、代表色等方面营造出极具个性的品牌视觉效果。

2）要持之以恒，不断创新

通过目标创新、产品创新、服务创新实现与顾客持久沟通。

3）酒店形象塑造，实施 CIS 战略

酒店形象塑造包括建筑设计、内部装修布局、装饰点缀、广告招牌、图文标识、产品名称、色彩、灯光、声控艺术，店旗、店徽、店名、店歌、店服、酒店经营宗旨、酒店管理理念、企业文化、企业精神、企业规章制度和行为准则。

CIS 即企业形象识别系统，它是指借助各种信息传播手段，使社会公众正确认识企业的经营理念及产品和服务的品质，提高企业形象的认知度，增强认同感，提高酒店的竞争力。它是由 MIS（理念识别系统）、VIS（视觉识别系统）、BIS（行为识别系统）三大系统组成的。

（1）MIS 即理念识别系统，是酒店品牌的理念识别，它指的是酒店品牌包含的经营理念，即经营信条、价值观、经营方针和政策、企业精神与道德风尚、规章制度、酒店文化，是酒店品牌建设的基础，也是 CIS 的核心。很多酒店制定了表达酒店理念的广告口号，这些口号注重对顾客的尊重与服务，语言充满情感。让顾客在消费过程中获得精神和文化方面的享受。

（2）BIS 即行为识别系统，是在酒店理念指导下的全体员工自觉遵循的工作与行为方式。它通过酒店的服务质量、日常管理、竞争行为和对社会的责任体现出来。酒店内部行为识别包括传达与沟通、员工教育及行为规范化管理；酒店外部的行为识别包括市场调查、产品开发、公共关系、服务活动、广告活动、人员推销活动等。

（3）VIS 即视觉识别系统，是通过组织化、系统化、统一化的视觉传播设计，将酒店的经营理念和各项信息有计划地传达给社会，塑造酒店良好的独特形象。由文字、色彩和图案结合在一起，是酒店品牌形象的外在表现。这是最直接、最有效、最感性的视觉识别，包括酒店的标志、旗帜、招牌和基色及酒店的企业字体、印刷品、事务用品、交通工具和员工服饰。

4）品牌设计要求

（1）与产品密切联系，暗示产品效用或质量。

（2）力求简洁明快，易于认读、识别和记忆。

（3）与众不同的特色或寓意深刻，引人注目。

（4）符合传统文化。

（5）以创始人名字命名。

六、打造品牌认同的方法

（1）选择一个代名词。一提起这个代名词就可以想到某个品牌。如里茨-卡尔顿，它是"上流社会"的代名词。"里茨-卡尔顿"是一个酒店集团，总部设在美国，其服务质量和声誉在全球是最高的。它也是获得美国全行业最高质量奖的唯一一家酒店。

（2）采用并重复一句口号。香格里拉酒店的口号是"殷勤好客，香格里拉情"。里兹-卡尔顿酒店的口号是"我们是淑女和绅士，为淑女和绅士服务"。希尔顿酒店的座右铭是"你今天对客人微笑了没有"。希尔顿酒店的成功经验：勤奋、自信和微笑。

（3）选择一项符号、象征、标志、色彩建立品牌，以区别于竞争对手。

（4）酒店可以通过赞助各类活动营造品牌形象，或通过设计一些事件给公众带来惊奇或创造影响，引起媒体注意，从而宣传酒店品牌。

实训考核

一、知识训练

1. 解释酒店品牌的概念及特征。
2. 说明酒店建立品牌的意义。
3. 描述酒店品牌策略。
4. 指出酒店品牌建设的途径。
5. 列举打造酒店品牌的方法。

二、能力训练

案例 4-4 **希尔顿酒店的品牌策略**

希尔顿（Hilton Conrad，1887—1979），美国旅馆业巨头，人称旅店帝王。1887 年生于美国新墨西哥州，曾是控制美国经济的十大财阀之一。在 1919 年创建第一家以他名字命名的"希尔顿酒店"。希尔顿的"旅店帝国"已伸延到全世界，资产发展为数十亿美元。历经 85 年的风雨，"希尔顿"如今几乎已经成为连锁酒店的代名词。2002 年 4 月，在《全球金融》杂志的读者评选活动中，希尔顿酒店被评为"全球最佳连锁酒店"。这已经不是第一次了，在众多独立调查中，希尔顿都被看作是最好的酒店品牌之一。人们选择它的理由就是：安全、清洁和方便。可实际上，全球近 500 家希尔顿酒店却并不属于一个老板。

如果追溯到 1949 年，事情便不难理解了。那一年，希尔顿国际公司从希尔顿酒店公司中拆分出来，成为一家独立的子公司。1967 年至 1987 年间，希尔顿国际公司三次被收购，最后由前身为莱德布鲁克集团的希尔顿集团买下。尽管几易东家，但希尔顿酒店的风格却始终未变。目前，希尔顿酒店公司拥有在美国国内的希尔顿品牌使用权，而在美国之外的 200 多家希尔顿酒店则隶属于希尔顿国际公司，存在于两家公司之间的唯一联系就是每年能处理 3 000 万电话预订的希尔顿全球预订系统。希尔顿每年有很多创新产品，他们在全球推出了希尔顿会议室、希尔顿休息间等新产品。

问题讨论：

1. 为什么人们选择希尔顿酒店品牌？
2. 希尔顿的创新产品都用什么品牌？属于哪种品牌策略？

案例 4-5 **喜来登品牌**

喜来登是世界 500 强的喜达屋酒店及度假村管理集团旗下最大的一个品牌，主要分布在世界上最有吸引力的繁华的城市和度假村，为来自世界各地的商务客人和休闲旅游者提供高质量的服务。这些年来喜达屋强势进军亚洲市场并寻找其战略合作伙伴，而经济迅猛发展的中国更成为了其重要市场。依靠喜达屋巨大的集团品牌优势，喜来登稳步抢占中国市场。通过委托管理、特许经营及有选择的带资管理等方式，已在中国大都市和著名的旅游城市营业。厦门喜来登酒店为厦门市国际品牌豪华酒店，对厦门的旅游业和酒店业有着深远的影响，同时也标志着厦门在城市旅游和商业整体接待能力上的提升。

喜达屋集团在全球的主要市场中有着很强的品牌知名度，并在定价上处于领导地位。作为酒店业豪华高档细分市场中最大的酒店集团，喜达屋酒店的规模有力地支持它的核心市场营销和预订系统，喜来登酒店为休闲度假旅游者提供着宾至如归的服务。喜来登的承诺即为宾客提供广受欢迎、独一无二和意想不到的服务。

喜达屋优先顾客计划为全球旅行常客提供卓越非凡的宜人酒店组合、更快捷的积分累计和无日期限制的免费住宿奖励，更是首个可用积分兑换百余家航空公司机票的酒店顾客计划，真正享受自由旅行。在精英会员层面，中国的优先顾客计划会员有94%是该忠诚计划的活跃会员。此项酒店常客奖励计划，让每位会员可兑换世界顶级的度假胜地、豪华酒店、欧洲酒店和高尔夫球场酒店的免费住宿。此外优先顾客计划在中国最重要的发展是，客人一年会有超过10次旅游住宿，与去年同期相比增长超过40%以上。

问题讨论：

1. 喜达屋酒店及度假村管理集团是如何打造喜来登酒店这个品牌的？
2. 喜达屋酒店的优先顾客计划为常客提供了哪些奖励？

项目一小结

1. 酒店产品是有形产品和无形服务的综合体。它具有不可储存性，季节性，不可专利性，品牌忠诚度低，对信息的依赖性强，脆弱性，生产、销售和消费的同时性，不可转移性的特点。要树立酒店整体产品观念，顾客需要的产品不仅包括产品的核心利益，还包括产品的形式、对产品的期望、产品的附加的和潜在的利益。为了满足顾客需要，营销人员可以把酒店相关产品进行搭配和组合，产品组合由酒店产品的广度、长度、深度和关联性所决定。在组合中应该根据酒店具体情况采取不同的组合策略。当然组合策略不能一成不变，要时常考察酒店经营的产品是问题产品、明星产品、金牛产品还是属于瘦狗产品，从而进行调整产品组合结构。

2. 每个产品都有市场生命周期，可分为四个阶段，即投入期、成长期、成熟期、衰退期。每个阶段具有不同特点，所以应采取不同的营销策略，当产品处于成熟期后期时就应该开发新产品。应按照新产品开发过程的八个步骤进行，减少新产品开发的风险。

3. 酒店品牌是酒店的无形资产，具有个性化、排他性，是向市场传递酒店文化、经营理念、产品质量、消费档次等重要信息的工具。每家酒店根据自己的状况可以选择单一品牌策略、多品牌策略、新品牌策略、品牌延伸策略、酒店名牌策略。品牌建设的途径有多种，即挖掘酒店品牌文化价值、提升品牌内在价值、让顾客充分认识品牌个性价值、实施 CIS 战略。打造一个品牌的方法有选择一个代名词，采用一句口号，选择一项符号、象征、标志或色彩图案，赞助各类活动营造品牌形象。

参考资料信息

"会议专家"的会议产品
——记上海世博会议大酒店

上海世博会议大酒店的会议楼拥有大小会议厅室 34 个，所有大小会议室均有明亮的采光。其中能容纳 600 人以上的会议室有三个，最大的近千平方米的大宴会厅可举行千人大会。会议配套设施都是世界一流的，从 7 国语言的同声翻译、多媒体 LCD 投影仪、灯光音响、对讲控制器，到个人电脑、激光教鞭等近 30 种先进设备一应俱全，且存量充裕。从建筑设计到设备设施的会议产品"硬件"，优势可算是"先天条件"。

酒店对会议产品的"软件"更是高度重视，他们的口号是"保证客户满意，留住每一位客人"。其会议产品"软件"特色，主要有以下几点。

（1）组织结构：酒店设有宴会部（前称会议部），统管会议接待和宴会安排，归餐饮总监领导。宴会部主要负责运作，销售部负责会议接洽。但若客户需要，宴会部也可直接接洽会议。把会议和餐饮归在一个口子的组织结构，有利于为客户统筹安排，提高整体服务质量。

（2）培训：要求每一位员工必须熟知酒店的设施、服务内容和近期各项推广活动、重大客户会议等。这种培训流水式地进行，每两个月考试一次。如所有餐饮活动场所的位置、营业时间、菜式，当月"特别推广"的时段、价格、特色等。

（3）会前客户沟通制度：尽管任何会议确定下来后与客户都有合同，但仍有许多细节是不可能写入合同的。因此，在会议前，店方有关部门和人员与客户会务组进行详细对话，一一落实对口负责的人员，建立店客会议联络网。这样，既能在会前尽量考虑全面周密，又能在会议中随时沟通调整。

（4）提供产品的设计：会议的组织者并非都是内行，而且对先进的会议设备设施也有不少人不太熟悉。因此酒店根据客户会议的性质、人数和其他要求，主动精心设计两套以上方案供主办者选择。这种做法很受客户方具体操办者的欢迎，因为细节考虑得详尽，会议举办得圆满，最终是操办者脸上有光彩，是他个人成功的标志。

（5）不分等级的业务洽谈原则：以客户的喜好为标准，谁接会议谁就做总牵头人，没有级别高低之分。如果某客户专门找某主管级的人员联系会议，该主管就负责该会议的全部组织沟通工作，一般决策权均归该主管，由他说了算。这种灵活的原则，对内，能激励每个管理人员的事业心；对外，能加强与客户的亲近感，客户洽谈的对方都是能作决定的负责人。

(6) 协调跟踪制度：会议的全过程中，酒店有专职的协调员跟踪，每天甚至每时每刻听取客人意见，并及时将这些意见反馈到酒店有关部门。任何部门，从协调员那里收到这类信息，都设法尽快满足客人的需要。协调员的全部活动听从本次会议酒店方负责人（如前述可能是一位主管级管理者）的指挥，并对其负责。

(7) 文字化和表格化管理：会议服务是非常琐碎的、复杂的，也是多变的。靠口头、靠记忆就容易造成疏漏和失误。因此，酒店建立了会议检查、宴会检查、设备检查、客房布置检查、美工检查等近十种细致到家的会议前检查表格，一一落实，记录在案，照单执行。如一张"会前事件检查表"（Pre-event Check list）中包括了席卡、司机餐和欢送仪式等细节的近40项内容。

(8) 会议评价和反馈制度。会议结束后，酒店对会议服务质量进行综合评价。分为总体印象（下有指示方向明确性、员工态度、会议位置等7项）、技术设施（下有电子设备、视听设备、电话通信等8项）、会议期间（安全性等4项）、餐饮服务（5项）和结账（3项）五大类，按"优、良、中、差"打分。

此外，还要上门听取客户意见和反映，这既是一种诚意的表示，酒店又能从市场上得到改进会议服务的方向，并不断积累经验。每次会议都有完整的详细资料归档，这也是会议产品的个性化服务。

上海世博会议大酒店在上海会议市场上占有较多的份额，正是缘于它以"会议专家"的眼光和思路，策划、组织和销售独具特色的会议产品。

项目二 酒店产品价格策略

项目描述

本项目将阐述另一个营销组合要素即围绕产品进行的定价，包括餐饮产品定价方法及其策略、客房产品定价方法及其策略。

项目目标

【知识目标】了解酒店产品定价程序，掌握酒店餐饮产品和客房产品的定价策略和方法。

【能力目标】根据酒店销售状况，运用产品定价策略和定价方法，能够制定餐饮和客房产品的价格。

工作任务一　酒店餐饮产品定价策略

基围虾的价格

某天，某酒店在报上刊登出一则引人注目的广告：凡在 10 月 22 日晚去该酒店中餐厅就餐的客人，均能花一元钱买一斤（每人最多以一元钱的价格购买一斤）鲜活的基围虾。这则广告引发了市民两种截然不同的议论。

"基围虾一斤只卖一块钱，不吃才叫傻呢！"有人说。

"去吃的人才叫傻瓜一个呢！基围虾一斤一块钱，其他菜你点几个试试？"也有人这么说。

实际情况如何呢？那天晚上，该酒店大约有 50 张餐桌的餐厅全部爆满。服务员不得不对后来的客人再三致歉。在总经理的指示下餐饮部紧急制作卡片发放，对当晚 9 点以前仍不能入座的客人保证：凭卡隔日消费享受同等待遇。

当晚共销售基围虾三百余斤。

多数客人的消费并不仅限于基围虾，"吃相不好"者寥寥无几。有 3 位客人要了一壶茶加一斤基围虾，吃完后即"走人"，只花了 10 多块钱；还有 8 个人点了 3 斤基围虾和一份扬州炒饭，然后"拜拜"。不过，总经理却说，他最喜欢这几位客人，因为他们精明。

然而，有人认为，更精明的还是酒店的经营者。主管财务的经理说，推出特价销售的基围虾后，确有人认为他们会悄悄提高其他菜品的价格。"但这只是普通人的思路，"这位经理说，"每斤虾补贴 60 元，300 斤只是 1.8 万元，等于广告开支。这就是我们的思路。"的确，从餐厅的爆满和客人的一脸惊讶来看，这个广告策划给这些人留下了深刻的印象，效果远比司空见惯的"打×折"之类要好。

"试想，这些客人回去后会怎样宣传他们的'奇遇'啊！"酒店总经理的这句喜不自禁的话语，道出了他们一元钱卖一斤基围虾的个中滋味，实在是很引人深思的。

分析案例请回答：

1. 为什么基围虾卖一元一斤倒贴 1.8 万元，俱乐部总经理还愿意这样做？

2. 试想这些客人回去后会怎样宣传他们的"奇遇"。

 相关知识

一、饭店产品定价程序

1. 酒店产品价格在营销中的意义

酒店产品价格就是酒店的顾客购买酒店产品所需要支付的货币量。酒店产品价格在营销中的意义有两点。

（1）酒店产品价格是营销组合的一个重要因素，价格是作用最直接、见效最快的一个变量，也是唯一一个与酒店可能获取的收入大小直接相关的营销手段。价格运用如何，在很大程度上取决于价格策略的质量。

（2）价格是否合理，对于产品的销售、产品在市场上的竞争地位、产品的市场占有率、企业的营业额和利润都会产生极大的影响。

2. 制定价格的程序

一般包括以下步骤。

1）确定酒店产品的定价目标（即营销目标）

餐饮产品的定价目标应与餐厅及酒店经营的总体目标相协调，具体菜品价格的制定必须以定价目标为指导思想。

（1）以维持生存为目标进行定价。尽量压低产品价格，只求保本经营，等市场情况好转、需求回升或酒店餐厅有知名度后再提升价格。

（2）以利润为导向的定价目标。

① 追求利润最大化；

② 以一定的投资收益率为定价目标；

③ 以获取合理利润为定价目标。

餐厅根据酒店下达的利润指标，预测经营期内将涉及的经营成本和费用，计算出完成利润目标必须完成的营业收入计算公式如下：

要求达到的收入指标 = 目标利润 + 食品饮料的原料成本 + 经营费用 + 营业税

餐厅营业收入的多少取决于两个关键因素：一是来餐厅用餐的客人平均消费额；二是餐厅座位周转率。

客人平均消费额 = 计划期餐饮收入额/（座位数×座位周转率×每天餐数×计划期天数）

计算出的客人平均消费额仅是一个大体消费区限，各类菜肴视具体情况而定，并且还要看每类菜肴占菜品营业收入的百分比，再来确定各类菜的大概价格范围，这应与顾客对菜品的需求及顾客愿意支付的价格水平相协调。

（3）以竞争导向的定价目标。

① 以稳定价格为定价目标；

② 以应付和避免竞争为定价目标。

实力雄厚的企业可选择高于一般竞争产品的定价目标；实力相当可采取随行就市的定价目标；经济实力较弱，要低于领袖价格。

（4）以扩大市场占有率为定价目标。在餐厅遇到激烈竞争时，为了扩大或保持市场的高占有率，甚至为了控制市场，采用薄利多销的策略。在定价时力求增加客源、增加菜品的销售数量，将菜品价格定的比同行低些，以增强酒店竞争力，招徕更多的客源，提高酒店的知名度，吸引回头客。

（5）以保持稳定为导向的定价目标。

① 以维持市场占有率为目标；

② 以稳定价格为目标；

③ 以维持企业形象为目标。

有些高星级酒店在餐饮产品的定价目标上，以树立自己在社会上的企业形象为主导，不会轻易随着市场行情的变化而涨价或降价，以此来树立自己在客源定位的消费群体中的形象和信誉。一般产品价格较高，产品质量较好，可以给酒店带来较高利润。

2）测定市场需求

即预测市场状况，如果供不应求，价格定得高一些；如果供过于求，价格定得低一些。

（1）酒店客源的需求具有不稳定性、替代性及综合性等特征；受淡旺季影响。

（2）酒店顾客的需求是多种多样，并且是有层次的；如客房产品中标准间的需求价格弹性较小，而豪华套房的需求价格弹性就比较大。餐饮产品中特色菜品的需求价格弹性较小。

（3）在其他条件都不变的情况下，酒店产品的需求量是与其自身价格成反比关系的。

3）估算成本

菜品的售价是由菜品的原料成本、菜品的加工费用、销售费用、税金和利润构成。菜品原料成本是由主料、辅料、调料组成。菜品的成本是制定菜品价格的基础，也是菜品价格的主要部分。

4）分析营销组合策略对价格的影响

营销组合要素包括产品、价格、渠道、促销。其他三个要素的实施策略会影响餐饮产品的价格制定。产品质量的好坏、处于生命周期的不同阶段、销售渠道的长短、促销费用的多少都会影响该产品的价格。

5）分析竞争状况

（1）分析企业竞争地位，在不同的市场结构中营销人员的定价权利也不同。经济学家将市场划分为四种不同的市场结构：一是完全竞争市场结构、二是垄断竞争市场结构、三是寡头市场结构、四是完全垄断市场结构。酒店市场属于垄断竞争型。垄断是指由于产品差别（商标、质量、特色等）的存在，每一个生产者都对自己的产品有垄断权，但同时可替代的同类产品的生产者又为数众多，彼此间展开激烈的竞争，价格就是在这种竞争中形成的。

（2）协调企业的定价方向，一旦酒店了解竞争对手的产品和价格，它就可以把竞争对手的价格当作定价的基点，也可以制定与竞争对手相似的价格、制定比竞争对手更低或更高的价格。

（3）估计竞争对手的反应，如果本企业采用高价高利润，会吸引竞争者进入，反之会阻止竞争者进入或将竞争者淘汰出局。

6）分析其他环境因素

包括经济因素（通货膨胀、萧条、利息率等）、政策因素、相关法律法规，以及货币、财政、税收政策等。

7）选择定价方法

影响价格的主要因素有成本、需求和竞争三个方面，形成了以下三种方法。

（1）成本导向定价法，是以产品的单位成本为中心来定价的方法。

（2）需求导向定价法，是以顾客对酒店产品价值的理解和认知程度为依据来制定价格。

（3）竞争导向定价法，是以竞争为中心、以竞争对手的定价为依据进行定价。

8）确定最终价格

（1）基本价格。菜单价目表开列的菜价，要求宾客支付的普通价格。

① 零点菜单菜品价格：针对散客点菜，餐厅按菜点大、中、小盘制定的零售价格；最后注明收取服务费标准。

② 套菜菜单菜品价格：它是在各类组菜品中选配若干菜品组合在一起以一个包价销售。早餐菜单价格有美式早餐（在欧陆式早餐的基础上增加肉类食物和蛋类食物）、欧陆式早餐（面包、黄油、果酱、咖啡加热牛奶、凉奶或水果汁）。

③ 混合式菜单菜品价格：西餐有些餐厅的混合式菜单以定菜形式为主，但同时欢迎宾客再随意点用其中任何主菜并以零点形式单独付款；有的餐厅使用的混合式菜单以零点形式为主，但凡主菜都有两种价格，一是零点价格，一是定菜价格，吃定菜的宾客在选定主菜后可以在其他各类菜中选择价格控制在一定限额内的菜式作为辅菜。

④ 宴会菜单菜品价格：会议菜单如自助餐就要按照每位消费食品和服务的标准定价，如宴会按每桌一套菜品的价格加上一定比例的服务费来定价。

⑤ 特种菜单菜品价格：根据顾客特殊要求而制定的菜品价格。

（2）优惠价格。是为了获取其他方面的利益而对基本价作各种折扣的价格。主要有数量折扣、时间折扣和付款条件折扣。

（3）合同价格。又称批发价，是酒店给予中间商的价格。制定价格要求：

① 价格的制定与企业预期的定价目标的一致性；

② 符合国家政策法令的有关规定；

③ 符合消费者整体及长远利益；

④ 与企业市场营销组合中的非价格因素协调一致。

二、酒店餐饮产品定价方法

1. 成本导向定价法

1）毛利率定价法

（1）成本毛利率定价法（成本加成定价法）。

餐饮产品成本包括原料成本（主料、辅料、调料成本）、加工费、服务费和分摊的管理费用。

成批制作产品：

单位产品原料成本 = 本批产品所耗用的原料总成本/产品数量

单个加工的菜肴：

单位产品原料成本 = 主料成本 + 辅料成本 + 调料成本

毛利是餐饮产品的售价减去成本后得到的部分，它包括税金和利润。

毛利 = 产品售价 – 食品成本

毛利 = 税金 + 利润

按产品单位成本加上一定比例的毛利，定出销售价格。毛利也称为加成。

单位产品毛利额占单位产品成本的比率叫成本加成率或成本毛利率，也叫外加毛利率。

成本加成率 = 单位产品毛利额/单位产品成本 ×100%

单位产品售价 = 单位产品成本 ×（1 + 成本加成率）

例如，某菜肴的原料成本为 10 元，餐饮经理确定成本加成率为 40%，那么该菜肴的价格为 14 元。

由于高档餐厅在产品定价时，不但考虑食品原料成本，还要考虑餐厅的地理位置、声誉、气氛、菜肴的外观等，是根据多种因素来制定的。

成本加成定价法被普遍应用的原因：① 卖方确定成本比对需求的估计更容易；② 在同一行业的所有企业可能都使用这种方法，价格会趋于相似，从而价格竞争会减少到最小；③ 许多人感到成本加成定价对买方和卖方来讲都比较公平。

（2）销售毛利率定价法。

① 菜品定价。把单位产品毛利额与单位产品售价之间的比率称为销售毛利率（内扣毛利率）。

销售毛利率 =（单位产品毛利额/单位产品销售价格）×100%

单位产品售价 = 产品成本/（1 – 销售毛利率）

餐饮产品定价通常采用销售毛利率。

例如，清蒸鲑鱼一份，主料为新鲜鲑鱼 725 克，12 元；配料笋片、黑木耳、葱等 2.00 元，调料 1.00 元，餐饮部规定销售毛利率是 50%，问该菜品的销售价格是多少？

销售价格 =（12 + 2 + 1）/（1 – 50%）= 30.00（元）

在实际工作中，往往将毛利率分为三类：第一类是单个餐饮产品的毛利率，它反映的是某个具体餐饮产品的毛利率水平；第二类是分类毛利率，即按餐饮产品的不同类别制定毛利率水平；如蔬菜类产品、肉类产品、海鲜产品、饮料酒水类；第三类是综合毛利率，又称平均毛利率，它反映整个酒店餐饮产品或餐饮企业毛利率的水平，是通过餐饮企业在一定时期内的销售总额和毛利总额来计算的。计算公式为：

$$综合毛利率 = （毛利总额／销售总额） \times 100\%$$
$$毛利总额 = 销售总额 - 餐饮产品成本$$

② 酒单的定价。酒水的定价与其成本关系密切，定价必须以其成本为基础，餐厅酒水的销售方式不同，定价也不同。

第一类：整瓶销售。大多数酒水和饮料是以整瓶或整罐进行销售的，这些酒水饮料的售价为：

$$售价 = 每瓶酒的进价／预订成本率$$

预订的饮料成本率为：独立的经济型餐厅高于50%，独立的高级餐厅是等于或少于50%，酒店内餐厅是在25%～35%。

例如：一瓶白酒的进价为30元，那么其售价为：

$$售价（独立的经济型餐厅） = 30/60\% = 50 （元）$$
$$售价（独立的高级餐厅） = 30/40\% = 75 （元）$$
$$售价（酒店内餐厅） = 30/25\% = 120 （元）$$

第二类：半瓶销售。半瓶酒的售价比整瓶酒的售价要高一些，因为价钱较少而被点的比例比较高，可估为整瓶酒售价的55%～70%。

第三类：单杯销售。单杯酒的点饮率较高，由于单杯销售需要较多的人力并且会有一部分酒流失，所以其成本会提高，单杯酒的成本率可预期低一点，算出的售价会较高。

单杯售价 = 整瓶酒的进价／｛〔（每瓶容量 - 每瓶允许流失量）／每杯容量〕／成本率｝

第四类：混合销售。鸡尾酒是由两种或两种以上的酒水饮料和某些食物（如果汁等）混合而成，鸡尾酒的销售属于混合销售。混合销售时的售价计算公式为：

鸡尾酒售价 = ｛主材料整瓶售价／〔（每瓶容量 - 每瓶允许流失量）／每杯容量〕+
〔其他配料整瓶售价／（每瓶容量／每杯容量）〕+ 其他副材料价值｝／成本率

鸡尾酒的成本率一般定为25%～33%。

成本加成定价法的优点在于简便、易行，企业如采用此方法定价则不必根据市场形势及需求的变化频繁调整产品的价格。如果行业内的企业都采取这种定价方法，市场上同种产品的价格不会相差太大，可以避免诸如价格战之类恶性竞争局面的出现。另外，成本加成定价法对买卖双方都相对公平，即使市场上出现了供不应求的状况，酒店也不会利用这种供求形势去牟取暴利，而是获得相对公平的利润。

但这种定价方法的缺点也显而易见，它只考虑了成本，而忽视了市场需求、竞争状况和消费者心理等因素，是典型的生产导向型观念的产物，在市场环境和生产成本变动较为剧烈的情况下不能使企业获得最佳的经济效益，因而在现实中很少有酒店完全按照这种定价方法来为自己的产品制定价格。但因为它的简便易行，在通货膨胀率较高时会得到普遍应用，另外它在酒店餐饮部门的应用也比较广泛。

2）盈亏平衡定价法

在预测餐饮产品销售量和已知固定成本和变动成本的前提下通过求解盈亏平衡点来制定产品价格。这种定价方法的关键在于正确地预测市场在不同价格下的销售量。

盈亏平衡点（Q_0）也称保本点，是指一定价格水平下，酒店在收支平衡、利润为零时的销售量。

$$Q_0 = F / (P - V)$$

$$保本价格\ P_0 = (F + VQ_0) / Q_0$$

其中，F——总固定成本；

　　　P——单价；

　　　V——单位变动成本。

酒店经营的目标是获得利润（P_1），因此在定价时要将目标利润加入，假设目标利润为 L，则可以得出下列公式：

$$P_1 = (F + VQ_0 + L) / Q_0$$

例如，某种饮料单价为每瓶18元，单位变动成本2元，总固定成本为6 400元，那么该产品销售量达到多少才能不亏不盈？

$$保本点销量\ Q_0 = 6\ 400 / (18 - 2) = 400（瓶）$$

又如，假设某酒店拥有110套客房，平均日房价是36美元，变动成本为12美元/占用房，总固定成本为33 984美元/月。问需要出租多少客房才能保本？

$$每月出租客房数 = 33\ 984 / (36 - 12)$$
$$= 1\ 416（间/月）$$

3）目标收益率定价法

先定一个目标收益率作为核定价格的标准，根据目标收益率计算出目标利润总额。以便在达到预计的销售量时，能实现预订的收益目标。

酒店目标利润总额 = 酒店总投资额 × 酒店投资报酬率

单位产品价格 = （总成本 + 目标利润总额）/预测的销售量

利润 = 销售收入 - 成本 - 营业税

销售单价 × 销售量 = 成本 + 销售单价 × 营业税率 + 利润

销售单价 $P = [(FC + PA) / Q + VC] / (1 - S)$

其中，P——销售单价；

　　　FC——固定成本总额；

　　　PA——利润总额；

　　　Q——销售量；

　　　VC——单位产品变动成本；

S——营业税率。

例如，某酒店有 400 间客房，全部客房年度固定成本总额为 400 万美元，单位变动成本为 15 美元/（天·间），预测出租率为 80%，年度利润目标为 120 万美元，客房的营业税率是销售收入的 5%，试确定客房的价格。

$$销售价格 = [(400 万 + 120 万)/(400 \times 365 \times 80\%) + 15]/(1 - 5\%)$$
$$= 46.86 美元$$

2. 需求导向定价法

1）理解价值定价法

理解价值定价法是以顾客对酒店产品价值的感受及理解程度作为定价的依据。顾客对酒店产品价值的理解不同，会形成不同的价格限度，这个限度就是顾客愿意支付货币而不愿失去这次购买机会的价格。如果酒店制定的价格刚好定在这一限度内，顾客就会顺利购买。所以酒店产品的价格尽可能地靠拢宾客的认知价值；如果顾客对产品价格不理解，要改变宾客的主观价值评价，对顾客进行合理的适当的引导，使顾客对酒店现行价格认可。运用理解价值定价法的关键是，要用自己的产品同竞争对手的产品相比较找到比较准确的理解价值。因此，在定价前必须做好营销调研，否则定价过高或过低都会造成损失。定价高于买方的理解价值，顾客就会转移其他地方，销售量就会受到损失；定价低于买方的理解价值，销售额就会减少，同样受到损失。

2）需求导向定价法

需求导向定价法是将同一产品或服务，定出两种或多种价格，运用在各种需求强度不同的细分市场上。

（1）产品价格因顾客而异。

（2）产品价格因产品而异，如早餐菜单价格有美式早餐、欧陆式早餐。

（3）产品价格因时间而异，如早、午、晚。

（4）产品价格因地理位置而异。

差别定价的差价大小要适宜。不会招致宾客的误解和反感。如酒店采用百分比差价法：五种等级的单人房房价分别为 50 元、60 元、72 元、86 元、104 元，相邻等级差价都为 20%。各种等级的客房在位置、方向、面积、家具等方面应有明显区别，使宾客相信房价的差别是合理的。

采用需求差别定价法应当注意以下几点。

（1）等级差价是按质论价原则的具体运用。酒店客房的接待对象、面积、位置、朝向、结构、设备、装潢布置等的不同应该反映在价格的级差上。因此价格分等应体现客房的等级，要使客人相信房价的差别是合理的。

（2）等级差价的差价大小要适宜。有的酒店用固定差价法确定不同等级的房价，如三种等级的房价分别为 30 美元、40 美元和 50 美元，相邻等级固定差价为 10 美元。还有些酒店采用百分比差价法，如五种等级的单人房房价分别为 50 美元、60 美元、72 美元、86 美元、

104 美元，相邻等级差价皆为 20%，这样，较低几种房价间差额较小，欲选择 50 美元级客房者在不能满足时亦可能接受 60 美元的房价，而对选择高价客房者来说，又不会过于计较差价。显然后一种定价方式更加富于竞争性。

（3）酒店房价差别定价方法要与市场细分相联系。比如商务客对价格挑剔较少，散客房价比团体房价要高 10%～20%，因此旅游酒店、商务酒店应根据各自的接待对象定出合乎实际的差价。

3. 竞争导向定价法

1）随行就市定价法

本酒店产品与同行业竞争产品的现行市场价格水平保持一致，即同升同降。这样本酒店能与竞争者和平相处，避免激烈竞争而产生风险，也能带来合理的利润。这种方法忽视了顾客的价值观念；盲目以竞争对手的价格为本酒店产品的定价依据，就不能制定出合理的价格。

2）竞争差异定价法

酒店以本地同行业竞争对手产品的价格为标准结合本酒店产品实际情况制定酒店产品价格。本酒店不占优势的产品，竞争对手的价格是本企业产品价格的上限，要定低一些。本酒店占优势的产品要定得比竞争对手高。有些产品与竞争对手产品的价格保持一致。

3）追随核心酒店定价法

在酒店市场上，一些有名望、市场份额占有率高的酒店往往左右着酒店价格水平的波动，在一些存在着酒店集团多少有点垄断性的市场上，它们的价格决策往往影响更大。精明的酒店营销人员在激烈的竞争中眼睛时时盯着别人，特别是竞争对手，以及对市场价格起主导作用的酒店动向。

竞争导向定价采用最普遍的是追随定价法。之所以普遍，主要是因为许多酒店对于顾客和竞争者的反应难以做出准确的估计，自己也难于制定出合理的价格。于是追随竞争者的价格，你升我也升，你降我也降。在高度竞争的同一产品市场上，消费者特别是大客户旅行社对酒店的行情了如指掌，价格稍有出入，顾客就会涌向价廉的酒店。因此一家酒店跌价，其他酒店也追随其跌价，否则便要失去一定的市场份额。对于一个产品（客房）不能存储的行业来说，竞争者之间的相互制约关系表现得特别突出。相反，竞争对手提高价格，也会促使酒店作出涨价的决策，以获得较高的经济效益。

三、酒店餐饮产品定价策略

1. 新产品定价策略

1）撇脂定价策略（新产品定价）

酒店的新产品进入市场时，利用顾客求新消费心理，抓住激烈竞争还没有出现的时机，有目的地把价格定得很高，以便在短时间内获取尽可能多的利润，以尽快收回投资的策略。

撇脂定价的优点是迅速收回投资；容易形成高价、优质、名牌形象；拥有较大的调价空间。缺点是：高价产品的需求规模有限；产品利润丰厚会引致竞争，仿制品、替代品大量出现；在某种程度上损害消费者利益。这种策略适用于全新产品、受专利保护产品、需求价格弹性小的产品。

2）渗透定价策略

酒店新产品进入市场时，利用顾客求实惠消费心理，有意把价格定得很低从而吸引顾客，采取薄利多销的办法尽快打入市场并占领市场，来谋取远期的利润。渗透定价的优点是：新产品能迅速占领市场；微利阻止了竞争者的进入；可增强企业的市场竞争力。缺点是：利润微薄；降低企业优质产品的形象。适用于需求价格弹性大、生产和分销成本随产量和销量的扩大而降低、有潜在市场规模的产品。

采用渗透价格策略，酒店惯用的做法是：

① 不急于给市场报价，具体做法往往先出小册子再加插页报价格；

② 报价的同时，加注有关附加条款，诸如"旺季加"多少、"机场税加"多少等；

③ 解体产品，分项定价；

④ 增加最低订货额度，经常见到的如"不少于"多少；

⑤ 降低质量，降低成本，减少辅助服务；

⑥ 公开降价，风险太大，保险的办法是回扣和"桌面下"的交易。

3）满意定价策略

价格水平适中，避免引来竞争风险，顾客对价格比较满意，又能缩短投资回收期，实现盈利。缺点是定价比较保守，难以适应复杂多变的市场环境。

2. 心理定价策略

1）整数定价

针对顾客求名求方便心理，把产品价格有意定为整数。整数的价格可以给顾客产生一种递增的效果，暗示产品质量很高，也暗示自己的身价很高。这种定价策略比较适合于高档、名牌的酒店产品，容易使消费者产生"一分钱一分货"的购买意识，有助于企业提高经济效益。

2）尾数定价

即给酒店产品制定一个非"整数"价格，从而给消费者留下一个经过精确计算的最低价格的心理。这种定价策略一般适用于经济型的酒店产品和服务。

尾数定为奇数主要采用9和5，顾客对奇数有好感容易产生一种价格低廉或产生递减的效果。尾数定为偶数主要采用8和6，由于8与"发"谐音，意味发财，酒店业定价中8的采用率很高。

价格的第一个数字比其他数字都要重要，顾客经常根据第一个数字来指导消费。

价格数字的位数应尽量少一些，在给一些菜肴定价时，尽量使菜肴的价格低于100元、10元，这样定价就不会引起顾客的抵触。

在定价时尽量使菜肴的价格保持在一定范围内。如果酒店在调整价格时，仍保持在原有的价格范围内，通常变动幅度在 10% 以内，顾客就不易发觉；一年内调价次数不宜多于 3 次，这样容易为顾客接受。

3）声望定价策略

利用顾客求名心理，主要针对消费者"价高质必优"的心理，酒店把有声望的产品制定的价格高于市场同类产品价格的策略。这种价格能有效消除顾客对酒店产品的不信任感，通过购买这种产品顾客得到了荣誉感，也证明了自己的社会地位和声望。另外有些顾客在购买酒店产品时，首先通过价格来判断酒店产品质量的高低。所以酒店在制定价格时，要针对自己客人的档次考虑价格对酒店声望的影响，制定恰当的价格。

这种定价策略适用于名牌酒店产品，或者是产品质量尚不为人所知、购买风险较大的酒店产品，其目的不仅是使酒店获得较高的单位产品利润，而且以出售高价优质的产品在市场上不断提高酒店的声望，同时也满足了部分消费者希望通过购买这种酒店产品提高自身价值和社会地位的求名心理和炫耀心理。

酒店如采取声望定价策略，必须保证产品的高质量，并高度重视消费者对酒店产品需求的变化，尽最大可能地使产品迎合旅游者的消费偏好，以维护和巩固消费者对酒店的信任感。

4）招徕定价

招徕定价是利用顾客求廉的消费心理，有意把少数产品价格定得比市价低以招徕顾客的策略。借机招徕消费者并带动和扩大其他产品的销售，从而使酒店整体获得较高收益。

（1）廉价出售某些产品。吸引顾客在购买这些产品的同时，购买其他产品。采用这种做法的，常把部分产品的几个定得特别低，甚至低于成本费用，以便给消费者一种价格低廉的印象，以此招徕顾客参观。虽然出售某些廉价菜肴或饮料会无利可获，但是从整体考虑，由于顾客也必须购买其他菜肴或饮料，不仅可收回这些廉价品所失去的利润，还可提高总营业收入数额或总利润数额。

（2）特别减价销售。在某些季节和节日，降低价格，招徕生意。采用这种价格策略，需要和广告宣传活动紧密配合，希望通过扩大销售量降低成本。一般说来，在淡季时或产品滞销时采用这种做法更为适宜。

酒店执行招徕定价策略的目的在于：希望通过"特价产品"将消费者吸引到酒店里来，在购买特价产品的同时购买其他产品或服务，从而提高酒店的整体效益；而有时"特价产品"推出只是为了引起消费者的注意，造成某种"轰动效应"，使企业从众多竞争者中"脱颖而出"。一般情况下，采取招徕定价策略应与相应的广告宣传相配合。

3. 折扣和折让定价策略

1）现金折扣

现金折扣策略是指酒店为鼓励中间商以现金付款或尽早付款而给予的一定的价格折扣的

策略。如2/10，net30，应在30天内付清货款，但如果在交货后10天内付款，照价给予2%的现金折扣。

酒店采用现金折扣策略主要是为了加强企业的收现能力，加快企业的资金周转速度，减少资金被占用所产生的费用，降低产生呆账和坏账的风险。比如客房在成交后10天内付款，就可得到1%的现金折扣；20天内付款，就可得到0.5%的折扣。采用这种方法的目的是改善酒店资金周转状况，减少呆账损失，降低收款费用。

2）数量折扣

数量折扣是指对购买达到一定数量的给予一定折扣的策略，其目的是刺激消费者或中间商（如旅行社等）购买酒店的产品。酒店为了鼓励买方大批量购买自己的产品，通常以数量折扣的形式将企业的一部分利润让渡给买方。数量折扣策略又分为一次性批量折扣和累计批量折扣。

3）季节折扣

季节折扣指酒店在销售淡季时，为鼓励消费者购买产品而给予的一种折扣优惠策略。旅游目的地的气候因素、传统节日及客源市场的假期等因素的综合作用，造成了酒店特别是度假型酒店市场季节性强的特点，与此同时也带来了淡季时大量服务设施闲置的问题。为提高服务设施的利用率，酒店可在淡季时进行折价销售，但是前提是必须保证降价后所增加的营业收入高于所增加的变动成本，同时也应考虑企业的形象（特别是豪华酒店），在淡季时不能将价格降得太低。比如有关部门制定了一个旅游黄金年酒店客房优惠价格，规定旺季标准间房价优惠10%，平季优惠25%，淡季优惠40%，团队价格可在此基础上再优惠至少10%。

4）同业折扣

同业折扣策略是指酒店根据各类中间商在销售中所起作用的不同而给予不同的价格折扣。一般来说，大型中间商（如网络中间商、大型旅行社、航空公司等）销售的酒店产品的数量要多于规模较小的中间商（如小型旅行社），因而酒店给予大型中间商的折扣一般要大于其他中间商。酒店实行同业折扣策略的目的在于激励各类中间商的销售积极性，以尽最大可能向市场销售酒店的产品。

5）推广让价

推广让价是针对营销渠道，如旅行社或协作酒店等为酒店提供各种促销工作或以津贴形式或以让价形式的推广而给予的一种酬谢。例如，上海某酒店给予顾客一种转让，每介绍一位客人，10%的房价返回给介绍者。

6）实物折扣

酒店对于购买者以实物形式予以激励的一种折扣策略。如酒店对入住客人免费提供早餐、对就餐客人赠送果盘。餐厅中，买一盘菜品赠送一盘或赠送一瓶饮料。

4. 酒店产品组合定价策略

现代酒店都是经营多种产品，在定价时应着眼于整个产品组合的利润实现最大化，而不是单个产品。酒店产品组合策略就是对酒店相关产品进行综合考虑和评价，从中找出一组满意价格，使整个产品组合利润最大化。

1）产品线定价

在定价时首先确定某种产品价格为最低价格，它在产品线中充当招徕价格、吸引顾客购买产品线中其他产品的角色；其次，确定产品线中某种产品为最高价格，它在产品线中充当品牌质量象征和收回投资的角色；第三，产品线中的其他产品也分别依据其在产品线中的角色不同而制定不同的价格。定价时应决定产品线中各相互关联产品之间的价格梯级。

在对组合产品定价时必须综合考虑四个因素：

① 各产品间的成本差距；

② 产品间相互替代程度；

③ 顾客对产品线各关联产品的评价；

④ 竞争者同类产品的价格状况。

如果某一产品价格不合理，将直接影响整个产品线中其他产品的销售水平，进而影响产品线的总利润。酒店提供的产品和服务往往是一个整体。由于产品线上各产品的需求、成本及竞争程度的不同，因此要想定出合适的价格是有困难的。

2）连带产品定价

连带产品就是必须与主产品一同使用的产品，酒店在定价时采取对主产品定低价而对其连带产品定高价。有些餐厅是其主产品菜肴价格定的较低，副产品为酒水、水果，价格定得偏高，附属产品为糕点则可持平价。另外有些酒店暂时将少数几种产品降价来吸引客户，以招徕生意。如保龄球的每局价格降得很低以吸引客户大量购买，同时抬升饮料价格以收回利润。所以要选择好主产品和连带产品的组合，以免出现客人抵制购买现象。

3）产品捆绑定价

酒店通常把几种产品组合在一起，售价低于分别购买这些产品的总价格。产品捆绑定价促进了那些顾客在别的情况下可能不会购买的产品的销售，但是捆绑产品的价格必须足够低，才能吸引顾客购买整个组合。

 实训考核

一、知识训练

1. 列出酒店制定产品价格的步骤。

2. 列出酒店典型的营销目标，你认为哪一种是最经常被使用的。

3. 列出酒店产品最终价格的三种形式。

4. 描述酒店餐饮产品定价的方法。

5. 描述酒店餐饮产品定价策略。

二、能力训练

案例 4-5　　　　　　　　　"菜价均一"，所有菜一律 8 元

眼下，许多酒店打出了平民化、大众化或者"薄利多销"的招牌，却并未赢得客人的青睐，究其原因，并不是价格让步够不够的问题，也不完全是服务质量不到位的问题。是否真正考虑了客人的消费习惯、降低了客人消费的门槛也很关键，一句话，酒店需要更深入地研究客人。

所有商品统一价格、一律 10 元的"10 元店"，曾在天津百货商品经营中红极一时，这种让人感到新奇且颇有价格诱惑力的营销方式，近年来已开始走进餐饮业。在沈阳街头可以看到，一些餐厅酒店纷纷打出所有菜品一律 8 元的招牌以吸引消费者，这种做法确实给不少店家带来了生意。现如今，人们为图方便和调剂口味，到饭馆、餐厅吃顿饭已经很平常了，只是由于菜价的原因让工薪族总要掂量许久。统一菜价的做法则让人们不用再去斟酌价格，只考虑个人口味就可以了。而且把菜价定在 8 元，有的餐馆还定在 6 元和 5 元，工薪族消费者也普遍能够接受。在某餐馆里，门前的菜品招牌和店堂内的菜谱上都标明这是家菜价均一店，九寸盘的分量也很足，在此就餐的客人都觉得很实惠，味道也不错。自从改为 8 元店以来，日营业额直线上升，刚开始日营业额不到 700 元。仅仅一个月时间，日营业额早已过了千元，周末和假日则更高。

业内人士认为，菜价均一不仅是为了方便结账，这也是行业竞争激烈、餐馆价位普遍向工薪阶层倾斜的一种表现。

问题讨论：

1. 菜价均一为什么受到客人的热烈欢迎？
2. 在制定菜品价格时要考虑哪些影响因素？

案例 4-6

休布雷公司生产的皇冠伏特加酒是美国顶尖的伏特加品牌。几年前，皇冠伏特加受到另一品牌沃尔夫·史密特伏特加的冲击。其每瓶价格比皇冠伏特加低 1 美元。但声称具有和皇冠伏特加相同的品质。为了维持市场份额，休布雷公司考虑要么把皇冠伏特加降价 1 美元，要么维持其价格不变，但是增加广告和促销支出。每一种策略都会导致利润降低，因此休布雷公司面临着一个两难的困境。然而就在此时，休布雷公司的营销人员想出了第三种战略：他们把皇冠伏特加的价格提高了 1 美元，又引进另外一种品牌 Relska，与沃尔夫·史密特伏特加竞争；并且另外引进了一种新品牌 Popov，其定价甚至比皇冠伏特加都高。从而大幅度提高了休布雷公司的总利润。其实休布雷公司的这三种品牌在口感和生产成本方面几乎完全相同。

问题讨论：

1. 休布雷公司采取的价格策略会形成怎样的产品价格档次？

2. 休布雷公司把皇冠伏特加酒的价格提高了 1 美元是什么样的一种策略？

案例 4-7

香格里拉酒店提供一个周末服务打包，包括两夜的住宿、免费赠送的早餐、有男仆服务的停车场和两张当地主题公园的门票。

问题讨论：

1. 香格里拉酒店提供一个周末服务打包，是产品组合定价策略的哪一种？

2. 这种策略促进了哪种产品的销售？

工作任务二　酒店客房产品定价策略

引导案例

沙漠度假地酒店卖什么

位于智利北部的阿塔卡马沙漠，有一个高档度假酒店。酒店只有 52 间客房，平均收费659 美元/（人·间·夜），由"探险"酒店管理集团经营管理。酒店的卖点在于探险，它的目标市场是探险旅游者。酒店在旅游地为顾客组织了 35 个探险活动，包括：步行、远足、骑马、登山、攀岩、驾车探险远征等。根据探险游客的平均逗留时间，酒店推出了四天游2 636 美元的包价节目。这包价包括四个晚上的住宿、四天的所有饮食及探险旅游活动费用，喝酒另外收费。为了安全和管理，每项探险活动最多 10 人参加。每天在晚餐前，由顾客选择第二天的活动内容。

在这遥远的沙漠地经营度假酒店，营造一种探险旅游的氛围是非常重要的。针对探险旅游度假者喜欢放松自己、享受宁静的特点，酒店客房内没有配备电视机和影碟播放机，只有卫星天线连接的电话。在阿塔卡马沙漠酒店听到的唯一声音就是鸟鸣和夏天房间内天花板上老式风扇的呼呼声。

厨师长为探险游客准备了清淡、新鲜而可口的菜肴。新鲜的蔬菜、水果都是随每天的航班运来的。当然这些成本也都计算在昂贵的房价内。这家只有 52 间客房的度假酒店，虽然地理位置远在沙漠边缘，日常供应有着诸多的不便，但他们的产品、服务和设计的节目完全符合他们的目标市场即探险旅游者的需求。所以，他们经营很成功，业绩十分理想。

分析案例请回答：

1. 这个度假酒店产品组合定价应用了哪种定价策略？
2. 这个酒店的产品、服务和设计的节目是如何满足探险旅游者的需求的？

 相关知识

一、酒店客房定价方法

1. 以成本为中心的定价法

这是以酒店经营成本为基础制定客房产品价格的一种方法，以客房产品成本加企业盈利就是产品价格。

客房成本包括建筑投资及由此而产生的利息、客房设备、修缮费、物资用品、土地资源使用费、客房人员工资福利、经营管理费、保险费及营业税。

（1）成本加成定价法。是按客房产品成本加上若干百分比的加成额进行定价。公式为

客房价格 ＝ ［每间客房总成本 × （1 ＋加成率）］／（1 －营业税率）

（2）目标收益定价法。是根据酒店的总成本和估计的总销售量，确定一个投资报酬率作为定价的依据，然后根据总投资额计算出一定的目标利润，以期在一定时期内全部收回投资。

酒店目标利润总额 ＝酒店总投资额 ×酒店投资报酬率

单位产品价格 ＝ （总成本 ＋目标利润总额）/预测的销售量

这种定价方法在酒店业运用比较广泛，考虑了投资消费水平、收入、价格和利润等因素，可以保证实现既定的投资报酬率。投资报酬率是一个综合性概念，既包括向国家缴纳的各种税金，又包括企业自身盈利，新建酒店还包括成本利息，其数值的高低各酒店根据自己的实际情况裁定，一般不低于银行存款利率。

（3）千分之一法。或称作经验定价法，这是一种传统的客房定价方法，是人们在长期的酒店经营管理的实践中总结出来的一般规律。这种方法以酒店建造总投资额为基础，总投资中包括两大项：一项是建材、设备、内装修及各种用具的成本；一项是建造中耗用资金利息费用、所需的各种技术与人员培训等费用。总投资额除以酒店客房数，即为一标准客房平均建造成本，然后再除以 1 000，便得出该店的平均房价。

平均房价 ＝ （酒店建造总投资额/酒店客房数） ×1‰

千分之一法使酒店销售人员可以迅速地作出价格决策，但是这种方法把房价同过去的建造费用联系在一起，而未考虑当前的各项费用和通货膨胀因素，因此使用上有很大的局限性。

（4）盈亏平衡定价法。在预测产品销售量和已知固定成本和变动成本的前提下通过求解盈亏平衡点来求出保本价格，从而制定产品价格。公式为

客房价格＝每间客房日费用额/（1－营业税率）

其中，每间客房日费用额包括客房固定费用分摊额和变动费用部分。客房固定费用日分摊额可依据不同类型客房的使用面积进行分摊，客房变动费用总额可以按客房间数进行分摊。

每平方米使用面积固定费用＝全年客房固定费用总额/（客房总使用面积×年日历天数×出租率）

每间客房日变动费用＝全年客房变动费用总额/（客房数×年日历天数×出租率）

每间客房日费用额＝客房使用面积×每平方米使用面积固定费用＋每间客房日变动费用

（5）赫伯特定价法（Hubbart formula）。赫伯特定价法是美国酒店业协会提出的一种类似于目标收益法的定价方法，主要被用来制定酒店的客房价格。就是以目标投资回报率作为定价的出发点，预测酒店经营的各项收入和费用，测算出计划平均价格。它的特点是结合了酒店业的具体情况，计算价格时考虑了酒店的各种税费开支。其公式为：

客房部需达销售额＝酒店总投资×目标投资回收率＋酒店管理与营业费用＋

客房部经营费用－其他部门经营利润

客房平均价格＝客房部需达销售额/（可供出租的房间数×365×年均客房出租率）

酒店管理营业费用包括折旧、税金、保险费、行政管理费用、推销广告费用、客房部经营费用等。这种方法的缺点是客房部必须承担实现计划投资收益率的最终责任。其他营业部门经济效率低，不应当由房价来弥补；这种办法是根据预计的营业额来确定房价的，而没有考虑顾客的需求。

2. 以需求为中心的定价方法

（1）理解价值定价法。就是根据客人理解的某种价值来制定价格，这就要求酒店运用营销组合中的非价格因素影响客人，使其对酒店客房产品形成一种价值概念，并根据这种价值概念制定相应的价格。

（2）需求差异定价法。就是根据酒店不同细分市场的需求差异确定客房价格。要充分考虑顾客的需求心理、产品的差异、地区和时间差异等因素制定不同价格。

国际上大多数酒店都确定了3～5个等级的客房价格。客房在300间以下的酒店常分为三个等级，如表4－1所列。

表4－1　客房在300间以下的酒店房价分级

房价	定价目的	客房数量
最低等级即经济级房价	为了竞争的需要，表明这个酒店设施虽然高级，但房价却很便宜	约占客房总数的10%左右
标准间级房价	是酒店向客人推销的主体	约占客房总数的80%
套间和高级套间房价	代表着酒店的豪华程度，设有这种套间可以吸引更多的商务旅游者	约占客房总数的10%左右

客房在300间以上的酒店常分为五个等级，如表4－2所列。

表 4 - 2　客房在 300 间以上的酒店房价分级

房价	定价目的	客房数量
最高房价	代表着酒店的豪华程度，设有这种套间可以吸引更多的商务旅游者	10%
次高房价	吸引更多的商务旅游者，是酒店向客人推销的主体	20%
客房取平均房价	是酒店向客人推销的主体	40%
次低房价	竞争对手的最低价	20%
最低房价	把最低等级价格订得低于竞争对手的价格，处于较有利的地位，又能获得较高的经济收益	10%

① 等级差价是按质论价原则的具体运用。酒店客房的接待对象、面积、位置、朝向、结构、设备、装潢布置等的不同应该反映在价格的级差上。因此价格分等应体现客房的等级，要使客人相信房价的差别是合理的。

② 差别定价的差价大小要适宜，不会招致宾客的误解和反感。

3. 以竞争为中心的定价法

（1）随行就市定价法。它以竞争对手客房产品的平均价格水平作为定价依据，而对本酒店的成本和市场需求考虑较少。价格制定者认为市价在一定程度上反映了行业的集体智慧，随行就市定价能使本酒店获得稳定的收益率，减少定价的风险。

（2）率先定价法。就是根据市场竞争环境，率先制定出符合市场行情的客房价格，以吸引客人而争取主动的方法。

二、酒店客房定价策略

1. 小包价策略

酒店为客人提供一揽子报价，除房费外，还可包括餐费、游览费、交通费等其他费用以方便客人。

2. 折扣定价策略

酒店向常客、长住客、订房客人或其他有特殊身份的客人提供的优惠房价，包括以下几种。

（1）现金折扣。如客房在成交后 10 天内付款，就可得到 1% 的现金折扣；20 天内付款，就可得到 0.5% 的折扣。

（2）数量折扣策略又分为一次性批量折扣和累计批量折扣。

① 一次性批量折扣便于酒店大批量生产和销售产品，有利于其降低成本，加快资金的周转速度。

② 累计批量折扣则是对在一定时期内累计购买酒店产品的数量或金额超过规定数额的常客、长住客、订房客或其他有特殊身份的客人的价格折扣，例如某旅游酒店规定对累计入住六次（含六次）以上的顾客给予房价八折的优惠待遇。实行这种价格策略的目的在于与最终消费者或中间商建立长期友好的合作关系，一批忠诚的消费者和中间商可以帮助企业更好地

应对激烈的市场竞争。

例如，有的酒店对散客、会议和团队采取不同的折扣率，比如分别为 10%、20% 和 40%；有的酒店采取奖励住房办法，宾客入住满 6 天便可以获得一晚全免房；或实行一次性优惠卡，逾期退房至下午 6 点，免收半天房费，等等。

（3）季节折扣。酒店在经营淡季时一般要在标准房价的基础上，下浮一定的百分比而制定的房价。旺季时一般要在标准房价的基础上，上浮一定百分比而制定的房价。

（4）同业折扣。同业折扣策略是指酒店根据各类中间商在销售中所起作用的不同而给予不同的价格折扣。一般来说，大型中间商（如网络中间商、大型旅行社、航空公司等）销售的酒店产品的数量要多于规模较小的中间商（如小型旅行社），因而酒店给予大型中间商的折扣一般要大于其他中间商。酒店实行同业折扣策略的目的在于激励各类中间商的销售积极性，以尽最大可能地向市场销售酒店的产品。

（5）推广让价。如美国国际希尔顿集团向旅行社收取净房价，如果旅行社为团队或散客代订房，则向他们收取的价格比规定的团队价、散客价低 15%。

（6）实物折扣。如美国凯悦饭店公司规定，旅行社为宾客每预订 24 间客房，该公司就免费向旅行社提供一间客房。

3. 时段房价策略

根据不同时间段制定不同房价，白天租用价是酒店为白天到酒店休息但不在酒店过夜的客人所提供的房价。白天租用价一般按半天房费收取，但目前更多的酒店按小时收费。有时专门对周五、周六、周日住店客人生效的价格。周末价是一种公寓式房价，也就是不论多少人同住该客房，它的房价不变。

4. 免费策略

为了促进客房销售，建立良好的公共关系，酒店还为某些特殊客人提供免费房。按惯例还需对满 15 名付费成员的团队免费提供双人间客房的一张床位，即所谓十六免一。

5. 限制房价策略

如果根据预测，将来某个时期的客房出租率很高，这时就会对房价进行限制。采取限制出租低价客房或特殊房价客房；不接待或少接待团队客人，如果酒店按较低折扣价格提前接受过多团体预订，就会失去将来按标准价接受公务旅游者的需求量；尽量限制房价打折，尽量限制打折的房间数量，并缩短付折扣顾客的滞留时间；将那些不打折就无法售出去的客房销售出去，同时使其余客房维持较高价格；不接受住一天的客人；目的是提高实际平均房价。

6. 最后一分钟定价策略

由于酒店的产品具有不可储存的特点，某一天未出售的产品到了第二天将不具有任何价值（其中以客房最为典型），因此酒店业出现了所谓的最后一分钟产品销售市场，也相应地出现了"最后一分钟定价"策略。例如，某酒店一种普通标准间的门市价为 398 元/（间·

天），每间客房的固定成本 100 元/（间·天），变动成本 60 元/（间·天），如果在最后时刻（如某一天的傍晚七八点钟时）该客房要么只能以 120 元的价格售出，要么就无法实现销售时，酒店的经营者往往会选择前者（当酒店处于经营淡季时尤其如此），因为虽然 120 元的价格不足以弥补该种客房的全部成本，但由于其固定成本是已经投入，120 元的销售所得至少可以弥补变动成本并获得 60 元的收益，可以部分地弥补 100 元的固定成本，否则就相当于损失了 100 元。

7. 俱乐部房价策略

对坐落在俱乐部楼层、商务行政楼层或者其他有专人守卫区域的客房指定的价格。它高于非俱乐部级别楼层的同类客房门市价。

三、酒店客房价格类型

1. 客房价格类型

（1）门市价。又称标准房价或挂牌价，是由酒店管理部门制定的，价目表上明确公布的各类客房的现行价格。该价格不含任何服务费或折扣。门市价应当用作定位价，它能够使顾客和中间商在将本酒店同其竞争者以及同其他市场中所有酒店进行比较后，对本酒店的质量产生某种认知，门市价是一种基准价格，其他各种折扣价都是在门市价的基础上打折形成的。一般说门市价的幅度越大越好，就是从一个酒店中条件最差的房间（不打折的全价）到条件最好的房间（定价略高于距离最近的竞争者同类房间的价格），价格幅度尽量要大。一方面酒店可以通过控制价位最低的全价客房的销售和存量实现收益最大化；另一方面可以在顾客心目中树立本酒店是当地最好酒店的印象。

（2）协议价。包括商务协议价和长包房协议价。

① 商务协议价是指酒店与有关公司或机构签订房价合同，并按合同规定向对方客人以优惠价格出租客房。房价优惠的幅度要看对方能够提供客源量及客人在酒店的消费水平。

② 长包房协议价是指承租 30 天以上的包房价，如航空公司机组人员的包房、搬迁期间的包房和培训班包房。

（3）团队价。是酒店提供给旅行社团队、会议团队及航空公司机组人员等团队客人的一种折扣房价。根据购买量、租住天数、旅行社的重要性、淡旺季等不同情况而确定房价。

（4）批量价。是面向客房的批量购买者实行的一种特定价格。客户所预订的客房量越大，对客户实行的批量价也就越低。批量价应根据客户或社团客户的名称而专有所指。

（5）散客价。散客一般不通过旅行社，直接向酒店进行预订，或者只经过预订网络系统一个环节等。散客价比门市价低，比其他价格高，是一种优惠价。

（6）网络价。客人通过网络系统预订客房，享受网络价。网络价一般比散客价低，比协议价、团队价及批量价高。

（7）折扣价。酒店向常客、长住客、订房客人或其他有特殊身份的客人提供不同比例的折扣的优惠房价。各种折扣价都是在门市价的基础上按照折扣比例形成的。

2. 客房计价方式

按照国际惯例计价方式有五种。

（1）欧式计价：是指酒店标出的客房价格只包括客人的住宿费用，不包括其他服务费用的计价方式。这种方式在美国及世界绝大多数酒店被广泛使用。我国的酒店也基本上采用这种计价方式。

（2）美式计价：是指酒店标出的客房价格不仅包括客人的住宿费用，还包括每日三餐的全部费用。因此，又被称为全费计价方式。

（3）欧陆式计价：是指酒店标出的客房价格包括客人的住宿费用和每日一顿欧陆式简单早餐的计价方式。欧陆式早餐主要包括冻果汁、烤面包、咖啡或茶。有些国家把这种计价方式称为"床位连早餐"计价。

（4）百慕大式计价：是指酒店标出的客房价格包括客人的住宿费用和每日一顿美式早餐的计价方式。美式早餐除含有欧陆式早餐的内容以外通常还包括火腿、香肠、咸肉等肉类和鸡蛋。

（5）修正美式计价：是指酒店标出的客房价格包括客人的住宿费用和早餐，还包括一顿午餐或晚餐（二者任选一个）的费用。

✎ **实训考核**

一、知识训练

1. 描述酒店客房产品定价的方法，列出酒店制定产品价格的步骤。
2. 描述酒店客房产品定价策略。
3. 列出酒店客房产品价格的七种类型。
4. 列出按照国际惯例客房计价五种方式。

二、能力训练

在你所在的地区对几家五星级酒店或四星级酒店做一个客房价格的调查，各家酒店定价方法是哪一种。

案例 4 - 8 **周末房价比周中便宜**

周末房价比周中便宜，这在北京、上海和广州等大城市的商务酒店是一个惯例。沈阳喜来登酒店最近也新推出类似优惠，实行周末特价包房。这是沈阳酒店周中和周末房价的首次双轨运行。沈阳喜来登酒店周末特价包房的具体优惠是：3 晚包房的价格为 2 188 元，平均每个晚上的价格是 729 元/间，而喜来登酒店正常的价格是 938 元/间，加上服务费之后，费用是 1 033 元/间。按此计算，周末房价比周中便宜了 300 元/间左右。喜来登酒店是商务型酒店，面对的客户是商务人士，周末市场的需求肯定比周中要小，如果是度假型酒店，周末的价格反而比周中更高。

问题讨论：

1. 喜来登酒店在周末如何通过价格对客房进行促销？
2. 商务酒店为什么周末房价比周中便宜？采取什么样的定价策略？

案例 4 - 9　　　　　　　　区分时段的弹性房价

杰克和妻子计划同儿子帕克全家、女儿海伦全家共赴佛罗里达州的棕榈湾游玩、休假一周。他们约好下榻某家酒店。杰克和妻子先到酒店，入住每天 120 美元的标准房。杰克在总台要求打折，服务员说："上午入住，我们收全价，不能打折扣，如您下午、晚上入住，将享受更便宜的价格"。杰克挑选了一件朝向大海的房间，心想尽管多付了些钱，但天天可眺望大海、沙滩、树林和晒阳光浴的人群。女儿一家于下午 5 点到达，房价已降到 90 美元。儿子一家来得最晚，总台房价已降到 60 美元，帕克很得意。没几天，就从其他游客那儿得知，晚间 11 时前后，只要还有空房，标准间房价仅 40 美元，套间、豪华房间也仅收一半的价钱，比周围的其他酒店便宜得多。原来该酒店实行弹性房价制，将全天 24 小时划分成不同的时间段，以上午 10 时前后为标准价（门市价）；下午、傍晚、深夜分别推出较低的价格，以吸引那些犹豫不定、尚在选择之中的客人，显示出价格竞争上的优势。当然，第一天价低，后两天也享受同一价格。但 3 天以后、7 天之内恢复原价。事实上，大多数游客一般住两三天，腾出空房后，仍能获得好价钱。

问题讨论：

1. 该酒店将全天 24 小时分成几个时段？
2. 针对不同时段采取哪些定价策略？

 项目二小结

1. 酒店定价应按照定价程序进行，即第一步确定酒店产品的定价目标；第二步测定市场需求；第三步估算成本；第四步分析营销组合策略对价格的影响；第五步分析竞争状况；第六步分析其他环境因素；第七步选择定价方法；第八步确定最终价格。酒店餐饮产品定价方法有成本导向定价法、需求导向定价法和竞争导向定价法。

2. 酒店的餐饮产品定价策略包括新产品定价策略、心理定价策略、折扣折让定价策略和产品组合定价策略。

3. 酒店客房产品不同于餐饮产品，虽然它也是以成本、需求、竞争为基础进行定价，但具体定价方法又有所不同。客房价格的类型有门市价、协议价、折扣价、批量价、散客价、网络价和团队价，每种价格的计价方式有五种，即美式计价、欧陆式计价、百慕大式计价、欧式计价和修正美式计价。

 参考资料信息

国际酒店集团的"客户忠诚计划"

酒店集团	客户忠诚计划内容
Howard Johnson 酒店与度假酒店	成员入住所有的 Howard Johnson 的合格消费均可获得超级里程点数，可折合为免费房间或 Avis 租车、航空里程数
凯悦饭店集团	以合格房价的每元消费计 5 分，可折合为免费房间、免费机票
泛太平洋酒店与度假酒店	包括升档、公司价、免费报纸和延时离店
Wingatge 酒店集团	成员入住 9 晚可获得 1 晚免费住房、A Advangtage 等级 2 500 英里里程数或大陆等级 2 500 英里里程数

项目三 酒店营销渠道策略

 项目描述

项目三将介绍营销组合的第三个要素：营销渠道，酒店在将产品和服务提供给顾客的过程中，除了直接销售给宾客以外，还需要通过中间商把产品和服务提供给最终消费者或企业客户。中间商可以收集市场信息、进行促销信息的发布、联络各个买方并与各家进行价格谈判，还可以进行融资，减少酒店资金不足的压力，承担在营销渠道中遇到的一些风险。所以对酒店来说，开辟营销渠道利用中间商是非常必要的。本项目包括酒店分销渠道模式和酒店分销渠道管理两个任务。

 项目目标

【知识目标】了解酒店营销渠道的含义和功能；掌握酒店营销渠道运作模式；掌握酒店营销渠道中的主要中间商及其特点。

【能力目标】掌握酒店销售渠道选择的策略，能够运用不同分销渠道销售酒店产品，拓展酒店客源。

工作任务一 酒店分销渠道模式

 **引导案例**

马里奥特酒店网络营销战略

能居安思危、未雨绸缪的管理者，不会放弃网络这个具有生机的营销利器。

1996 年，美国的《饭店》杂志评出了全球十佳酒店网站，仅有 3 家豪华酒店连锁集团入围。其中马里奥特排名第 5，位居所有豪华酒店集团之首。自 1995 年 6 月，假日酒店集团首次将电脑预订网络与因特网相连以来，各大酒店集团纷纷推出各自的网上预订业务。在马里奥特推出网上服务的第一年，预订额已超过 100 万美元，与同行相比，业绩骄人。但马里奥特并未就此满足，在运行一段时间后，马里奥特对其网站进行了一系列重要的改进，目的是使访问者能更快、更有效地浏览。1997 年 6 月，马里奥特网站重新推出后，其月访问量几乎翻了一番，从 19.5 万人次增加到 35 万人次。网上预订金额在头一个月就突破了 100 万美元，全年网上收益在 1 500 万美元以上，比上一年度增加了 15 倍。1998 年预订额达到了 3 500 万美元。马里奥特网站的成功，一方面得益于因特网商业迅猛发展的大趋势，但更重要的是马里奥特网站"顾客至上"的设计思想和丰富及时的内容。它的主要特点体现在以下几个方面。

（1）交互式地图系统。马里奥特是接待业界内第一家提供在线交互式地图和定位系统的公司。上网浏览的顾客可以利用这种地图系统，确定美国国内任何一家马里奥特成员酒店的位置。一旦确定好地点，顾客就可以放大或缩小画面，以目睹其全貌或细节。浏览者还可以在地图画面覆盖范围内方便地将自己感兴趣的公司、旅行代理商、娱乐场所等信息搜集、整理出来。另外，只要输入出发点和目的地，系统就会自动给出大概的驾车时间和往返的最佳路径，并可输出大量的当地信息。

（2）简捷的预订流程。马里奥特采用了非常可靠的服务器，以确保机密、敏感的信用卡安全无误。而且只需区区几分钟，顾客就能顺利安全地完成预订，并获得确认号码。

（3）常客奖励计划。马里奥特不仅给购买本公司产品和服务的顾客提供奖励，同时把这种优惠给予购买其服务伙伴公司的产品和服务的顾客。这些包括维萨（Visa）、美国运通（American express）、赫兹（Hertz，美国最大的租运公司）、美国电报电话公司（AT&T）等著名企业集团。通过这种手段，马里奥特与它们形成了密切的战略联盟关系，使双方的销售能够相互促进，从而大大提高了各自的市场竞争能力。马里奥特的这些举措，受到了广大旅游者，尤其是公务旅游者的热烈欢迎。1998 年 8.24 万名世界各地的经常旅行者评出了全球最受欢迎的两个酒店计划，马里奥特的常客奖励计划就是其中之一。同时，这个计划还被《在飞机乘务客内部》和《国际商务旅行者》的读者评为年度最佳酒店奖励计划。

（4）旅行代理商区域。旅行代理商是马里奥特的重要顾客，马里奥特充分考虑他们的需要，专门为他们划出一块区域，该区域包含所有对搜索有用的相关信息和服务，代理商只需在该区域中某个地方输入自己的"国际运输协会式"（LATA）号码，即可获得完全的预订佣金。

分析案例请回答：

1. 什么是网络营销？网络营销具有哪些特征？

2. 马里奥特的网络营销对其自身的发展有何影响？

相关知识

一、酒店分销渠道的作用

1. 酒店分销渠道概念

营销渠道，是商品由生产领域向消费领域运动过程中所经历的线路和线路上一切活动的总和。

酒店分销渠道是酒店将产品或服务提供给消费者和商业客户过程中参与流通活动的个人和各种独立组织的集合。它由酒店、中间商和酒店最终消费者组成，有长短、宽窄之分。

2. 酒店分销渠道的职能

（1）调查市场，收集反馈信息。与酒店生产相比，酒店中间商拥有更好的调查研究市场的条件。因为在消费者的眼里，他既是卖方，又是消费者利益的保护者，一旦他们对产品的质量有所不满，便会向酒店中间商投诉，这就形成一个庞大的信息网。通过它，酒店中间商向生产提出建议，使产需对路、产销配合后，努力实现最佳经济效益。

（2）参与促销，扩大客源。能否不断地扩大客源是酒店成功的关键，这就需要中间商共同开发市场，参与各种促销活动吸引各个层次的顾客。

（3）组合酒店产品。酒店产品和旅游活动密切联系，酒店中间商同时可以向参与者提供食宿、交通、购买旅游产品，和酒店产品一起形成一个系列，满足消费者的要求。

（4）调节供需。可以弥合酒店产品、服务与使用者之间的时空缺口，平衡供求关系。

（5）资金融通。本来由酒店一家进行的营销活动，渠道分担后必然也分摊了营销成本，相对减少了酒店投资。

（6）风险分散。减少了酒店独立承担营销的风险。

3. 酒店分销渠道的作用

（1）节省销售费用。简化了与消费者接触的程序，降低了交易费用与成本。

（2）可以弥补酒店营销财力与人力的不足。中间商利用自己的销售网络，扩大了酒店市场覆盖面。

旅游中间商与最终顾客之间的空间距离近，更便于顾客购买。

（3）可以发挥中间商的营销优势。酒店中间商起着沟通酒店与顾客的作用，了解顾客需求，也富有销售经验。旅游中间商能向顾客推荐更适合其需要的产品，从而提高顾客满意度。

（4）可以分担酒店一部分风险。

二、酒店中间商的类型

1. 旅行社

1）旅行社种类

（1）旅行社代理商（旅游零售商）。它通过自己的销售网点，将整合旅游产品直接销售给旅游者。旅游代理商可以是独立经营，也可以是某个旅行批发商或经销商的下属机构。它代为出售其旅游线路和旅游项目，受酒店委托销售酒店产品。构成酒店销售网的一环。旅游代理商按与酒店签订的合同规定的价格出售旅游产品，按销售额一定比例提取佣金，一般为10%～20%。酒店必须为旅行代理商提供免费预订电话。那些从旅行代理商得到大量预订的酒店都设有一个专门为代理商服务的电话。代理商希望很快得到付款，希望与其开展业务的酒店迅速支付佣金。为代理商服务的酒店应该记住，代理商是把它们的顾客委托给了酒店。酒店必须尽力给代理商介绍来的客人留下良好的印象，以便日后还能从该代理商那里得到业务。

（2）旅行社经销商（旅游经销商）。它将单项旅游产品组合成旅游线路销售给旅游代理商；也有自己的销售点面向公众直接销售，兼有旅游批发商和旅游代理商的双重身份。

（3）旅行社批发商（旅游批发商）。只组合旅游产品销售给旅游经销商和旅游代理商，不直接面对公众销售。与交通部门、酒店、旅游景点及其他餐饮娱乐部门直接谈判，将这些单项旅游产品组合成旅游线路，确定一个包价。在每个旅游团的活动及日程安排好后，旅游批发商向这些单位发出日程安排表并做出预订，然后交由旅游经销商和代理商将包价旅游项目出售给团队或散客。

旅行社批发商的营业收入主要包括从各种交通公司等得到的代理佣金和酒店订房差价所得到的收益。一般酒店要给予其25%～45%的价格优惠。如果旅游批发商组织的包价游，包括在酒店内的包价餐饮，旅游批发商还可以从酒店得到占包饭价格10%左右的佣金。

2）旅行社订房的特点

（1）订房数量大。

（2）订房价格低。

（3）订房时间集中。

（4）订房取消率高。

（5）订房连续性强。

2. 酒店代表

当目标市场距离酒店很远时或文化差异使得外界力量很难渗透该市场时，可安排当地的酒店销售代表在特定的地区推销酒店的客房和服务。某一家酒店销售代表不可以为竞争酒店服务，他们领取佣金或工资，或两者兼得。选择销售代表一定要慎重，频繁更换销售代表既浪费又低效。

3. 专门的酒店预订组织

这是一种单纯的酒店预订组织，除代理客房销售外，还通过本系统的传播媒体，为成员酒店促销。行业协会和预订系统使酒店业的营销覆盖面越来越大，随着业务的国际化，协会的成员将更多地使用酒店协会和预订系统进行营销活动。

（1）酒店集团预订系统。预订系统为酒店提供了预订服务，它们经常为小型连锁酒店提供这种服务或为某些酒店提供海外预订服务，使国际游客拨打当地电话就可以与酒店取得联系。这些预订系统也为独立的酒店服务，并取得 15% 的佣金。

① 假日酒店集团的预订系统为"Holidex"。

② 马里奥特酒店集团的预订系统为"Marsha"。

③ 全球最主要的酒店市场推广及代表机构之一——SRS-WORLDHOTELS，为独立经营的酒店及酒店集团提供最佳的销售、市场推广及房间预订服务。

（2）酒店协会。是酒店业为了共同的利益而联合成立的组织。行业协会允许其成员酒店独立地拥有资产所有权和经营权，同时使每家酒店都得意于行业协会的整体营销，如世界一流酒店组织、西方最佳国际酒店集团。

（3）特许经营组织。专门的酒店预订组织中最为著名的当属尤特尔国际有限公司 Utell Intenational LTD。Utell 是一家总部在英国的酒店代理公司，遍及 180 个国家与地区，代表了超过 6 500 家等级各异的酒店。此外还有最受欢迎酒店组织（Pre-ferred Hotels）、世界一流酒店组织（Leading Hotels of the World）、旅行信息公司（Travel Resource）、德尔顿全球预订公司（Delton Global Reservstions）、选择酒店预订系统（Choice）等。

4. 全球预订系统（GDSs）

这是一种计算机化的预订系统，它可以被看作是旅游代理商和其他接待业产品分销商的产品目录。

亚美达斯/系统一号（Amadeus/System）是排名首位的全球分销系统，连接着 155 000 多家旅行社。它的收入额为 24 亿美元。除了 Amadeus 之外，还有阿波罗/伽利略（Apollo/Galileo）系统；塞伯（Sabre）和沃斯本/艾伯克斯系统（Worldspan/Abacus）。Amadeus 是西欧和拉丁美洲的领头羊。在 GDSs 扩大网络能力的同时，旅游代理商也在向其他酒店业产品扩展。

5. 互联网——在线预订渠道

今天，互联网已成为一种重要的分销渠道。旅游交易可通过网络预订。网上预订创造了数百亿美元的收入。大型酒店联号，如希尔顿和马里奥特，平均每年网上客房预订额达到5亿美元。网络预订渠道主要有三个。

① 第三方在线代理商，如携程、艺龙等进行网上预订模式。

② 以旅行社、航空公司为主的传统代理商进行的网络销售模式。

③ 酒店官网开展的在线预订模式。

互联网有许多优点。例如，它可以一天24小时、一周7天营业，可以覆盖全球，也可以传送彩色图片，还可以节省劳动力。网络很好地验证了服务企业如何使顾客成为它们的员工。当顾客进行网上预订购物时，它就像是一名预订代理商。马里奥特酒店的网站取代了100名全日制雇员、他们的办公大楼及所需设备。

网络分销渠道成本低，为独立的经销商进入世界市场开辟了道路。它使经营多个景点的经销商能够提供所代理景点的信息，比如彩色宣传册和有指导的景点游览展示——这项信息对于散客旅游者和旅行代理商都非常有价值。

三、酒店分销渠道的模式

在产品和服务从酒店转移到顾客的过程中，任何一个对产品和服务拥有所有权（使用权）或负有推销责任的机构和个人，就叫一个渠道层次，渠道层次的构成即销售渠道模式。酒店销售渠道模式如图4−1所示。

渠道1称为直接销售渠道，没有销售中间机构。它是指酒店直接将产品出售给顾客。通过宾客直接到酒店购买、酒店自设门市部、顾客直接预订的途径销售酒店产品。

优点：节省销售费用，快速卖出酒店产品。

缺点：销售范围窄，不能迅速提高销售量。

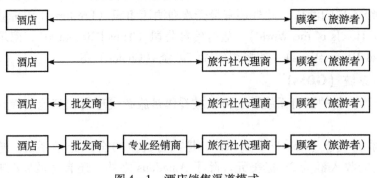

图4−1 酒店销售渠道模式

渠道 2 包括一个销售中间机构。这个中间机构通常是旅行社代理商，它以酒店产品零售价卖给顾客。

优点：环节较少，有利于酒店产品快速推向市场。

缺点：销售范围较小，规模有限。

渠道 3 包括两个中间机构，通常是一个批发商和一个零售商。较小的酒店一般使用这种渠道类型。

优点：批发商一般规模大，网点遍布，酒店借助批发商可以把酒店产品分销到更大的范围和更远目标市场，适用于规模大的企业。

缺点：渠道长度增加，产品流转速度放慢，渠道费用上升。

渠道 4 包括三个中间机构。批发商从酒店大批量购买产品，再将产品批发出售给那些专业经销商，由专业经销商批发出售给小型零售商，零售商以零售价卖给顾客。

优点：销售范围进一步扩大，销售量进一步提高。

缺点：由于中间层次多，产品流转速度相对更慢，渠道费用更高，销售效率降低的可能性加大。

不同客人选择预订渠道也有差别。

（1）团队客人。团队旅游一般由海外批发商组成旅游团后交给国内的外联旅行社接待，外联旅行社又分段委托给各地的接待社。旅客所需的酒店、餐食、服务都是由旅行社预订的，所需费用是由旅行社逐级下拨的。可见典型的团队渠道是一种三环节间接渠道。除了旅行社之外，一些政府部门，文化、体育、科学等部门也组成一些团队。会议客人也可组成团队。

（2）零散客人。散客旅游已成为国际旅游的重要方面，即便在观光旅游者中也有很大一部分属于散客。散客的消费水平一般比团队高，特别是散客中的商务旅游者。酒店招徕商务散客的最佳渠道是与一些国外大公司建立业务关系。这些公司直接与酒店签订长期包价协议，安排一般商务旅游者下榻酒店。招徕商务客人的另一渠道是同外商驻华机构建立关系，目标是这些机构的客户。

散客渠道同团队渠道有很大的区别。散客一般不通过旅行社，直接向酒店进行预订，或者其中只经过一个环节，如预订网络系统等。因此散客渠道策略就具有分散、多样、数量大的特点。

酒店利用散客渠道，较好的办法是加入酒店预订系统，也可以委托旅行社，主要是国外旅行社代为预订酒店，同外商机构、外航机构建立关系，同其他酒店建立互相介绍客源的业务关系，在市中心建立外国游客接待处，在车站机场设立散客接待点等。目前国内民航航班的准点率较低，因此常常会取消或推迟起飞，这些误点班机散客为一宗大生意，酒店为此争夺得很厉害。

酒店散客中有相当多是通过直接营销渠道而来的，客人直接找到酒店，在前台登记入住。因此酒店总台要有服务意识，做好直接销售工作。一般来说，口碑的作用比起其他的销售手段来，效果更佳、成本更低。

 **实训考核**

一、知识训练

1. 解释为什么酒店要应用分销渠道。
2. 列出酒店中间商的类型。
3. 描述酒店分销渠道的模式。

二、能力训练

全班分成三组，分别对三星、四星、五星级酒店网站的预订系统进行调查，看看每家酒店运用的是什么预订系统并在酒店前厅做一次接受宾客网上预订的操作演练。写出该酒店的预订系统并写出接受宾客网上预订的操作步骤的调查报告。

全班分成四组，分别在旅行社、携程网、酒店官网、酒店前台预订标准间客房一间，比较哪个预订渠道更加快捷、价格最低，并说明哪个网站的页面更有吸引力。

案例 4-10

酒店销售方法日新月异，某酒店为适应市场变化，建立了酒店自己的网站，对酒店的宣传及品牌的建立起到了很好的推动作用。进入旅游旺季后，该酒店的平均住房率达到了90%。

一天总台来了一位客人，客人告知已有预订，总台人员根据客人提供的预订信息为客人快捷地办理了入住手续。客人在行李生的陪同下来到房间，对房间很满意。因还有朋友要来，于是客人打电话到总台："你好，我的一位朋友今天会过来住，但是他没有提前预订，请问还有房间吗？价格是多少？"总台告知还有房间，并问是否有协议。确认没有协议后，总台告诉客人：豪华商务间价格是558元/（间·夜）（送一份早餐）。客人听到后很诧异：我在网上提前预订的同样房间价格都是598元/（间·夜）（送一份早餐），怎么直接到总台还便宜些。客人打电话到大堂副理处，非常气愤地提出了自己的疑问……

问题讨论：

1. 网络营销有哪些优点？
2. 酒店在自己网站上销售时应及时调整哪些方面的信息？

工作任务二　酒店分销渠道管理

 **引导案例**

希尔顿酒店的销售渠道采用多元化的模式

1. 中央预订系统：希尔顿酒店配备了免费私人旅行商预订专线，配备 40 个预订员与旅行商接洽，全天提供客房信息，还有通过 Sabre、Apollo、System one 等的自动订票服务。

2. 中央佣金支付：加入佣金项目的旅行商，希尔顿饭店每 2 周用佣金支票结算一次，其他佣金是当客人离店 48 小时后结算。

3. 希尔顿酒店直拨：它是免费顾客问询和会议安排系统，为顾客提供 24 小时内的客房存量、价格及会议设施信息。

4. 旅行商帮助柜台免费专线：为旅行商提供预订信息服务。

5. 旅行商顾问团：由 9 名旅游业专家及 5 名希尔顿酒店管理人员构成，为公司旅行商项目提供反馈信息，确保酒店与旅行商的关系得到不断的改善。

希尔顿酒店公司对新技术的发展保持高度的敏感性。当他们认为新技术能够给顾客提供更快更好的服务、能够提高酒店的工作效率时，就积极地尝试把其应用在日常经营中。其中最为典型的是希尔顿的中央预订服务。1973 年，所有希尔顿酒店统一使用 CRS，这在当时是酒店客房服务的一大突破。1999 年 4 月，希尔顿酒店公司宣布使用新的中央预订系统（Hilstar），这一系统耗资 3 000 万美元，使全世界 500 多家酒店联成网络。

1995 年 8 月，希尔顿因特网站开通，希尔顿登上了信息高速路，又一次成为酒店业的先锋。希尔顿酒店网站与其他酒店网站相比，提供的住处信息更为全面、及时。

公司设置网址的最主要目的在于销售。hilton. com 为了方便客人订房绞尽脑汁。网上订房里，客人需要填写一张简单的表格，说明抵离时间、所需房间数、成人小孩数、喜欢怎样的床（包括床上用品）、是否抽烟和承受哪种房价。为了避免差错与误解，hilton. com 在"网上订房"栏下另外设有"订房帮助网页"，对上述填写内容做详尽的解释。如"成人"，说明"一个客房内最多可住 4 名成人，超过一人时可能加收一定费用"。又如"小孩"，说明"根据（希尔顿）'家庭计划'，与父母同居一室的小孩不收房费。对'小孩'的年龄可能有限制。同一房内可以住几个小孩，各地可能不同"。

分析案例请回答：

1. 希尔顿酒店的销售渠道模式有哪几种？

2. 希尔顿酒店网站网页设置有哪些特色？

 相关知识

一、酒店销售渠道的选择

酒店选择什么样的分销渠道模式，以直接销售为主，还是以间接销售为主。如果是间接渠道，还需确定一个渠道长度与宽度的问题，短渠道主要是利用一层渠道，而长渠道主要是利用二层及以上的渠道。宽口径的渠道是在同一层次的渠道环节采用多个中间商，以扩大市场覆盖面；窄渠道则是在同一层次只精选几个得力的中间商，建立密切联系，以求在目标市场上取得较大市场份额，同时也能加强对渠道的控制。在选择渠道时应考虑如下因素。

1. 影响酒店营销渠道选择的因素

1）市场因素

（1）购买批量。如果目标市场规模非常大，为方便顾客预订，使用较多的中间商即宽渠道达到更大市场覆盖面。如果订单来自小批量预订，则需较长的销售渠道；而大批量的团队预订和会议预订往往通过一个中间商，或直接与酒店接洽订房，采取短渠道。

（2）消费者分布。考虑目标市场的地理位置和大小，顾客分布比较集中采取短渠道，即直接在该地设立酒店自己的办事处，采取直接渠道即零渠道销售；顾客分布比较分散需要较多的旅游中间商销售，采取长渠道。

（3）消费者的购买频率。购买频率比较高，选择长渠道；购买频率较低，选择短渠道。

（4）季节性。产品季节性强选择长渠道，季节性弱选择短渠道。

（5）竞争者因素。同类酒店产品，大致选择相同的或相似的销售渠道。

2）产品因素

（1）产品知名度高、信誉好、档次高、价格昂贵，选择短渠道；相反选择长渠道。

（2）顾客较熟悉产品，选长渠道；反之选择短渠道。

（3）产品单价高，选择短渠道；产品单价低，选择长渠道。

（4）产品的生命周期。新产品选短渠道；老产品选择长渠道。

3）酒店自身因素

（1）酒店规模。规模大，选择长渠道；规模较小，选择短渠道。

（2）酒店的财力。酒店资金雄厚，可自由选择销售渠道，可建立自己的销售网点，也可选择间接销售渠道；酒店资金薄弱，只能选择间接销售渠道，依赖中间商进行销售。

（3）管理能力。管理能力强，选择较短的渠道或直接渠道；管理能力弱，选择间接渠道。销售能力较强，选择直接销售渠道；反之必须借助中间商选择间接渠道。

（4）酒店声誉。声誉好选择直接渠道或短渠道，不好采取间接渠道。

（5）酒店经营目标和产品组合状况。薄利多销，选择长渠道；价格昂贵，面向高收入群体，选择短渠道。

2. 选择销售渠道的策略

（1）直接销售渠道和间接销售渠道策略。

（2）短渠道和长渠道策略。主要看中间商的销售能力，包括它的推销速度、经济效益、市场信息等。中间商的销售能力大，需配置的中间商的环节就可减少。反之，为保证市场的产品覆盖面，就要加长营销渠道。

（3）宽渠道和窄渠道策略。在客源不太丰富而且十分分散的地方，渠道宽能保证一定客源；在客源丰富且相对集中的地区，自然要选择窄渠道。在决定渠道的宽窄时，有三种方案可供选择。

① 专营性营销渠道策略（独家分销）。

优点：第一，双方利益关系比较紧密；第二，双方都可解除经营中有竞争对手的后顾之忧，能促进产品形象效果，使旅行社有可能提高酒店产品的价码，更加积极地进行推销，同时酒店也容易掌握渠道的价格及各种服务；第三，双方愿意共同投资来进行对双方都有利的促销活动；第四，对销售新兴酒店产品和开辟新的客源市场会有较好的效果。

缺点：酒店只靠一家酒店中间商销售产品，对迅速扩大销售面和增加销售量不利。

② 广泛性销售渠道策略（多条渠道密集分销）。

优点：可以扩大产品生产者或提供者的销售面和销售量，特别是生产者具有规模比较大、产品具有大众化的特征时，宜采取此策略。

缺点：酒店的业务联系面广泛，销售费用大，酒店难以与中间商建立长期的、稳定的业务关系，也难以建立一个比较稳定的销售网络。

③ 选择性销售渠道策略（选择几条分销渠道）。酒店在每一地区从所有愿意经销其产品的经销商里挑出几个来分销其产品。

优点：第一，酒店保持了与中间商比较广泛的联系，有利于扩大销售；

第二，中间商都有着较高的经营素质和良好信誉，从而让它们建立其产品的声誉。

缺点：选择高质量的中间商不容易。

二、酒店中间商的管理

1. 酒店中间商的选择标准

（1）中间商对产品的销售能力强。

（2）中间商的信誉好。

（3）中间商销售产品的位置好。

（4）中间商销售产品的积极性高。

（5）中间商经营实力和资信状况良好。

2. 对酒店中间商的绩效评估

1）全面评价

服务情况；销售产品数量；所定价格的合理程度；及时对费用结算；对产品的宣传情

况；中间商与其他生产者的销售业务关系。

2）酒店销售渠道的财务绩效评估

酒店销售渠道的管理人员可以通过财务指标对其渠道的绩效进行评估，一般可以从市场占有率、渠道费用、销售等方面进行分析。

（1）市场占有率分析。市场占有率是分析经营状况的主要指标，可以从三个方面来进行考核。

① 全部市场占有率：是指销售额占全行业的销售额的百分比。即：

全部市场占有率 =（某一酒店销售额/全行业销售额）×100%

② 可达市场占有率：是指酒店认定的可达市场上销售额占酒店所服务的市场销售额的百分比。所谓可达市场是指酒店计划进入的重要目标市场。

③ 相对市场占有率：是指酒店销售额与主要竞争对手销售额的对比。这一指标可以说明酒店分销渠道是否比竞争对手更有效率。通常可采用两个指标来计算相对市场占有率：一是酒店市场占有率与相对最大的三至五个竞争对手的市场占有率总和之比。一般情况下，市场占有率高于33%，即被认为是强势的。另一个相对市场占有率是以酒店销售额相对市场领袖竞争者的销售额的百分比来表示的。

（2）渠道费用的分析。渠道费用是指渠道开发、维护、发展等所使用的一切费用，它的大小及各种费用的比例关系，直接关系到渠道成员的利润。它一般由以下项目构成。

① 直接人员费用：包括酒店销售的渠道管理人员、渠道营销人员、渠道拓展人员等的工资、奖金、差旅费、交际费等。

② 促销费用：包括新渠道的拓展的广告费用、渠道促销的奖品费用、文案设计费等。

③ 包装和品牌管理费用：包括包装费、产品说明书费用、品牌制作费、品牌管理费等。

④ 其他费用：除了以上费用以外的所有费用。

评价渠道费用主要采取两个原则：一是费用比例与功能地位的匹配性；二是费用增长与销售增长的对应性。

（3）盈利能力的分析。渠道盈利能力指标分别从不同的侧面反映渠道的获利能力。

①销售利润率。它通常用于说明渠道运转带来的销售额中包括多少利润。有效运转的分销渠道能够节约成本费用，树立品牌形象。其计算公式是：

销售利润率 =（税后利润/销售额）×100%

渠道销售利润率 = 各个渠道成员税后利润之和/销售总额

②费用利润率。评价分销渠道效率的另一个重要指标是分销费用利润率，即分销渠道在运行中每花费100元能够创造多少利润。其公式如下：

费用利润率 =（当期利润额/费用总额）×100%

如果"当期利润"是税后利润，则费用利润率与销售利润率之间存在下列关系：

费用利润率 = 销售利润率 × 费用效用系数

其中，费用效用系数是指分销渠道在运转中单位费用创造的销售额，或者说是渠道创造的销售额与其花费的渠道费用两者之比。即：

$$费用效果系数 = 销售额/渠道费用$$

实训考核

一、知识训练

1. 列举选择酒店销售渠道时应考虑的影响因素。
2. 描述酒店选择销售渠道的策略。
3. 列举酒店选择中间商的标准。
4. 列举评估中间商的财务绩效指标。

二、能力训练

1. 把全班分成两个小组，分别调查一个四星级酒店和五星级酒店，列出它们的分销渠道与选择策略，分析每一条销售渠道模式及各自的优缺点，写出调研报告。

2. 假如你刚被一家新开业的五星级商务酒店香格里拉聘为销售经理，这家酒店地处市中心，面对希尔顿、君悦酒店，你将怎样为这家酒店设计客房和餐饮产品销售渠道方案来打开市场？按照以下步骤来操作。

第一阶段：分析分销渠道设计的主要影响因素。

① 顾客；②产品；③中间商；④竞争；⑤企业本身；⑥宏观环境。

第二阶段：确立渠道设计目标。

① 销售量；②销售成本；③渠道信誉；④渠道控制能力。

第三阶段：该企业选择中间商类型。

① 批发商；②代理商；③零售商。

第四阶段：为该企业确定中间商数目。

第五阶段：评估各条渠道。

第六阶段：决定渠道方案。

项目三小结

1. 分销渠道对每家酒店都是非常重要，首先应该清楚酒店中间商的类型，有旅行社、酒店代表、专门的酒店预订组织、全球预订系统、互联网——在线预订渠道。

2. 酒店分销渠道的模式有直接渠道、一级渠道、二级渠道、三级渠道。每种模式具有各自的优缺点。酒店在选择营销渠道时要根据自身条件和营销目标尽可能发挥每种渠道的优势，弥补它们的缺点。

3. 酒店对分销渠道的管理：一是确定选择分销渠道的策略；二是对中间商的选择评估，选择那些最适合酒店的渠道目标的中间商；三是对选定的中间商，酒店要不断激励它们，与它们建立长期的合作关系，形成一个对酒店和中间商都有利的营销机制。酒店必须用设定的标准定期检查中间商的绩效，及时奖励或予以支持。

🅠 参考资料信息

假日酒店集团崛起的特许经营

威尔逊的假日酒店一开始就取得了成功，这激起了他建造酒店的热情。一次，有位住在假日酒店的客人讲，他希望在整个旅行中都能住在假日酒店里。这句话引起了威尔逊的兴趣，这是个多么好的建议啊。他梦想，不久的将来，他也建立起自己的汽车酒店联号，至少要有400家，向全国各地出售特许经营权。这样，人们无论走到哪里，都可以花同样的钱住上同样标准的酒店，而且可以事先预订。

威尔逊知道，要实现这样庞大的计划，可不像建几家酒店那么简单，单枪匹马难以如愿。1953年，他终于找到了一位理想的合伙人，这就是华莱士·E. 约翰逊。共同的兴趣、相似的经历使他们俩联合在一起，从此，两个人同心协力为建造一个大酒店联号奋斗。当时他们给这个未来的酒店联号起了个名字叫"阿美利坚假日酒店"。而假日酒店的两大法宝：一是出售特许经营权，在假日酒店创业的初期，两位创始人就采取这种方式来募集资金；另一个就是不断完善自己的电脑预订系统，使得全球的假日酒店能够做到客源的共享。

到1968年8月，该公司在得克萨斯州的圣安东尼奥建起了第一千个假日酒店，尔后，几乎是每2～3天就有一家假日酒店开业，也可以说每36分钟就有一间假日酒店的新客房出现。假日酒店遍及美国50个州，它的名字家喻户晓。到1973年，该公司在美国及世界20多个国家拥有与经营酒店1 500多家，客房22.5万多间。

项目四　酒店市场促销策略

项目描述

本项目将阐述酒店营销组合的最后一个要素——促销，包括人员销售、广告、销售促进、公共关系和直接营销五个任务，在酒店促销过程中经常将这些促销工具组合起来使用。

项目目标

【知识目标】 了解促销组合工具；了解促销计划的步骤、促销工具各自的优缺点；掌握促销组合战略；掌握各种促销工具运用策略。

【能力目标】 学生能够主动与顾客沟通并掌握沟通技巧，能够按照促销计划步骤写出客户拜访计划、营业推广计划、公关活动计划。会分析评价促销活动的效果。

工作任务一　人员销售

引导案例

可口可乐的奥运促销活动

2004 年雅典奥运会圣火 6 月 8 日抵达北京。作为雅典奥运火炬传递的主赞助商可口可乐公司提前数月已经启动了"雅典 2004 奥运火炬传递 ——中国火炬手/护跑手选拔"活动，在中国的 20 多个城市里选拔火炬接力选手和护跑选手。因此，很多普通的消费者得以通过可口可乐和奥运零距离贴近。

6 月 9 日奥运圣火在北京城传递，此时，准备充分、声势浩大的可口可乐公司成功地在北京城掀起了一场红色旋风。可口可乐公司在 6 月 5 日推出的 240 万罐奥运火炬接力纪念罐在很多地方销售一空。

8 月 4 日下午，可口可乐中国公司在北京组织了一场以"为奥运喝彩，为中国加油"为主题的大型新闻发布会。即将出征奥运会的刘翔、腾海滨、马琳三位体育明星，成为雅典奥运会期间可口可乐新的形象代言人。以他们为主角拍摄的可口可乐新的广告片在奥运会期间反复播放，同时，分别以这三位体育明星形象设计的"要爽由自己"可口可乐奥运包装，也开始在全国市场限量销售。

奥运会过后，可口可乐还通过中央电视台展开了"后奥运营销"，在 8 月 31 日"奥运特别节目"和 9 月 4 日"庆祝奥运健儿胜利凯旋"两个特别节目中签订贴片广告，抓住了难得的品牌传播机会。

借着奥运的热度，可口可乐公司 2004 年还精心设计了"要爽由自己——2004 可口可乐奥运中国行"大型巡回路演活动，并在全国范围内举行。与此同时，可口可乐公司在奥运期间还将其麾下的可口可乐、雪碧、芬达、醒目、酷儿作为促销产品，以 100% 中奖率回报消费者。

上述营销活动的开展，使可口可乐公司在销量大升的同时，在 2004 年夏天占领了品牌宣传的战略高地，成功地遏制了老对手百事可乐的追赶风头。

分析案例请回答：

1. 可口可乐公司在 2004 年雅典奥运会前做了哪些促销活动？

2. 可口可乐公司在 2004 年雅典奥运会期间和奥运会过后开展了哪些促销活动？

3. 可口可乐公司选择谁作为雅典奥运会期间可口可乐新的形象代言人？推出的广告主题是什么？

 相关知识

一、酒店促销概念及作用

促销（Promotion）是指酒店营销人员将酒店产品的有关信息、知识，通过各种宣传、吸引和劝导等方式传递给目标顾客，以促进其了解、认同、信赖，并达到刺激需求、促成购买、扩大销售目的的一系列活动。促销的实质是一种沟通活动，是酒店作为行为主体发出作为刺激物的信息，以刺激影响信息受众的有效过程。

酒店促销的作用：①提供商业信息、加强沟通，增进宾客对酒店的了解；②创造需求，引领市场；③突出产品特点，强化竞争优势；④稳定产品销售，强化企业形象，巩固市场地位。

二、酒店促销组合

1. 促销的基本方式

促销主要有人员销售、广告、营业推广、公共关系和直接营销。事实上，许多酒店尤其是私人餐馆，不会使用上述所有的促销工具。它们可能使用其中一种或两种，因为每种方式有各自的优缺点。

（1）人员销售：是酒店通过销售人员与预期客户之间的直接沟通来达成销售的一种促销方式。具体方法如销售展示、交易会和促销项目。

优点：直接沟通；可与顾客沟通感情并联络关系；收到反馈信息及时。

缺点：成本高，效率比较差；推销的市场覆盖面比较小；对人员的各方面要求比较高。

（2）广告：是酒店以付费的形式，通过各种传播媒体，向目标顾客传递有关酒店信息、展示酒店的产品和服务，以扩大酒店影响和知名度、达到促销目的的一种形式。具体方法如广播、电视、报纸、杂志、电话、传真、手机、电脑、户外广告、直接邮寄等。

优点：辐射面广，渗透力强；有较强的公众性；具有十分强的表现性。

缺点：信息量有限，购买行为滞后。

（3）营业推广又称销售促进：是指酒店为了使预期顾客尽早并尽可能大量购买酒店产品

和服务而进行的各种短期的、鼓励性、刺激性的促销活动。如有卖点陈列、折扣、优惠券、专卖广告、特价包、赠品、广告礼品、光顾奖励、竞赛、抽奖及展演等具体方法。

优点：刺激性强，吸引力大。

缺点：短期效应。

（4）公共关系：是指酒店为了增进内部及社会的信任与支持，以现代传播沟通为基本手段，以建立互利合作的公众关系作为重点，以塑造良好的组织形象为目标的一系列促销活动。如新闻发布会、特殊事件。

优点：可以获得顾客的信任，建立自己的形象与信誉。

缺点：见效较慢。

（5）直接营销：是指为获得立即的反馈并培养长期顾客关系，而与仔细选择的目标顾客进行的直接联系。如数据库营销、电话营销、人员销售、直接邮寄营销、目录营销、电视直销及互联网营销等方法。

优点：对顾客来说直接营销更加便利、容易使用、更加个性化，顾客可以迅速进行现场沟通并现场购买。对卖者来说它是建立客户关系的有力工具，可以通过互联网使酒店面对全球市场。它提供给卖方一个低成本的和更有效的接触到目标市场的选择。

缺点：过度的直接营销经常会惹恼客户，错误诱导或劝说诈骗客户。过度的应用数据库构成了对客户个人隐私的侵犯。

2. 促销组合策略

促销组合指企业根据促销的需要，对各种促销方式进行的适当选择和综合编配。促销组合策略包括推式策略和拉式策略两方面。

（1）推式策略（从上而下式策略）：酒店利用人员推销，以中间商为主要促销对象，赢得中间商的信任，把产品推向分销渠道。目的是说服中间商与消费者购买酒店产品，并层层渗透，最后到达消费者手中。常用的推式策略有示范推销、走访推销、网点推销、服务推销，再配以营业推广和公共关系作为辅助工具。

（2）拉式策略（从下而上式策略）：酒店利用广告、营业推广、公共关系，以散客和团队客人即最终消费者为主要促销对象，设法激发消费者对产品的兴趣和需求，拉动消费者购买酒店产品。目的是直接诱发消费者的购买欲望，由消费者向中间商要求购买该酒店产品，中间商又会向酒店要求预订其产品，由下至上，层层拉动购买。常用的拉式策略有会议促销、广告促销、交易展示和信誉销售。

3. 影响促销组合的因素

（1）产品类型。

① 价格较低，人们比较熟悉的，比较简单的酒店产品采用广告宣传为主、其他为辅的促销组合，如菜品、饮料。

② 多数人不熟悉的，比较复杂的，价格比较昂贵的酒店产品以人员推销为主、其余为辅

的促销组合，如宴会产品、会议产品。

消费品如餐饮产品的促销组合次序：广告、营业推广、人员推销、公共关系。

高档客房产品的促销组合次序：人员推销、营业推广、广告、公共关系。

（2）市场特点。

① 市场规模比较大的，相对集中的，酒店可以采用人员推销。

② 市场范围比较大，而且相对比较分散的市场，酒店采用广告和文字宣传。

③ 竞争处于高峰期的时候，采用多种促销手段。同时利用推式和拉式策略。

④ 竞争处于缓和期的时候，酒店最好只采用一种手段促销，同时利用拉式策略。

（3）酒店特征。酒店规模比较小，酒店资金比较少，采用人员推销；反之采用广告宣传。

（4）产品生命周期。产品生命周期各阶段促销组合不同。

① 介绍期：广告、营业推广、公共关系联合使用。

② 成长期：人员推销为主、广告和公共关系为辅，营业推广可以减少。

③ 成熟期：营业推广、提示性广告为主。

④ 衰退期：宣传停止，人员推销降低到最少，只是留下一些少量的广告提醒老顾客。营业推广为主，公共关系不必采用。

（5）酒店顾客对促销方式的接受程度。顾客对于不同的促销方式的态度是不同的。顾客没时间关注电视广告或根本不相信广告，采用营业推广或公共关系；顾客认为人员推销浪费时间，可采取广告、营业推广和公共关系。

（6）酒店的促销预算。促销预算费用有限，不要刊登大幅广告，而是采用一次性花费不太多的促销方式对市场进行缓慢、逐步渗透。如少量的精干人员推销、公共关系。反之，采用广告、营业推广。

三、设计有效的促销活动的步骤

（1）确定目标顾客。目标顾客是潜在购买者或是目前的使用者，或是那些做出购买决定或是影响购买决定的人。受众可以是个人、组织或特殊群体。

（2）决定传播目标。与顾客进行沟通后，这种信息使顾客对酒店产品的反应是处在哪种阶段上，如注意、了解、喜欢、偏好、说服、购买。

（3）设计信息包括设计信息内容、信息结构、信息格式。

（4）选择媒介包括人员传播渠道和非人员传播渠道。

（5）选择信息来源。来自高度可信来源的信息会更加具有说服力。

（6）收集反馈。收集沟通信息后，顾客对信息的反应。

（7）确定总促销预算及组合。确定广告总预算的四种常用方法：量入为出法、销售百分比法、竞争对等法及目标任务法。

（8）确定整体促销组合及其战略。并指定一名经理负责促销计划的实施。

四、人员销售特点及策略

1. 人员销售特点

酒店的人员推销是指酒店的销售人员直接与宾客接触、介绍、洽谈、宣传、推广酒店产品的促销方式。它既可以是面对面交谈，也可以通过电话、信函、电子邮件、互联网等进行交流。同非人员促销相比，人员推销的最大特点是具有直接性。无论是采取人员推销面对面地与顾客交流的形式，还是采取推销人员通过电话访问顾客的形式，推销人员都在通过自己的声音、形象、动作或拥有的样品、宣传图片等直接向顾客展示、操作、说明，直接发生相互交流。人员销售的任务是与客户沟通、开拓潜在客户、销售酒店产品、做好跟进服务、对市场进行调研、搜集信息。

人员推销作为酒店促销活动中一种重要的手段，具有以下四个特点。

（1）灵活机动，实现双向信息交流。推销人员与顾客保持直接联系，在促销过程中可以直接展示商品，进行操作表演，帮助安装调试，并且根据顾客反映出来的欲望、需求、动机和行为，灵活地采取必要的协调措施；对顾客表现出来的疑虑和问题，也可以及时进行讨论和解答，诱发购买欲望，促成购买。

（2）针对性强，促销绩效明显。实施人员推销要事先对顾客进行调查研究，选择潜在顾客，直接针对潜在顾客进行促销活动。针对性强，可以减少浪费，促销绩效也比较明显。

（3）突出个性色彩，巩固客户关系。推销人员在与顾客的接触过程中，根据顾客性格特点选择适合的推销策略和技巧，使顾客接受推销人员的说服和诱导。这样推销人员在与顾客长期反复的交往过程中，往往培养出亲切友好的关系，从而形成长期稳定的客户关系。

（4）发挥纽带作用，塑造酒店形象。一方面，推销人员帮助顾客选择称心如意的商品，解决产品使用过程中的种种问题，使顾客对销售人员产生亲切感和信任感；另一方面，顾客对推销人员的良好行为予以肯定和信任，也会积极宣传企业的产品，帮助销售人员扩展业务，这样也塑造了酒店形象。

2. 人员销售策略

（1）试探性策略。酒店销售人员采用特定的问题、推销词或展示特定的行为举止，试探性地给予客户某种刺激，促使客户作出预期的反应。在推销人员不十分了解顾客具体要求的情况下，这种策略比较适用。推销人员应事先准备好几套试探顾客需求、刺激顾客的谈话方案。在与顾客接触时，通过试探观察顾客的不同反应。

（2）购买过程推销策略。假定顾客的购买过程是由需要感知、信息研究、判断选择、决定购买、购后评价五阶段组成。酒店销售人员根据顾客购买决策过程不同阶段的心理变化和心理需要，有计划地进行针对性推销。在需要感知、信息研究阶段采取传达信息的策略，这种信息必须具有一定的刺激性、独特性、趣味性和诱惑力。在判断选择、决定购买阶段采取劝说策略，帮助顾客研究、比较产品。在购后评价阶段采取提醒策略，消除顾客超出实际的幻想，以利于顾客形成客观评价。

（3）针对性策略。推销人员用事先准备好的有针对性的话题与顾客交谈，说服顾客，达成交易。这种策略适用于推销人员已基本掌握了顾客的某些需求，做好了充分的准备，搜集大量符合这一针对性的材料、信息，熟悉产品满足顾客要求的性能，设计好推销语言和措施，在交谈时重心自然转到话题的针对性上。

（4）诱导性策略。顾客在与推销员交谈前并未感到或没有强烈意识到某种需求，推销人员运用适当的方法和手段唤起顾客的需求，诱导顾客通过购买满足其需求。这种推销要求推销人员有很高的推销技巧。

五、人员推销的形式

1. 客户拜访

（1）外部推销。就是发生在酒店的营业场所之外的推销，其主要形式是派推销人员上门拜访顾客，推销酒店的产品。外部推销是典型的推式策略，它的主要特点是推销人员主动向顾客靠拢。可采取以下四种方式。

① 试探访问，就是推销员初次接触顾客，进行试探性拜访。目的是收集更多的信息为日后的进一步推销打基础。

② 公关访问，就是推销员对酒店固有客户进行的礼节性拜访。目的主要是征求顾客的意见，加强酒店与顾客的感情沟通。

③ 预约访问，就是推销员和顾客在约定的时间和地点对某项业务进行确认或磋商。

④ 展示访问，就是推销员向顾客介绍产品并努力证明顾客利益的商洽过程，也是双方达成交易的关键一步。目的是使顾客做出有利于酒店的决定。

（2）人员销售分以下七个步骤。

① 寻找顾客。可以对酒店过去和现在的顾客进行筛选；从竞争对手拥有的最大的几家客户中争取；还可以查阅当地企业名录、电话号码簿、旅行社指南、商会索引和会展中心指南、报纸杂志等资料，从中寻找客户；还可以依靠中间商、酒店协会、贸易展览会等介绍、推荐、寻找客户。

② 准备工作。在推销之前应做好充分的准备工作。一是尽可能了解顾客情况和要求，包括其姓名、职务、个性、偏见、癖好、面临的问题及工作需要、购买需求，了解哪些人参加购买决策、实际购买者的性格和购买方式等。二是确定访问目的。三是准备一套详细的酒店推销资料，包括酒店简介、酒店的设施图片、酒店最近组织的活动介绍、价目表、包价产品介绍；准备赠送给顾客的广告和推销材料；酒店预订表及预订申请表；准备赠送给顾客的印有酒店名称和标识的纪念品。四是了解竞争者的产品情况和优惠措施等。五是设计好接近方式和访问时间，预测顾客可能的态度。

③ 接触顾客。成功接近顾客是营销的第一步，应注意三个方面：一是应在约定时间之前到达洽谈地点；二是注意自己仪容仪表和谈吐，要有礼貌，避免那些会分散对方注意力的动

作；三是在接近客人时，推销人员应该首先作自我介绍，说明自己的姓名、所属单位，向顾客递交名片，直截了当地说明来意，并顺便说上一句："我不会占用您太多时间。"以避免一开始被拒绝。

④ 演示与说明。推销员递上随身带来的宣传材料，向顾客介绍酒店的全面情况，包括产品、设施和服务，并借助图片、宣传材料、说明，使顾客迅速认识推销品。通过直接或间接、积极或消极的提示将顾客的购买欲望与产品特性联系起来，争取潜在客户参与；通过询问确定客户的需求，销售人员可以采用封闭式问题和开放式问题进行询问。

⑤ 处理异议。尽可能回答顾客所提出的每一个问题，如价格、产品异议，顾客缺乏兴趣等，给顾客一个肯定的答复。对顾客的抱怨应注意倾听，不应辩解，应立即表示道歉，进而认真分析原因有针对性地进行解释和处理。

⑥ 达成交易。这是最关键的一步，推销人员应根据实际情况及时促成交易。如果顾客讨价还价，推销员一方面要进行劝说，另一方面还可以在条件允许的情况下，提供一些优惠条件，促成交易。

⑦ 跟进与维持。在访问结束后，要将访问情况记录在"客户访问卡"上，如有预订，把预订单填好一联交给前厅预订处，一联留底。继续与顾客保持联系，推销员负责的顾客预订后，应亲自接待一些经常光顾酒店的客人和重要客人，要确保顾客在住宿的过程中能得到满意。在顾客离店时及时了解顾客对酒店的意见和建议，加深顾客对酒店产品的信赖，促使顾客重复购买。

2. 电话或网络营销

电话推销在酒店销售活动中所起的作用已经越来越大，酒店可以主动打电话给顾客，或发电子邮件给顾客，同时也可以通过被动地接听电话或接收电子邮件进行推销。这种推销费时少、费用低。推销员讲话的声音和交流的内容对推销效果的影响更为明显。

酒店主动给客户打电话必须提前组织自己的思维，搜集所有相关信息并确保电话不被打断，然后就应亲自拨打电话或礼貌对待传话的人员。通话内容应简洁，时间尽量短，要尊重顾客的作息时间。主动打电话有三个目的：一是通过电话搜集客户信息并确定潜在客户。二是电话预约客户见面的日期，三是打电话进行促销、售后服务和公关形式的电话拜访。

接听来电分为三种类型：预订电话、回复广告的电话和咨询电话。

在电话营销中应注意几点，一是预订和咨询业务要有专人职守，铃响三声之内应立即接听电话。二是为了提高推销工作效率，应当设立标准的接听语言和流程，主动问候对方并报出本酒店的名称，以减少打电话的顾客的顾虑。使用简明、扼要的询问和回答语言，尽量使用短句，并密切关注顾客的真实需求。对电话中确认的交易意向必要时应立即与客户接触完善程序。三是健全酒店电话访问记录，应当为销售员配备专门的电话记录本，记录消费者电话的讲话内容以免遗忘，也可以根据酒店产品的实际情况设计包含各种顾客信息的表格，由电话销售员边询问边记录。四是恰当使用文明礼貌用语和语气，尽量减少顾客因为不是面对面而产生的顾虑和担心。声音富有激情，尽量使用与顾客相同的语言。

六、人员推销的技巧

1. 提问的技巧

（1）中和式提问，它属于一种广泛性的发问，多采用特殊疑问句。如"您的理想价格是多少呢？"这种提问方式的最大好处是能够创造比较友好的谈话气氛，有利于收集更多的信息，不会给谈话造成尴尬紧张的局面。

（2）肯定式提问，它属于具体性的发问，以一般疑问句为主。如"您需要一个单间，是吗？"使用这种提问方式容易得到顾客明确的回答，能够迅速抓住有价值的信息。

2. 聆听的技巧

在聆听的过程中，推销人员不打断对方的谈话，注意力集中，表情专注，坐姿端庄，保持目光对视；保持微笑，经常点头；认真做笔记，避免漏掉细节；观察顾客表情和动作。

3. 形体语言的运用技巧

推销人员在面谈过程中应观察顾客的体态，一些积极的体态信号有微笑、以手托脸、点烟、点头等；一些消极的体态信号有皱眉、交叉双臂、手指敲击桌面、声音提高、瞪眼、握拳、摇头等。

4. 呈现的技巧

酒店推销员在向顾客介绍酒店产品过程中要详细介绍酒店产品，语言要生动、简洁，语气要自然平和，介绍要客观。善于运用一些看得见的宣传材料作为内容的补充依据，要着重表达酒店产品能够给客人带来的好处、能够满足客人哪些利益，这是引起客人对酒店产品的兴趣、激发购买动机的关键。

5. 处理异议的技巧

销售员在处理异议时要保持冷静避免争执，对异议表示高度的关注和重视，了解产生异议的原因，对顾客的误解做进一步的解释；对一时无法回答的异议，要岔开话题或暂时搁置，不能草率处理，要表示出正在努力解决的态度。

 实训考核

一、知识训练

1. 解释促销组合及人员销售、广告、营业推广和公共关系。
2. 描述人员销售、广告、营业推广和公共关系各自的优缺点。
3. 概述促销组合的策略。
4. 列举影响促销组合设计的因素。
5. 列举设计有效的促销活动的步骤。

6. 列举人员销售的特点。

二、能力训练

某四星级会议型酒店刚刚开业，假如你是刚到营销部工作的销售经理，负责开发培训会议市场客户，按照人员销售步骤尝试做一个客户拜访计划。

案例4-11　　　　　　　　　　电话预订客房

预订员小王：您好，这里是南京金陵酒店前厅部预订处。请问您有什么需要我帮忙的？

客人：您好，我想预订两间每天收费在120元左右的标准双人客房。三天以后开始住店，可以吗？

预订员小王：先生，请问我怎么称呼您？

客人：我叫张良。

预订员小王：好的，张先生。是"弓长"张，良好的"良"吗？

客人：是的。

预订员小王：非常抱歉张先生，由于三天以后酒店要接待一个大型国际会议的多名代表，标准间客房已经全部订满了。您是否可以推迟两天来，要不然请您直接打电话与南京××酒店去联系询问如何？

客人：南京对我们来说是人地生疏，你们酒店比较有名气，还是希望你给想想办法。

预订员小王用商量的口气说："感谢您对我们酒店的信任，我们非常希望能够接待像您这样尊贵的客人，请不要着急，我很乐意为您效劳。我建议您和朋友准时来南京，先住两天我们酒店内的豪华套房，每套每天也不过收费280元，在套房内可以眺望紫金山的优美景色，室内有红木家具和古玩摆饰，提供的服务也是上乘的，相信你们住了以后会满意的。"

客人：那我考虑一下。

预订员小王：我想您并不会单纯看房价的高低，而是在考虑这种套房是否物有所值，请问您什么时侯乘哪班火车来南京？我们可以派车到车站来接您，到店以后我一定陪您和您的朋友亲眼去参观一下套房，再决定不迟。

客人：那太好了。

预订员小王：您还有什么特殊要求吗？

客人：暂时就这些吧。

预订员小王：好的。张先生您方便留一下联系电话吗？您到南京后我们马上与您联系。

客人：好的。158……

预订员小王：谢谢！

客人：再见！

预订员小王：恭候您的光临！再见！

以两名学生为一组，模拟训练电话预订宴会。

案例 4 - 12

案例 1 - 3 鸿翔酒店营销策划方案中制订了市场推广方法如下。

市场推广方法

开拓市场没有多大捷径可走，吃苦是最根本的出路。为什么这样说，因为准确的定位、合理的房价、良好的合作信誉都具备的同时，信息输出（宣传促销）是最关键的。酒店销售在广告宣传上不可能像做日用品，大量投放媒体广告，即使有也是在小范围内。在开业初期，人员促销是最主要的手段，所以定期回访是最重要的。

1. 销售部

1）旅行社客源

（1）把价格做杠杆，在旺季追求利润最大化，在淡季追求高的出租率，吸引各社团队。

（2）稳住本岛的主要大社、走出去寻访广东、上海、北京各地的旅行社和国内主要游览地的旅行社合作，力争成为指定酒店。主要是岛内旅行社，它们的客源是酒店的生存基本客源，对旅行社客源市场的开发，主要以价格为杠杆，接待好各社的老总，保证节日用房，而价格是竞争对手最容易做到的。怎样在同等的价格或稍高价格的情况下保证较高的开房率，那就必须对计调部人员进行公关。

（3）积极寻找港澳各地旅行社合作和其他地区旅行社团体客源。

（4）推出"年价团队房"（一年一个价）。

（5）为扩大餐饮消费，团队要求含早餐、正餐。

（6）加强日本团、韩国团、会议等促销。

2）会务客源促销

（1）促销时间：上半年 1 至 4 月 下半年 10 至 12 月。

（2）促销对象：①政府各职能部门；②本地商务公司；③岛外商务公司。

（3）以本岛企业单位和建立岛外酒店联盟对接会务、散客。

（4）建全代理制，组织省内外会务客源。策划一些企业经济类的会议、学术研讨、培训班会议和事业单位的会议。

3）散客客源

散客市场客源的开发，是酒店客房追求的最主要的客源市场，要在有限的房数基础上提高总量，散团比例的改变是根本途径。开拓散客市场，重点是海口市场，其次是岛内其他县市，从战备方向上来讲最后的重点移向岛外：广东、上海和北京等地。

（1）参加行业的连锁服务网，加强与各企事业单位的联系，稳定现有客户，大力开发新客户，本地市场客户要逐一登门拜访。

（2）针对散客，客房、餐饮捆绑销售，客户在酒店住房，可同时在餐饮、娱乐方面享受不同程度的优惠。

（3）根据不同客人的需要，设计多种套餐（包价），含客房、餐饮。

（4）大力发展长住客户，制定内部员工合理的客房提成奖励制度。

（5）扩大司机拉客量，对出租车司机的促销。建全中介差价规定和订房差价提差方法。

（6）开辟网上订房，加强网络促销，扩大网络订房中心的订房数。

2. 餐饮部

（1）增加品种和特色菜，降低价格，提高质量。

（2）举办"美食节"、中西餐培训班。

（3）根据节庆推出相应的团圆宴、长寿宴、婚庆宴等。

（4）开展有奖销售活动，如福寿宴、良缘宴、赠送客房或免费接送，以及小礼品、鲜花赠送，在报刊发祝贺广告，电视台、电台送歌活动。

（5）增加旅行社指定用餐、给导游折扣，增加团队自点餐和风味餐消费。（每天前台都给餐饮部提供一份导游姓名和房号单，以便餐饮部和销售部联系）

3. 内部消费链建立

通过内外促销宣传链完成内部消费链。

1）外部宣传和促销

（1）岛内外新闻媒体的全面合作，除正常的广告播放和栏目的合作，同时抓住时机策划和炒作一些临时性的新闻报道宣传，提高酒店的知名度和美誉度。

（2）交通工具上的宣传，如飞机上的介绍和代理订房业务、海口与三亚豪华巴士的宣传和代理订房业务。

（3）人员促销、交易会促销、信函促销。通过旅行社宣传，电子邮件，其他媒体等及其他促销宣传网，把客人吸引进来。

2）内部宣传网

客人进店要促成每项消费，就必须把每项服务介绍给他们，这样就需要建立内部宣传网——自走进酒店的大厅开始，就能了解酒店的基本设施情况（制作总体设施灯箱和图片）；走进电梯，又能进一步看到图文并茂的宣传广告；到了客房，除了一些重点介绍的项目外，还有一本图文并茂的服务指南，除了各项设施的介绍图片、计费方法、电视节目、菜谱（含图片）外，还有酒店的背景资料和名人来访图片资料及企业文化的内容等，同时还有酒店位置图、各项交通设施和旅游景点的介绍、相应的地方风土人情等。打开电视应在整点插播酒店介绍专题片。

3）内部消费链的促成

通过内部交叉宣传网将内部各营业部吸引客人的方法介绍给客人，并制作住房折扣卡赠送等，完成内部的消费链的构成。

4. 提高回头率

通过促销，把客人引进来，留住客人、提高回头率是最关键所在。只有留住客人，让客人满意，才能提高回头率（当然指在准确的价格定位的前提下），才能提高存量。只有积累，才会有存量的增加，才能保证相对稳定和较高的开房率。留住客人的手段除了硬件配套外，还有软件（包括服务、餐饮产品质量、其他营业部门高标准的服务），同时还可以采用一些赠送和让利——推行"住房消费积分卡"：消费达到一定的金额，享受赠送房，凭此卡享受优惠折扣，住房一定数量后，凭卡可申请 VIP 金、银卡，赠送娱乐消费。

5. 改变客源结构

通过市场分析，除留住客人外，改变客源结构是提高效益的重要手段。首先改变团队结构，然后改变团散比例。改变团队结构，提高团队房价。先增加合作旅行社（中小社），不求每社单量，当求积少成多（中小社因量相对较小，价格相对较高）。提高开房客人档次，减少对客房物品的损耗，增加入住后的潜在消费。采用交替更换的方法，达到提高团队房价的目的。改变团散比例是指散客市场开拓客源稳定增加的情况下，降低团队接待量，力争在一年内为能达到散团各占 50%，这是除营业指标外的另一个重要指标，也是酒店后期发展的根本途径。

6. 增收节流、强化管理

（1）建全团、散下单程序与复查程序，公开旅游、车、票等代理价格，堵塞销售漏洞。

（2）进一步强化销售员工培训，提高员工素质、业务水平。

（3）调配部门层级设置，定岗定编，降低销售成本。

（4）目标考核，制定内外激励机制，调动全部员工积极性。

问题讨论：

1. 鸿翔酒店营销策划方案中列举了哪些市场推广方法？
2. 鸿翔酒店营销策划方案中对销售部提出了哪些市场推广方法？
3. 鸿翔酒店营销策划方案中对餐饮部提出了哪些市场推广方法？

工作任务二　酒店广告

引导案例

故意碰碎的茅台酒

耳听为虚，眼见为实，这是消费者普遍的心理状态，许多企业正是看准了消费者的这种心理，采用实物演示的手法，让消费者看个明白，买个放心。

茅台酒是中国名酒之王，但当初在国际上却还是"长在深闺人未识"。1915 年的巴拿马万国博览会上，茅台酒开始竟无人问津。中国营销人员急中生智，故意在展览大厅里碰碎了一瓶酒。伴着"哐当"一声响，顿时整个大厅里酒香四溢，惊动了在场的各国客商。于是他

们纷纷循香而来，争相购买。于是茅台酒一炮走红，结果被评为金牌产品，从而使这来自东方的玉液走向了世界。

分析案例请回答：茅台酒是怎样被世界所了解的？

一、广告的含义及特点

广告是酒店业营销沟通的一个主要促销方式，因为它是替酒店、酒店的产品或服务、创意建立顾客知名度的最有力的工具。好的酒店企业，要善于利用广告这一促销工具，加强与目标顾客之间的信息沟通。

1. 广告的含义

广告是酒店为了某种特定的需要，通过一定形式的媒体，以付费形式公开而广泛地向公众传递酒店和产品的信息，达到影响公众购买的目的。

这些媒体包括报纸和杂志、电视和电台广播、网站、广告牌、飞机传单、火车广告牌、公共汽车广告牌、出租车广告牌、酒店手册、传单、赠品、直接邮寄等。

2. 广告的特点

广告不同于一般大众传播和宣传活动，主要有三个特点：①传播面广；②传递速度快；③表现力强。

二、广告工作的流程

要取得广告成功有一定的步骤。大致来说，通过以下六步式广告工作过程，可以创造成功的广告。

1. 确定广告的目标受众

酒店利用广告进行促销，首先必须对目标市场进行分析，确定酒店促销的目标顾客，以保证广告在促销的主题、媒体的选择、促销的地理区域上的针对性。

2. 确定广告的目的

广告的目的多种多样，通常有三个目的。

（1）宣传酒店及其产品，提供酒店新开业、新产品上市、主题活动及价格变动信息，也叫开拓性广告。主要用于酒店新开业或推出新产品，进行市场开拓的初期。

（2）劝导顾客购买，酒店通过广告建立本酒店的信誉，改变顾客对酒店品牌的态度，使顾客相信本酒店产品或服务优于竞争对手，劝说顾客购买本酒店产品。也叫诱导性广告。用于市场竞争阶段，用来建立宾客对酒店的偏好，最终促使宾客选择本酒店。这类广告既可以为酒店塑造形象或突出格调，也可以用来对酒店重新定位。

（3）提醒顾客使用本酒店产品或服务。通过广告提醒顾客在特定的时间中使用酒店的某种产品，也叫提示广告，是酒店达到一定知名度后，为保持宾客对酒店的不断记忆和印象，吸引众多的回头客而推出的广告。主要用于成熟期的酒店产品。

3. 选择媒体

一般来说，广告媒体可以分为电子媒体和印刷媒体两种。电子媒体包括电视、广播及互联网。印刷媒体包括报纸、杂志、户外广告牌、直接邮寄及各类的商品目录、企业名录、电话簿、宣传册、传单等。

1）电子媒体

（1）广播。

优点：费用低；信息及时；听众无季节变化；方便携带；广告商责任期较短；有娱乐性。

缺点：无视觉效果；广告信息寿命较短；因背景声音而分散注意力；有其他广告干扰。

（2）电视。

优点：能将信息传递到大量、分散的观众；低单位接触成本；有演示创意机会；信息及时。

缺点：某些消费者会对广告表述产生怀疑；成本高；电视网的人口选择性小；广告商责任期长；有其他广告干扰。

（3）互联网。

优点：覆盖全球，不受时间限制，易复制、修改、补充，制作和上网费用低，选择性强，交互性好。

缺点：被动地等待搜索，受计算机和因特网普及程度制约。

2）印刷媒体

（1）报纸。

优点：地区选择性和灵活性强；具有新闻价值；迅速；有年度读者；极大的个人市场覆盖面；可获得合作并参与当地事务；等待时间短。

缺点：人口选择性较小；色彩能力有限；传递率低；收费可能昂贵。

（2）杂志。

优点：再现能力强，尤其是彩色杂志；人口选择性强；相对较长的广告时间；传递率高；区域选择性强；当地市场选择性强。

缺点：广告商责任期较长；有限的演示；读者增量有限；缺乏及时性；发行所需时间长。

（3）户外广告。

优点：重复性；成本适中；灵活性强；地理选择性强。

缺点：信息寿命短；缺乏人口选择性；高"噪声"分散观众注意力。

（4）直接邮件广告。

优点：市场针对性强，可以直接将详细信息资料送到指定的客户手中，容易获得客户的重视；客户感到亲切，有一定隐蔽性；容易把握时间，可以与人员推销配合使用。

缺点：传播范围相对狭小，单位成本较高。

（5）售点广告。

售点广告也成为酒店促销的辅助性广告或线下广告，包括酒店的宣传手册、情况介绍、入住卡、标志、海报、招贴、信封、信纸、折叠式活页夹、菜单、桌卡、酒店赠品、酒店集团名录、介绍当前产品的传单、交通运输时刻表。

优点：能显示出产品的质地和一流的服务，易唤起顾客的购买意识。

缺点：时间、空间都有限制。

（6）电话号码簿服务指南。

优点：能吸引本地顾客或临时到本地旅行的顾客，能长时间保存，广告的重复暴露率很高，广告按行业分类，有助于顾客查找。

缺点：纸张质量差，不可能采用彩色图片，更换率低，很难对广告加以更换或做新的广告。

广告媒体各具优缺点，在选择媒体时至少要考虑目标消费者对媒体的习惯、促销产品的性质、广告信息的特点、成本费用等因素。

4. 创作该广告

广告创作应注意广告适应的目标人群，适应酒店产品或服务及适应酒店的预算。力求使每一个广告都强化"品牌形象"，在广告设计中可以通过统一的设计、字体、标识语或结尾语来实现。广告标题和视觉形象引人注目，抓住受众的注意力。传递的酒店服务或产品的信息真实可靠，酒店的承诺千万不能高于酒店的产品或服务能达到的实际水平。

5. 选择广告代理机构

小型酒店常指定专人负责广告工作，某些大型酒店设立专门广告部，由一批专业技术人员负责广告工作。多数酒店的广告是由酒店的广告部和广告代理商共同负责完成的。选择广告代理商后要与它们协商安排广告的推出地点和时间，安排专门代表解答受众的问询等问题。

6. 酒店促销广告效果评价

酒店促销广告效果评价是一项非常复杂的工作，广告发挥效果的顺序为经过视听觉、刺激心理作用，唤起目标受众的购买行为。

（1）对心理效果的测试。主要包括知觉度、记忆度、理解度及购买动机的测定，由专门的广告和市场调研公司的协作才能完成。在实际工作中酒店可以对住店客人和有意住店客人进行调查，以测定酒店广告的效果；使用广告回执卡或广告附赠券，通过回执者的数量来判断广告的效果；计算征询电话数量，了解通过广告而带来的电话征询量；可以请顾客填写问卷调查表，掌握他们通过何种途径了解并下榻酒店。从中了解广告在顾客购买决策中的所起的作用。

（2）销售效果的衡量。酒店对旅行社、公司或个人购买量作动态性调查，然后与这期间投下的广告量作比较，以测定广告的效果。广告效果高低可以通过广告成本效率指标体现出来，公式为：

$$广告成本效率 = 广告引起的酒店销售额增加数／酒店广告费$$

 实训考核

一、知识训练

1. 描述广告的特点。
2. 说明广告工作的流程。
3. 如何对酒店促销广告效果进行评价？

二、能力训练

在电视广告上找出你认为令人信服的广告创意。

案例 4 –13　　　　　　　　　　麦当劳购买 2 万块户外广告牌

1992 年，麦当劳购买 2 万块户外广告牌，用以展示这样的信息"麦当劳给您一流的食品，一流的价值"。人们认为这是最大的一个购买户外广告牌的举措。传统上，都是当地麦当劳快餐店和特许经营店购买店购买户外广告，作为当地麦当劳快餐店营销活动的一部分，连锁店的总公司很少购买户外广告牌。1991 年，户外广告只占麦当劳国内传媒开支的 1%。许多由当地麦当劳快餐店购买的户外广告都仅仅是一些指示牌，向驾车者提供麦当劳餐馆的位置及何时下高速公路等信息。

麦当劳看中户外广告的原因是这些广告可供他们传递一种单一的全国性信息，同时还能提供有关促销、产品和价格方面的地方性信息。甘奈特公司的营销副总裁詹姆斯说，户外广告的最大优势是人们能够将这些广告牌针对当地的市场需求来加以制作。

问题讨论：

1. 麦当劳的户外广告是用于通知、说服还是提醒顾客？
2. 户外广告牌的最大优势是什么？

工作任务三　酒店营业推广

麦当劳的促销活动

　　麦当劳在香港开展了一场"史努比"促销活动，消费者在购买套餐的情况下就能以 77 美分购买身着各国民族服装的塑料玩偶。每个麦当劳餐厅门口都排起了长队，人们争相购买 28 种玩偶，其中大多数是成年人，从普通工人到股票经纪人都有，因为他们相信购买这些玩偶是经济萧条时期一笔不错的投资。Tsim Sha Tsui 商店甚至以 154 美元的价格出售整套玩偶，是其零售价格总和的 7 倍。为了抢购玩偶而发生的争斗每天都见诸报端。精明的收藏家甚至在购买额外的超值套餐后，将玩偶拿走，而食物则丢弃于垃圾箱。因此吸引了很多年迈的乞讨者，他们徘徊在麦当劳餐厅门口，希望能够获得被别人丢弃的食物。

　　分析案例请回答：

　　1. 麦当劳的这次促销活动是否成功？为什么？

　　2. 在策划和组织营业推广活动时如何预防意外结果的产生？

一、酒店营业推广的含义及特点

1. 酒店营业推广的含义

　　酒店营业推广也称销售促进，是指酒店在特定时间、在一定的预算内，对某一目标顾客群体所采取的能够迅速刺激顾客购买欲望以达成交易的各种短期的和非经常性的促销活动。它是酒店采取的除广告、公关和人员推销之外的所有营销沟通活动。与广告、公共关系等沟通方式不同的是，酒店营业推广限定具体的时间和地点，以给顾客一定奖励的形式促使其进行购买。目的是在短期内迅速刺激和扩大需求，取得立竿见影的效果。

2. 酒店营业推广的特点

　　（1）针对性强，促销效果明显。酒店只是针对某些特定的产品和服务使用营业推广方式，通过展示、奖券、折价、赠品等形式来通知、提醒、刺激顾客购买，就可强有力地把顾客吸引到产品上，促使他们立即购买。

（2）非正规性和非经常性。营业推广是辅助或协调人员推销及广告活动的补充性措施，往往是在销售淡季或节假日或销售旺季到来之前，采用多种多样的形式进行促销。绝大多数的营业推广都不能持久地坚持下去，最长的也不超过一个月，过了这段时间，一切又恢复如初，或者改变优惠内容。如果坚持下去顾客就会对原来的价格产生怀疑。

（3）短期效果。它是一种短期内刺激销售的活动，能达到立竿见影的效果，采取的措施都是价格竞争的一种形式。特定形式的营业推广可能会改变顾客原有的态度，使他成为忠诚顾客。营业推广不能作为培养酒店品牌的手段。

二、酒店营业推广的类型

酒店业营业推广对象有三种：一是顾客；二是旅游中间商；三是内部推销人员。对象不同，采取的营销推广方式也不同。

1. 针对顾客的营业推广类型

常见的有以下十种类型。

（1）赠品或是礼物。酒店通过赠送纪念品或是礼物的方法进行营业推广，如向客人赠送带有酒店标识的业务赠品（如公文包、店徽胸针、玻璃杯、T恤衫、信笺等）。

（2）抽奖。顾客通过购买酒店的产品或是服务就可以参加抽奖，比如每年圣诞期间一些酒店就会举办大型现场抽奖活动，中奖的客人就可以获得酒店赠送的高档礼物，或是入住酒店总统套房一天等。

（3）赠折价券。这是吸引回头客的一种做法，折价券不可兑付现金，但可以作为下次来消费冲抵相同金额的现金。这是营造回头业务的一种有效形式。赠券的形式多种多样，如组合餐饮折价、双份折价、买一赠一、单项折价、对特定顾客折价、特定时间折价、特定产品折价、特定购买量折价、回头客赠券等。

（4）免费试用。一般被某些餐厅或酒店的娱乐场所采用，通过免费品尝新菜、饮料，免费试用新的娱乐设施进行促销，酒店主动为顾客"免费升级"即让顾客享受比他们所付的费用更高一级的服务进行促销。

（5）会员卡。顾客缴纳一定的会费或是消费到一定金额以后即成为会员，可以享受一些不同于普通顾客的待遇。这是营造回头业务的另一种有效方法。

（6）优惠券。酒店以一定的优惠券提供产品或是服务。

（7）联合促销。这类促销是指将某一产品或服务拴系于另一公司的产品或服务进行促销。一般而言，可以是酒店和知名餐厅、旅行社、景区景点、航空公司等单位联合促销，从而提高酒店和联合单位的知名度，也降低促销成本。

（8）陈列和交易展示。这是酒店产品在本地销售时非常有效的一种促销技巧，在酒店中有多种形式的陈列品和构造时可以被使用，菜单、酒水、样菜、住宿卡、客户指南、客户服务清单、电梯、吧台、休息室等都是很重要的展示工具。利用这些展示工具，可以提高可视性，增进与顾客的沟通，促进销售。

（9）现场示范。许多酒店通过音像资料示范自己的服务功能，还有的酒店以示范烹饪或调制鸡尾酒等形式刺激现场观众尝试或购买的欲望。

（10）降价。单纯的降价而不使用赠券，更为简单易行。降价一般不单独使用，可以作为促销组合的一部分或作为特定时期的一种非常措施加以运用。

营业推广还有很多类型，如竞赛、游戏、礼品券等。营业推广的目的是鼓励和刺激顾客购买欲望、提高重复购买、推动新产品销售、增大产品的知名度、扩大市场占有率。

2. 针对旅游中间商的营业推广类型

（1）现金折扣/折让。根据酒店和中间商的协议，在房费、餐饮、娱乐等方面予以一定的减免。比如酒店给旅行社组团的客人房价一般都是 5 折或 6 折。

（2）广告津贴。酒店通过与中间商联合以广告形式促销产品，以广告津贴的形式补贴中间商。

（3）赠品。酒店给中间商一定的赠品予以奖励，一般采用赠品印花形式，达到一定销售量即可兑付赠品。

（4）旅游交易会、展览。某些酒店举办联谊洽谈会，通过组织中间商参加一些交易会或是展览，对中间商进行销售促进。

这些营业推广类型的目的是通过调动中间商的积极性，扩大销售。

3. 针对内部推销人员的营业推广类型

常见的方式主要有两大类。

（1）销售竞赛。组织销售员之间或是小组间的销售竞赛，达到一定目标予以物质和精神奖励。如许多酒店评选月度、季度和年度最佳销售人员，颁发证书和奖金，或是年终奖和日常的销售挂钩等。

（2）销售奖励。奖励的形式有奖金、奖品、免费旅行等，酒店按照事先的约定处理。现在许多酒店每年都会组织优秀销售人员进行免费出国游或是免费去港澳台酒店考察等。

这些营业推广类型的目的是调动推销员的积极性，开拓市场，增加销售量。

三、酒店营业推广的实施

酒店营业推广的具体实施包括以下五个方面的工作内容。

（1）确定推广目标。就是要明确推广的对象是谁，要达到的目的是什么。营业推广活动不能降低商品形象或酒店整体形象。营业推广采取多种优惠、打折办法，降低了产品价格，但不应降低产品质量。否则会引起消费者对促销商品质量或价格的怀疑，从而损害酒店整体声誉。

（2）确定推广工具。选择合适的推广工具是取得营业推广效果的关键因素。酒店一般要根据目标对象的接受习惯和产品特点、目标市场状况等来综合分析选择推广工具。

应与其他促销方式配合安排。营业推广要与营销沟通其他方式如广告、人员销售等整合起来，相互配合，共同使用，从而形成营销推广期间的更大声势，取得单项推广活动达不到的效果。

（3）确定营业推广时机。营业推广的市场时机选择很重要，如季节性产品、节日、礼仪产品，必须在季前节前做营业推广，否则就会错过时机。

（4）确定推广期限。即营业推广活动持续时间的长短。推广期限要恰当，过长，消费者新鲜感丧失，产生不信任感；过短，一些消费者还来不及接受营业推广的实惠。

（5）设计营业推广方案。

（6）执行方案。

（7）评估结果，最常用的评估方式是比较促销前、促销中和促销后的销售额。

 实训考核

一、知识训练

1. 说明营业推广的特点。

2. 列举营业推广的类型。

3. 说明如何制定和执行营业推广活动。

二、能力训练

案例 4－14

某四星级商务酒店营销部计划在 2009 年的圣诞节组织一场圣诞促销活动。促销主题是：流连于世界各地丰盛美食，欣赏热力无限的精彩表演，感受别具一格的圣诞风情，总价值超十五万元的幸运大奖和 50% 的中奖率，更有机会获得万元现金大奖。还有宝岛台湾豪华游，入住世界 TOP100 的台北远东香格里拉大饭店。感受"圣诞晚会"，享受一个与众不同的圣诞之夜。

计划促销项目及价格：（12 月 24 日晚 6 时开始）。

1. 客房

    RMB：1 388.00 元（净价／位）

    RMB：1 888.00 元（净价／位）

    RMB：2 366.00 元（净价／位）

    RMB：2 666.00 元（净价／位）

住房一晚特含唐氏葱烧关东参一份，免费畅饮本地啤酒、各种软饮及红酒。

2. 宴会厅——圣诞大餐

挪威三文鱼；熏鱼什锦盘及鱼子酱；飞蟹子酱；圣诞火鸡沙拉、澳洲龙虾沙拉；北极贝、夏威夷贝；五彩寿司档；蟹肉鱼翅汤；红烧双冬扣大连鲍鱼；黄飞鸿辣炒虾；虾饺、芝士焗番薯；雪蟹腿。

3. 中餐厅

品尝中国美食仍是一道亮点，品尝酒店精心设计的多款圣诞海珍套餐，欣赏精彩表演，参加心动抽奖，这是钟爱中餐的您不可错过的圣诞夜宴。

中餐宴会：（12 月 24 日 18：00 开始）

　　　　　　RMB：4 999 元 +15% 服务费 / 桌

　　　　　　RMB：5 999 元 +15% 服务费 / 桌

　　　　　　RMB：8 999 元 +15% 服务费 / 桌

免费畅饮本地啤酒、各种软饮及红酒，伴有现场直播圣诞晚会歌舞表演、包房转播。

4. 咖啡厅——龙虾香槟盛宴

丰盛的圣诞自助餐汇集佳肴美味，诱人的龙虾和鲜活的海鲜，异彩纷呈的表演，激动人心的幸运大奖。

　　　　　　龙虾香槟盛宴 A：998 元

　　　　　　龙虾香槟盛宴 B：1 188 元

　　　　　　龙虾香槟盛宴 C：1 388 元

特含两次抽奖机会，畅饮法国汽泡酒，免费畅饮本地啤酒、各种软饮及红酒。

咖啡厅精彩圣诞周活动如下。

12 月 25 日圣诞祈福午餐：198 元 +15%（畅饮本地啤酒，软饮及一杯红酒）。

12 月 25 日圣诞祈福晚餐：258 元 +15%（幸运抽奖及乐队演奏，畅饮本地啤酒、软饮及一杯红酒）。

12 月 26 日 &12 月 27 日圣诞周末狂欢晚宴：198 元 +15%（免费畅饮本地啤酒、各种软饮）。

12 月 31 日迎新年自助晚宴：258 元 +15%（畅饮本地啤酒、软饮及一杯红酒）。

1 月 1 日新年自助晚宴：258 元 +15%（畅饮本地啤酒、软饮及一杯红酒）。

5. 酒廊：（12 月 24 日 18：00 开始）

今夜到处弥漫着时尚的气氛，美酒、歌舞，精美的圣诞美食，让你我的圣诞之夜在酒廊里浪漫约会，388 元 +15% ～688 元 +15% 服务费/位（最多容纳 50 人，仅限包场）。

6. 大堂吧

套餐：198 元 +15% ～298 元 +15%；598 元 +15%。

包括一杯进口红葡萄酒、无限量畅饮咖啡、茶、软饮。

7. 员工奖金（单位：元）

部门	客房				咖啡厅		
销售价格	2 666	2 366	1 888	1 388	1 388	1 188	998
全价销售	180	160	130	100	100	80	70
5%折扣	90	80	65	55	55	45	35
10%折扣	40	30	20	20	20	15	10 咖啡厅
15%折扣				10	35	30	25
儿童票	80	70	45	35			

部门	中餐厅			大堂吧		
销售价格	4 999 + 15%	5 999 + 15%	8 999 + 15%	198 + 15%	298 + 15%	598 + 15%
全价销售	240	280	400	10	20	30
5%折扣				5	10	15
10%折扣					5	10

请你根据以上促销方案中已确定的主要内容，按照营业推广的实施步骤写出营业推广促销方案。

工作任务四　酒店公共关系

正面效应

在美国，一场较大的飓风袭击了佛罗里达州之后，酒店营销人员面临着一次实践的考验。双树酒店在飓风发生 11 天后重新开始营业，并对外宣布了它的一个决定，即留出它10% 的可用客房作为免费住房提供给那些无家可归的家庭。梅费尔之家（Myfair House）酒店在灾后迅速免费接收了 300 个失去生活依靠的游客，从而创造了正面的新闻效应。当灾难袭击了麦当劳餐厅附近任何一个地方时，出现在现场的第一批人中就有麦当劳的雇员，他们为不幸者及现场的工作人员提供咖啡和汉堡包。

在 2008 年 5 月 12 日，中国四川汶川地震发生后，锦江饭店集团迅速做出反应，捐款729 万元用于灾区重建。加深了锦江饭店在顾客心中的形象，使得顾客认为锦江饭店是个大慈善家，是在灾难发生时的乐善好施的好饭店。这就和国外一些宣称最具有人性化管理的某些饭店集团形成鲜明的对比，锦江饭店赢得了大量的正面公共宣传。

分析案例请回答：在公关活动中，开展哪些活动能赢得正面公共宣传？

 相关知识

一、酒店公共关系的构成及其特征

1. 酒店公共关系的含义

酒店公共关系是指酒店为了增进酒店内部及社会的信任与支持，以现代传播沟通工具为基本手段，以建立互利合作的公众关系作为重点，达到塑造良好的组织形象、促进商品销售目的的一系列促销活动。公共关系是一项营销工具，是连接酒店和各种对象人群的一种沟通手段。公共关系的对象范围应包括全体受众，其中包括投资团体、股东、特许权受让者、当地社团、传媒界、政府、旅游中间商及旅游酒店服务产品的消费者个人。公共关系也被证明是一种非常有效的内部营销方法，用以对员工进行沟通和激励。

2. 酒店公共关系的特征

（1）酒店形象是公共关系的核心。

（2）酒店公共关系的最终目的是促进产品销售，内求团结，外求发展。

（3）酒店公共关系属于一种长效促销方式。

3. 酒店公共关系的构成要素

酒店公共关系包括酒店、公众、传播三个基本要素。

（1）酒店是公共关系活动的主体，它运用传播沟通手段来处理与公众之间的关系。

（2）社会公众主要包括：内部公众和外部公众。内部公众有员工、股东（普通股民、集资职工、董事会成员、金融舆论家）。外部公众有政府、社区、新闻界机构、消费者、中间商、竞争者、金融机构等。

（3）传播手段主要包括：①出版物；②活动事项（参与市政府活动、社交活动、社区活动）；③新闻发布会；④社区关系；⑤选择标志性媒体；⑥游说；⑦演讲；⑧社会公益营销；⑨广播媒体（电视、电台和网络）；⑩记者招待会；⑪拜访、会见；⑫员工交往等。

二、酒店公共关系的作用及原则

1. 酒店公共关系的作用

（1）树立良好的企业形象。

（2）交往沟通、协调关系。

（3）教育引导、提高其他促销组合的效率。

2. 酒店公共关系的原则

（1）以顾客需要为原则。

（2）以服务为基本态度。

（3）以形象为核心。

（4）以互惠为指南。

三、酒店公共关系的内容

1. 与新闻媒介的关系

（1）发布新闻稿或提供资料。

（2）召开新闻发布会。

（3）制造新闻。

（4）与记者保持经常性的联络。

2. 与顾客的关系

（1）树立"顾客是上帝"的思想。

（2）研究、了解顾客的消费习惯和消费心理的变化。

（3）处理好顾客的纠纷和投诉。

（4）调查了解顾客的意见和建议。

3. 与员工的关系

（1）坚持内求团结，外求发展。

（2）正确处理物质激励和精神激励的关系。

（3）正确处理工作和员工业余生活的关系。

（4）上下级沟通关系。

（5）正式组织与非正式组织的关系。

4. 与政府的关系

（1）主动适应。

（2）主动沟通，争取政府支持。

5. 与竞争对手的关系

要建立公平、双赢、平等、互惠的战略伙伴关系。

四、酒店企业形象调查

1. 酒店形象构成

酒店形象包括产品形象、市场形象、人员形象、管理形象、实力形象、社会形象。

2. 形象调查内容

（1）知名度是指社会公众对酒店知道和了解的程度。

（2）美誉度是指社会公众对酒店信任和赞许的程度。

（3）公众评价是指公众对酒店的服务、经营管理、社会活动、人物形象等方面的评价。

3. 酒店企业形象调查基本程序

（1）确定调查对象。

（2）拟订调查内容。

（3）设计调查表格。

（4）寄发、回收调查表。

（5）整理调查资料。

五、酒店公共关系的活动

1. 参与社会活动

赞助大众传媒举办的活动、体育活动；赞助社会福利事业等。

2. 组织宣传展览

演讲、演说、展览会、庆典、联谊会、座谈会、舞会、宴会、文艺招待晚会、举办沙龙活动、参观访问、节假日活动。

3. 进行咨询和游说

收集公众对酒店产品和服务的意见及建议，及时改进，反馈给客户。

4. 准备资料

书面材料有年度报告、宣传册子、公司的报纸和杂志；视听资料有电影、带声音的幻灯片和录像带。酒店形象识别资料有酒店的标志、文件、小册子、招牌、企业模型、业务名片、建筑物、员工制服、酒店的汽车或卡车。

六、酒店公共关系活动的程序

（1）开展公众调查。

（2）制定公关目标。①公共关系的目的必须是明确的、可量化的。计划的目的是传播信息，增进公众对企业的了解，改变公众的态度，促使公众产生有利于企业的行为。②选择目标市场，明确目标受众，公共关系策划人主要考虑计划可以为顾客带来什么利益，选择与酒店有特定关系的公众和与本次公关活动有联系的公众。

（3）选择公共关系的具体活动。

（4）酒店公关活动的实施。其公共关系策略为实惠型和服务型，应以服务型公共关系活动模式为主。实惠型公关活动是以提供各种实惠服务为主（酒店消费指导、酒店产品介绍、服务指南、优惠消费等方式）以此获取社会公众的了解与好评。服务型公关活动就是一切从顾客出发、一切为顾客着想，以实实在在的行动获得顾客的好感而达成促销的目的。

（5）酒店公关活动的评价。从知名度、美誉度、公众评价等方面评价酒店的形象。

 实训考核

一、知识训练

1. 说明公共关系的构成及特点。
2. 列举酒店公共关系的内容。
3. 说明酒店公共关系的活动。
4. 列举酒店公共关系活动的程序。

二、能力训练

案例 4 - 15   **长城饭店的成功公关**

1984 年年初，当长城饭店的经理和公关人员得到里根总统访华的消息后，立即意识到这是一个非常难得的机会。他们想，美国总统如能光临长城饭店，将会给"长城"带来极大的声誉，对饭店前途产生极大的影响。外国总统结束国事访问后，临别时总要举行答谢宴会。按照往日惯例，答谢宴会总是在人民大会堂宴会厅举办。而开业不久的长城饭店想打破这一惯例，他们迅速制订出了周密的公关计划，并全力付诸实施。

当时，饭店还未全部竣工，服务设施尚不完善，公关部人员克服种种困难，做了大量准备工作。他们不厌其烦地陪同美国驻华使馆的工作人员参观饭店，介绍各种设施、服务项目及保安措施，接待上百名外国记者，为他们提供各种通信设施和材料，协助他们采访，做到有求必应。

经过努力，终于争取到了里根总统在"长城"举办答谢宴会的机会。1984 年 4 月 28 日，来自世界各国的 500 多名记者聚集在长城饭店，向世界各地发出了里根总统举办答谢宴会的消息。这些消息，当然无一不提到了"长城饭店"。于是长城饭店在全世界声名大振，许多外国人产生了好奇心："长城"是怎么样的一家饭店，为什么美国总统选择在这里举办宴会？以至于后来许多外国来宾一下飞机，就想到"长城"去住宿。此后，长城饭店的生意格外兴隆，接待了许多国家元首和政府首脑，在长城饭店举行答谢宴会已成为惯例。所有这些都不能不归功于长城饭店那次极为成功的公关活动。

问题讨论：
1. 长城饭店采用了何种公关方式？
2. 列出长城饭店公关活动的工作程序。

工作任务五　直接营销

电视直销

位于佐治亚州亚特兰大市的 Waverly 饭店拥有 521 间客房，该饭店有两个电视节目，一个是快乐调频星期五之夜（Big Band Friday Night），另一个是周日早午餐时段在饭店大堂的 DJ 时空（Disc Jokey Session），这两个节目吸引的客人占饭店拥有的当地业务的 40%。自节目开播以来，饭店周末的客房出租率增加了 20%。这一促销活动也使地方居民在结婚、召开晚会和举行节日庆祝活动时首选这家饭店。

分析案例请回答：电视营销对 Waverly 饭店有何影响？

一、酒店直接营销的含义及其特征

1. 酒店直接营销的含义

直接营销是指同精确细分的个体消费者进行直接联系以获得他们的迅速响应并培养持久的客户关系。直接营销人员经常一对一地同客户进行直接沟通。通过详尽的数据库，他们将产品和沟通方式定制为适合更为狭小的市场区域甚至是个人需要的形式。直接营销人员还可以直接、快速地测量顾客反应。对于酒店来说除了为客人提供标准化的产品以外，更多的是为客人提供个性化的产品。在酒店中，直接营销方式非常普遍。

2. 酒店直接营销的特征

（1）酒店直接营销是非大众化的，营销信息只是针对某个具体的人。

（2）酒店直接营销是迅速的并且是顾客定制化的，信息可以很快准备好并且可以为吸引具体的顾客而量身定制。

（3）酒店直接营销是互动的，营销团队和顾客之间可以对话，信息可以根据顾客的需要而修改。直接营销非常适合高度目标化的营销以及建立一对一的顾客关系。

二、直接营销的优点

对于购买者来说，直接营销更加便利，容易使用，并且更加个性化。顾客可以在家中或办公室的任何时候浏览酒店邮寄的产品目录或酒店官网，了解到大量产品和信息，购买者可以通过电话或在线网络对自己需要的产品进行描述，然后进行现场订购。

对酒店来说直接营销是建立客户关系的有力用具，应用数据库营销可以将目标确定在极小的细分市场或个人上，设计适合顾客需求的产品，然后通过定制化的沟通方式进行促销活动。因为客户数据库是关于个体客户的综合性信息的有序集合，包括地理、人口统计、消费心态和购买行为的数据。如丽嘉酒店的客户数据库拥有 50 多万个个人客户的偏好信息。根据数据库信息酒店可以仔细调整产品和沟通方式，来服务于很小的客户群体。

通过直接营销可以接触到大量的潜在客户。直接营销可以降低流通成本，使产品价格比同类产品更低，取得的经济效益更大。

三、直接营销的形式

（1）电话营销：酒店营销人员通过电话直接销售酒店产品。或使用免费电话接收来自于电视、广告、直接邮寄及目录营销的订单。

（2）直接邮寄营销：酒店直接邮寄给特定地址的顾客一些产品资料，邮寄产品、产品目录、信件、广告、宣传册、音像材料、电子邮件、传真邮件、语音信箱。通报最新报价、销售通知、产品信息和其他信息。直接邮寄营销非常适合直接的、一对一的传播。它在所有产品的促销上都是非常成功的。它能更有效地接触潜在客户、选择客户。

（3）网络营销：在酒店自己的网站上与顾客互动，了解具体客户的需求，为客户定制个性化的酒店产品。同时在线发送全部产品目录、特定消费品目录展示酒店环境、客房、餐饮、康乐产品和接受订单。

（4）电视直销：直接营销人员通过发布电视广告对其产品进行有说服力的描述，同时提供免费电话接受顾客的订购。采用家庭购物频道用于销售产品和服务或播出一个电视节目销售产品，观众通过免费电话进行订购，然后在 24 小时内收到产品。

（5）人员推销：（前面已经讲过，不再重复）。

实训考核

一、知识训练

1. 说明直接营销的含义及特点。
2. 列举酒店直接营销的优点。
3. 列举酒店直接营销的形式。

二、能力训练

查看下列酒店网站获得更多的酒店产品信息：万豪、喜来登、香格里拉、皇冠假日酒店、凯宾斯基饭店，它们的哪种产品最吸引你？如果想在网上购买这些产品，什么信息最有用？

案例 4 - 16　　　　　　　　　　　　**百事可乐失败的促销**

1992 年，美国百事可乐公司在菲律宾大打推销之战，"今天，你就可能成为百万富翁！"的广告一连几星期充斥在菲律宾的报章、电台、电视等传播媒介上。极富诱惑力的广告迷住了众多存有侥幸心理、梦想一夜之间成为百万富翁的菲律宾人。安杰洛太太就是其中一个。她失业在家，丈夫是三轮车夫，每天收入约 4 美元。他们和五个孩子住在贫民窟的铁皮屋顶棚户内。发财的美梦促使他们每顿饭都喝百事可乐。

5 月 25 日，晚间新闻节目宣布：持有印有"349"号码瓶盖的人，将可获得 100 万比索的巨奖。安杰洛太太急忙把一堆瓶盖倒在桌上翻找，突然，她尖声叫了起来："我们发财了！"意想不到的惊喜使安杰洛太太充满了幻想：我要让孩子们都上大学！要让丈夫买一辆神气的载客吉普车！我们还要买一所像样的房子！噢，感谢上帝！我们的梦想终于实现了！

谁也不曾料到，安杰洛太太的美梦却成了百事可乐公司的噩梦。由于出了差错，中奖号码报错了。本来中奖的应该是一个，而印有"349"号码的瓶盖却有 80 万个之多。"349"似乎有一种魔力，平日政府办不到的事情它却办到了，那就是空前的团结。一时间，菲律宾人无论是共产党游击队还是军方将领，无论是衣着光鲜的主妇还是赤脚的乡下人，都拧成一股绳，手拿号码"349"的瓶盖蜂拥前往领奖，但百事可乐公司拒绝给钱。

百事可乐公司的食言，惹恼了众多的获奖者。据统计，至少有 32 辆百事可乐运货车被人掷石块、纵火或推翻在地；有人甚至向百事可乐厂房和办事处投掷燃烧瓶与土制炸弹；有 22 000 人提出 689 项民事诉讼，向公司索取赔偿；另有 5 200 人提出刑事诉讼，控告百事可乐公司诈骗。面对发生的骚乱，他们紧急开会，仓促做出决定：给每位持瓶盖者发奖金 500 比索。

他们以为此事只涉及几千人，谁知一下子来了 486 170 人。他们本来计划以 100 多万美元了结此事，不料所需金额超过了 4 000 万美元。如果花 1 000 万美元能了结此事也算不幸中之大幸，然而要求索赔的示威活动仍在进行。

问题讨论：

1. 百事可乐促销失败的原因是什么？
2. 在开展促销活动时，如何避免意外情况的出现？

 项目四小结

本项目分为五个任务分别论述了促销的五种形式或五种工具，内容总结如下。

1. 促销活动实质是酒店与顾客的信息沟通，促销主要有人员销售、广告、营业推广、公共关系和直接营销等形式，它们具有各自的优缺点，在实际促销中应采取推式或拉式策略，考虑促销时的各种影响因素把五种促销工具结合起来，按照促销计划的步骤进行促销才能取得良好的效果。

2. 人员推销是在酒店促销宴会、会议产品时最常用的工具，它具有双向信息交流、针对性强、突出个性色彩、塑造酒店形象的特点，人员推销有客户拜访、电话营销或网上营销等形式，人员推销的实施应按照步骤进行，并且采取一定的策略和技巧。

3. 广告是酒店业营销沟通的一个主要促销方式，它是一种付费式的大众传播方式，它是传播组合中最具可见性的要素。广告不同于一般大众传播和宣传活动，具有自身的特点，即传播面广、传递速度快、表现力强。按照广告工作的流程进行广告策划，选择不同的广告媒体，播出广告后对酒店促销广告效果进行评价。

4. 营业推广也称销售促进，它是企业用来刺激早期需求或强烈的市场反映而采取的各种短期性促销方式的总称。营业推广具有临时性、持续时间短、直接促使购买或销售的特点。营业推广类型有三种，针对顾客、中间商和推销人员。营业推广活动要取得良好效果就必须首先制订一个切实可行的方案，这样执行营业推广活动才能顺利进行。

5. 公关关系是一项营销工具，是连接企业和各种对象人群的一种沟通手段。公共关系可以采取广播媒体（电视、电台和网络）、印刷媒体（报纸、杂志等）、记者招待会、新闻发布、参与市政府活动、社交活动、社区活动、员工交往、发表演说、拜访、会见、照片等手段。它具有自身特点，即酒店形象是公共关系的核心；酒店公共关系的最终目的是促进产品销售，内求团结，外求发展；它属于一种长效促销方式，按照公关活动的程序进行策划和实施。

6. 直接营销是指同精确细分的个体消费者进行直接联系以获得他们的迅速响应并培养持久的客户关系。直接营销更加便利，容易使用，并且更加个性化。通过直接营销可以接触到大量的潜在客户。直接营销可以降低流通成本，使产品价格比同类产品更低，取得的经济效益更大。酒店直接营销的形式有电话营销、直接邮寄营销、网络营销、电视直销。

参考资料信息

客房促销十法

（1）主题营造法。如文学家、科学家、收藏家、书法家主题客房等。一般而言，应以当地历史文化元素为切入点。

（2）VIP命名法。在预订的前提下，根据VIP客人要求做个性化布置并予以新的房间命名，可以其英文名代替房号。

（3）延住奖励法。如客人下榻2天以上，从第三天起每延长1天即可获得一定的餐饮有价券，或换算成客房折扣积分。

（4）电话促销法。客房电话机均采用IP制式并免收服务费，鼓励下榻客人在房内打长途电话。

（5）退房延时法。视酒店出租率情况可同意客人将退房延时到下午3~6时。

（6）钟点定价法。将客房"批发价"（以"间夜"为单位）改为"零售价"（以小时为单位），如1个小时的收费是25元、3个小时收70元、6个小时收110元、12个小时收180元，"钟点房"适合交通枢纽区、大学住宿区、商务办公区等。

（7）积分奖励法。以"间夜"为1个积分单位，每季/年统计并给予相应的免费房，或与其在酒店内消费的总额一并作为积分奖励的累计数。

（8）绿色环保法。鼓励下榻客人积极投入环保活动。如选择不放置或减少"一次性客用品"的数量，或减少布草洗涤次数，均可获得相应的房价折扣，并在离店结账时兑现。

（9）鼓励投诉法。凡在其下榻客房内，据管家部列出的"产品质量承诺一览表"找出与"OK房"不相称的内容而投诉者，可视其情节给予相应的物质奖励，如免费取用若干"迷你吧"食品等。

（10）常客计划法。将酒店常客列入"常客奖励计划"以"VIP跟踪服务系统"统计其入住酒店的频率，并实施奖励（包括入住升级等）。

模块五　酒店营销活动实施

模块五主要介绍酒店在营销计划和营销策略指导下开展的具体销售活动，包括旅行社销售业务、商务客户销售业务、会议客户销售业务、宴会销售业务四个项目。

项目一　旅行社销售业务

 项目描述

旅行社是酒店最常接待的客人，本项目主要介绍酒店对旅行社的两种销售业务。一是酒店对旅行团的销售工作，包括对旅行社销售的专员从拜访客户、现场展示介绍、与旅行社洽谈、签订合作协议、销售订单跟进及最后接待旅游团入住酒店的工作程序及填写表单。二是酒店对旅游散客的销售工作，主要是对预订散客和自投散客的销售工作及填写所需表单。

 项目目标

【知识目标】掌握旅行社销售工作各阶段的要求，了解各种表单的含义和内容。
【能力目标】能够按照旅行社销售工作程序销售酒店产品，会填写所需表单。

工作任务一　旅行社销售业务

 引导案例

销售经理工作月报表

销售经理					日期		
本月主要工作	总房间天数				会议总数		
	拜访各公司名称		商务散客市场分析		会议名称		旅行社市场分析
	总营业额				人民币（元）		
本月主要成绩							
本月主要不足							
客人主要意见							
营销员工作业绩	姓名	拜访客户数	拓展合约客户数	合约客户当月消费金额	客户意见落实率	总计	
下月计划	总房晚数			总营业额			

分析案例请回答：销售经理工作月报表有哪些内容？有什么意义？

 相关知识

一、旅行社销售专员拜访旅行社

1. 了解走访对象情况

根据本酒店的具体情况及周边地区旅行社，寻找目标合作对象，确定酒店走访的旅行社。旅行社销售主管制定销售策略和旅行社走访计划，旅行社销售专员查询这些旅行社的基本情况、主要负责人员情况、最新人事变动情况和部门设置、旅行社的资信情况及最近旅行社的运营情况。

2. 准备走访所需资料

为表示礼貌和节约时间，销售专员应给初次接触的客户提前打电话预约：向客户介绍自己和所服务的酒店，陈述打电话的目的，并且希望与其进行一次会面（客户同意会面后，要向其确认会面的时间、地点）。

打电话预约后，准备好酒店宣传资料、价格表、客户资料、酒店简介、工作记录本、销售访问报告、名片、礼品等，准备洽谈提纲（问题、推销内容、推销方式等）。

3. 出访旅行社

销售专员携带资料按约定的时间到达指定地点，旅行社销售专员有礼貌地向对方问候，向客户自我介绍并诚恳地双手送上名片，说明拜访目的。与旅行社的联系人进行交谈沟通，询问旅行社近期客源情况、业务量如何。同时介绍酒店的营业状况、新产品的开发状况、最新推出的销售政策；将自身产品的优势与对手产品的不足对比。尽量争取客户明确的预订或合作意向，并确定下次见面的时间、地点。

4. 整理所获信息

拜访回来，销售专员对访问内容记录进行整理，填写旅行社拜访记录。如客户预订，应立即交给酒店相关部门处理；如果是有可能的预订，销售专员要记录在日历表上并在预订之前适时联络跟进；对拜访过的客户，销售专员应于第二天打电话或传真致谢。

5. 撰写工作总结报告

整理拜访信息后，销售专员写出拜访总结报告，分析市场、客情，并提出自己的建议。表5－1为销售员旅行社拜访记录表。

表5－1　销售员旅行社拜访记录

旅行社名称			
拜访时间		上次拜访时间	
联系电话		详细地址	
联系人		职务	
所带资料	1. 2. 3.		
访谈纪要	1. 2. 3.		
旅行社意向	1. 2. 3.		
旅行社客源状况	1. 2. 3.		

表5－2为每日销售拜访报告。

表5-2　每日销售拜访报告

客户名称	联系人	职务	地点	结果	跟进日期

二、现场参观展示及服务介绍

1. 准备工作

为表示礼貌和节约时间，销售专员应给初次接触的客户提前打电话预约参观时间、地点；制订客户参观的行程并准备好酒店的宣传资料、个人名片等物品，检查参观场地（客房、宴会厅等）和其预订情况。检查客房是否有人居住且清洁整齐，大厅桌椅是否摆放有序，走廊内是否有杂物堆放等，检查客户经过的地方，将相关信息通知相关岗位。销售专员通过前台查找合适的客房或大厅并准备好钥匙，告知前台客户的姓名或客户名称及约定的时间、地点。

2. 接待参观客户

销售专员按客户的预计到达时间，带好准备的资料到指定地点迎候客户。客户到达后，销售专员向客户了解时间安排，介绍此次的行程安排并向其发放酒店宣传资料。

3. 现场介绍酒店设施及服务项目

销售专员向客户介绍行走路线，并根据客户要求进行调整，按照参观路线进行参观讲解，向客户介绍各类服务设施、营业时间、产品优势、销售政策、服务项目。销售专员带领客户参观客房时，应按照从低档到高档的顺序进行。应告知客户紧急出口、照明灯、灭火设备、烟感探测器等的位置；参观房间时，销售专员带领客户先从窗外开始，介绍一些户外景色及重要建筑，再按顺序介绍房间内各种设施的特点及客户应能从中得到的享受，如双层窗帘、电视机的各个频道介绍、客房送餐菜单、房间的保险箱等；离开房间时，介绍门镜、门链及开关的位置等；介绍康乐部的休闲娱乐项目、酒店的酒吧、咖啡厅等其他服务设施。

在参观过程中，销售专员应多征求客户意见并及时记录。在遇到各岗位的主管时，应向客户介绍，请他们向客户介绍各自设施的特点。

4. 参观结束

参观即将结束时，一方面销售专员要征询客户建议，认真做记录，并在事后进行整理，通报有关部门，并填写销售工作报告，做好下一步跟进该客户的措施和计划；另一方面要询问客户今后是否有合作的机会，尽量与客户建立长期往来的关系或签订合作协议。如果客户需要签订协议时，双方经办人必须签字，加盖双方单位的公章。如果客户不需要签订协议，参观结束时向客户致谢，询问客户是否还有其他要求，并将客户送出酒店大门。

三、与旅行社洽谈

在争取到旅行社的合作意向后，下一步就是与旅行社进行洽谈。旅行社销售专员有礼貌地向对方问候，初次见面时主动递上名片，向对方分发酒店的宣传资料，介绍酒店的地理位置、硬件设施、服务项目，宣传酒店的优势等，介绍酒店近期的经营情况并询问对方近期的客源情况，详细介绍酒店最新的销售政策，询问其他竞争对手销售动向和销售政策，对市场进行全面的了解，双方就酒店对旅行社提供的客房种类和优惠价格；客房价格所含及不含的项目、服务、标准；对免费房及全陪、地陪、领队的优惠水平；确认联系方式、定金制度及通知确认方法、结账方式及时间要求；对违约责任及赔偿等事项进行洽谈，征求客户对酒店的意见和建议，并做好记录。客人感觉满意，即酒店与旅行社达成共识。

在友好的气氛中赠送礼品，增强销售效果，融洽关系。

四、与旅行社签订合作协议

酒店与旅行社达成共识后，旅行社销售专员根据洽谈内容拟定合作协议，由双方代表签订合作协议，一式两份。报旅行社销售主管、营销部经理审批盖章。审批后由合同承租人签字盖章，酒店留一份，旅行社一份，正式生效。双方按照合同约定执行。销售专员按酒店有关规定建立合同台账登记，同时将合同正本送财务部，合同副本送交前厅部，本部门留底存档。表5-3为订房协约合同书。

表5-3　订房协约合同书

订房协约合同书
＿＿＿年＿＿＿月＿＿＿日，由＿＿＿＿＿＿＿＿酒店（以下简称甲方）与＿＿＿＿＿＿＿＿旅行社（以下简称乙方）经友好协商，达成如下协议。
一、推销
1. 乙方同意利用其销售网络推销甲方的产品和服务，并向来到本市的所有客户和即将成为乙方客户的人推荐甲方的服务设施。
2. 乙方保证在任何可能的情况下，在本市接待旅客时，将选择甲方作为其客人的下榻处，特别是旅游包价团、系列团队、旅游团队。
3. 乙方同意把甲方编入其宣传项目及宣传册之中，并在合适之处采用甲方的彩色照片，这些宣传品、宣传册一经出版应立即送甲方样本。
二、价格
考虑到乙方可能提供的客源量，甲方同意按下列条件和价格（不含佣金）接待乙方的客源。
（一）团队预订：单人间/双人间（10人及10人以上）
1. 淡季（十二月、一月、二月、三月）＝＿＿＿＿＿＿＿元人民币。
2. 平季（四月、六月、七月、八月）＝＿＿＿＿＿＿＿元人民币。
3. 旺季（五月、九月、十月、十一月）＝＿＿＿＿＿＿＿元人民币。
（二）散客预订：单人间/双人间（10人以下）
1. 淡季（十二月、一月、二月、三月）＝＿＿＿＿＿＿＿元人民币。

2. 平季（四月、六月、七月、八月）= ＿＿＿＿＿＿元人民币。

3. 旺季（五月、九月、十月、十一月）= ＿＿＿＿＿＿元人民币。

4. 所有套间一律享受＿＿＿＿＿＿% 的优惠；所有客用房加床为＿＿＿＿＿＿元人民币，陪同床为＿＿＿＿＿＿元人民币。

注：所有价格不含任何早餐及城市建设费。

三、餐费

1. 中式早餐 = ＿＿＿＿＿＿元人民币。

2. 西式早餐 = ＿＿＿＿＿＿元人民币。

3. 午餐套餐（西餐）= ＿＿＿＿＿＿元人民币。

4. 晚餐套餐（西餐）= ＿＿＿＿＿＿元人民币。

注：餐费不包含酒水。

四、价格保护

在任何情况下，乙方不得以比门市价更高的价格将甲方的客房出让给第三者，当甲方门市价随季节改变时，甲方应通知乙方。

五、预订

团队入住前，乙方应向甲方销售部办理团队预订手续；甲方将根据订房情况和接待能力于接到预订通知的 3 天内，决定是否接受此预订并以书面形式通知乙方；未经甲方接受并确认的预订，甲方概不负任何责任。

六、客房占用期限

按预订经确认的客房在入住日下午 2：00 之后方可入住；离店时间为正午 12：00 点之前。

七、客房分配单

乙方同意在客人到前 30 天，向甲方提供将入住甲方的团队所有成员名单及住房分配方案，包括航班消息、用餐标准。如果乙方未能按上述要求提供这些信息（除非另有协议），甲方有权取消已预订的客房及设施并转售给其他客户。

八、免费房

甲方同意为每＿＿＿＿＿＿位付费客人提供半个双人间免费房，但每团的免费房不超过＿＿＿＿＿＿个双人间。

九、取消预订

乙方如果需要取消或减少预订房，应按下列条件书面通知甲方。

房间数要求与提前通知期限一览表

房间数量	提前通知天数要求
10 间以下	到客前 10 天
10 ~ 25 间	到客前 15 天
26 ~ 50 间	到客前 20 天
51 间以上	到客前 30 天

在最短期限之后，如果团队要求取消或减少＿＿＿＿＿＿% 以上的预订房间数，甲方将收取每间取消房 1 天的房租作为未及时取消预订的费用。

十、确认未到预订

如果整个团队在入住日未到，乙方同意支付甲方当日所损失的房费，同时支付整个实际居住期应付的房费。

十一、押金/付款

乙方同意在系列团预订时付给甲方押金＿＿＿＿＿＿元人民币。如果乙方没能履约，甲方可以从押金中抽取全部或部分作为甲方应得的押金。如果乙方完成合约，全部押金（不包括利息）将如数退还乙方或作为乙方应付甲方费用的一部分。

除了上述押金外，乙方承诺在团队离店后 30 天内支付团队下榻在甲方期间所产生的一切费用。否则甲方有权力向乙方收取其超出天数的相应租息，利率按银行公布的同期活期存款利率计。

续表

十二、保密 此文件中的全部内容为绝密性质，不管是出于任何原因或目的，乙方都不能透露给第三方。乙方对此表示理解并遵照执行。
十三、合同期 本合同条款期限为_____年_____月_____日开始至_____年_____月_____日截止。合同一式两份，由乙方签字后在_____年_____月_____日之前交给甲方，由甲方监督执行。
十四、违约责任 双方在执行合同过程中有违约行为时，本着友好协商的原则处理。确实不能达成一致意见时，双方同意交由当地仲裁机构仲裁或交当地法院裁判。 甲方代表同意接受　　　　　　　　　　　乙方代表同意接受 授权签名：　　　　　　　　　　　　　　授权签名： 姓名：　　　　　　　　　　　　　　　　姓名： 职务：　　　　　　　　　　　　　　　　职务：

五、销售订单跟进服务

1. 接到客房预订

酒店接到旅行社的订房询问后，销售专员要取得关于旅客住宿登记的资料（抵达日期、预计住宿天数、所需要的房间数和形态以及人数），填写《客房预订单》，检查旅客所要求的房间形态在订房日期是否为可供使用的空房。表5-4为客房预订单。

表5-4　客房预订单

称谓：_____ 抵达时间：_____　离开时间：_____ 预订到达时间：_____　班机号码：_____ 房间形态：_____　房号：_____ 住房人数：_____　房价：_____ 特殊要求：_____
住址：_____　联络人姓名：_____ 　　　　　　　　　　　　公司名称：_____ 电话号码：_____　住址：_____
付款方式：_____　保证订房：_____ 　　　　　　　　　　　　信用卡号码：_____ 　　　　　　　　　　　　确认与否：_____ 附注：_____
经手人：_____　预订日期：_____

如果房间可供销售，旅客订房的要求酒店就会接受。预订员立即把详细资料记载在订房

记录表或电脑资料库。必须在 24 小时以内向客户发送《预订确认函》,《客房预订确认表》。

接到客户回复的《预订确认书》,销售专员尽快以电话或填写《订房通知单》传真回复客户。

如果酒店无法在订房日期满足旅客特殊的住宿要求、酒店已经客满或旅客已列入黑名单,应对客户表示歉意及说明其要求是无法提供的,试着帮他改变要求或变更日期。如旅客不接受,可再提供本集团的其他酒店或其他相关兄弟酒店,作为另一选择。整理因客满而谢绝订房的旅客历史资料并建档保存。如果客人是黑名单上的人,查看客人先前的表现是否有不良付款记录或其行为让人讨厌,如有则谢绝他订房的要求。表 5-5 为预订确认书。

收到客户预订回复后,说明旅客接受了要求。销售专员填写内部《客房预订通知单》,尽快(不超过 6 小时)通知接待部门准备预订事项。销售专员要查询、督促接待部门落实订单各项要求。销售部门要密切联络客人,接到客人更改信息,判断是否符合更改规定,如果符合,一方面将更改事项记录在《客房预订变更单》上,并按客户要求予以书面确认。另一方面根据更改事项填写《变更通知单》并发放相关部门。相关部门接到《变更通知单》后,要签收回复。签收更改信息的部门在完成更改处理后,应及时告知预订处,以确认完成预订更改。

如果客人通知取消预订,应填写《取消订房记录单》记录通知人的姓名、电话、通知时间和取消原因;核实后,在《客房预订单》上加盖"取消"印章,送交前厅部;同时填写《预订取消通知单》、原预订的事项,在接到《预订取消通知单》的同时及时通知有关部门。

表 5-5　预订确认书

编号:＿＿＿＿＿＿＿＿

酒店:	地址:
电话:	传真:
预订号:	日期:

＿＿＿＿＿＿先生/女士:多谢您的预订,先确认如下订房信息!

客房预订确认表

预订人信息	预订人姓名		旅行团号	
	抵达日期		时间	
	离店日期		时间	
客房信息	房数		房间类别	
	房价	已含服务费	另加 15% 服务费	
餐饮	□西式自助早餐	□西式午餐	□西式晚餐	
	□中式早餐	□中式午餐	□中式晚餐	
结算事项	□在客人抵达之前电汇全部款项,并传真汇款单 □离店之前由客人结清全部账款 □如客人未如期到酒店,酒店将收取 50% 的押金作为损失费。			
备注	1. 所有价格均为人民币标价			
请留意	2. 除非收到订金或保证书,否则订房只保留到当天下午六时,订金恕不退还。 3. 退房时间为正午十二时			

4. 有关此项预订的任何查询或变更,请联络酒店营销部下列签名者

谢谢合作!

预订员:＿＿＿＿＿＿＿

2. 接待准备

按照对方预订单（机票、车票、接送服务等）要求，旅行社销售专员与各部门联系落实，团队抵达前（尤其是一些重要团队），旅行社销售专员要检查房间是否按要求安排好；落实订餐，记录该团队进餐的地点；检查机票、车票及提出的要求是否落实；了解团队准确的抵达时间，与有关旅行社联系，弄清有关团队接送及在本地的活动安排，提前做好各项准备；填写《旅行社入住通知单》（表5－6）。

表5－6　旅行社入住通知单

旅行社名称				
客人数		陪同数		合计
抵店时间	＿＿月＿＿日＿＿次（航班）＿＿时＿＿分自＿＿抵店			
离店时间	＿＿月＿＿日＿＿次（航班）＿＿时＿＿分离店赴＿＿			
退房时间	＿＿月＿＿日＿＿时＿＿分		通知人	
接待单位			地陪	
结算单位			付费方法	
客房	单间　标准间　套间		金额	
餐饮	餐饮　标准　元/人　饮料　元/人		金额	
服务	行李接送　元　综合服务费　元		金额	
地陪签字			合计	
房号				
备注				

旅游团队到达前一天，接待员核对公关营销部预订处下发的团队接待通知单中的信息，如发现问题或疑问，应及时联系预订处核实相关内容。核对无误后，按照每个团队资料要求的房间数及房型，从空房表中找出房间并做预分房，将预分房号码写在团队预分房报表中间分送礼宾处、客房部，在房态表上注明预分房，按每个团队的房间和每间房的人数为每个客人准备房卡，注明姓名、房间号、离店日期和团队编号，把房卡装入团队欢迎袋中，信封上注明团队编号和房号，通知客房部做好准备工作。若有客人的留言或信件，也必须放入相应旅游团队欢迎袋中。

六、接待旅游团队

团队抵达时，旅行社销售专员要与团队领队及陪同联系，并询问该团的团号、人数、房数、接待单位，找出该团的资料，与陪同再次核实订房、订餐内容。若有变化，马上在分房表上作出修改，如果有临时增加房间，应尽量满足并就付款事宜联系公关营销部销售处；如果需减少房间，则通知销售专员确定收费标准；若要求增加陪同用房，则按有关规定办理。

了解是否有另外的问题出现或提出了什么特别要求；请陪同确认团队的叫醒时间、行李收集时间、用餐时间、离店时间等，记下领队及陪同的房号，请其在团队入住通知单上签字，告知客人用餐地点。请陪同或领队提示客人将贵重物品寄存在酒店保险箱内。

前厅接待员请陪同填写入住登记表并检验其有效证件，如果是外宾团，请陪同出示团体签证，如果无团体签证，应请每个客人填写入住登记表。

根据团单重新确认客人用房数与房卡是否正确，请陪同在团体入住登记表上签字。将团队欢迎袋交给陪同协助其分房。在其分房期间，立即在电脑中将该团的房间改为住房状态，打印团队住客名册表，检查表上信息是否正确，然后在表上签字，将团队入住通知单下发到礼宾处、总机、餐饮部、客房部和收银处，其原件留存前台备查；通知楼层和礼宾处该团已到达；与礼宾处联系，通知行李生迅速引领客人进房间；与总机确认团队电话的叫醒时间、领队及陪同的房号。与餐饮部联系通知客人就餐地点、时间、标准等事项。

在接待过程中，销售专员要将客人的意见或建议及时反馈给有关部门进行改进；如有重大投诉，应及时通知有关部门并报告营销部经理，如解决不了，尽快向总经理请示处理；如因发生不可抗力事件而造成不能按客人要求完成任务时，应立即通知客人，做好解释工作，尽量取得客人谅解；如客人要求赔偿，尽快汇报给营销部经理；如事件重大，由公关营销经理请示总经理处理。

接待结束，团队离店前，旅行社销售专员与礼宾处确认行李的分发，与结账处联系，协助团队办理结账手续；旅行社销售主管征询领队、陪同及客人对酒店的意见，并请客户填写《客户意见反馈表》，以便日后改进；旅行社销售专员送客人到酒店大门，感谢客人光临酒店，祝客人下一站旅途愉快。

七、建立客史档案

团队退房后，预订处将团队预订单、团队通知单等资料归档保管；销售专员将客人的意见或建议及时反馈至营销经理，营销经理将客人意见反馈至有关部门或报告总经理。销售专员将接待资料、客人的建议或意见整理存档。如是重大接待可报告营销经理一同上门回访客户，征询意见或建议，可适当送上致谢礼物。

继续关注市场动态、合作旅行社及竞争对手的相关信息，并注意收集、整理这些信息，按时统计、分析收集的资料，并定期提交工作报告。表5-7为现有客户档案表。

表5-7　现有客户档案表

客户资料	名称			地址		
	电话		传真		邮编	
	成立日		注册资金		主要股东	
	开户行		账号		付款信誉	
	负责人	职位	教育	性格	出生日期	
	联系人	职位	教育	性格	出生日期	
	经营方式	□积极　□踏实　□保守　□不定　□投机				
	业务范围					
	发展情况	□兴隆　□成长　□稳定　□不定　□衰退组织				
	组织	□上市公司　□私人有限公司 □中外合资　□外商独资　□国营员				

续表

	名称			地址	
客户资料	员工人数	管理人员____人；普通员工____人 中方____人；外方____人；共____人			
	同业地位	□领导者　□具影响力 □中等　□小型厂商　□其他			
	喜用酒店及原因				
与酒店往来	合约号		折扣	签约日	营销人员
	长住房		VIP号	其他	
	前年用房晚数		消费额		
	去年用房晚数		消费额		
	今年用房晚数		消费额		
对酒店意见	总体				
	客房				
	餐饮				
	娱乐				
	其他				
	备注				

实训考核

一、知识训练

1. 列举旅行社销售专员拜访工作的步骤。
2. 说明现场参观展示及服务介绍的流程。
3. 说明酒店与旅行社洽谈哪些事项。
4. 酒店与旅行社签订的合作协议包括哪些内容？
5. 列举销售订单跟进服务填写的表单。
6. 说明接待旅游团队要做哪些准备工作。

二、能力训练

案例 5-1

　　旅游销售员小王准备 2013 年 1 月 6 日去拜访红日旅行社预订代理人小李，小李最近接待了一个 10 人的旅游团，正准备与酒店联系客房，他要订 11 个单间，房价是 200 元/间，预计 1 月 16 日入住，1 月 19 日离店。餐饮标准 60 元/人/天，饮料 10 元/人，所有费用现金支付。陪同一人。

　　根据此案例将学生分组，分别扮演销售员和旅行社的预订代理人进行旅游团销售程序的模拟，然后互换角色，并填写必要的表单。

案例 5 - 2

案例 1 - 3 鸿翔酒店营销策划方案中制订了激励方案，以调动酒店各部门的营销积极性，保证全年营销目标的完成，通过激励方案检查和控制营销活动按照营销计划进行。

激励方案

1. 销售部

（1）目标考核指标：按方案中淡旺季各月任务标准执行。

（2）工资发放。

① 总监、经理（助理）：50% 保底，30% 按完成部门任务比例发给，20% 按完成酒店任务比例发给，每月扣除，半年总评，完成任务补发。

② 部门员工按工资总额 50% 保底，50% 浮动（按当月部门完成任务比例发给）每月扣除，半年总评，完成任务补发。

（3）超额完成任务，按超出比例×工资总额奖励，当月兑现超出部分奖金。

（4）给散客销售代表房价提成奖励。

① 每天散客开房数：按方案中标准执行。

② 散客房达到 160 元/间或以上奖励：5 元/间（给散客销售代表 4 元，部门 1 元）当月兑现奖金。

③ 为了便于对代表考核，凡协议单位、销售部下单散客均计散客任务和提成（总公司客人计入任务，但不计提成，以此给全部员工压力，也给动力）。

（5）给旅行社计调团队用房倒扣。

① 按当月酒店定团队价给旅行社计调部倒扣五间以上：1 元/间、散客：5 元/间（为了在淡旺季同等的价格或稍高的价格的情况下保证较高的开房率，对计调部人员进行的公关）。

② 为防止漏洞、确保倒扣促销费到位，由财务部办理空银行卡、销售部安排两人以上进行记名派发，每月月底由销售部统计各社用房数，财务部核对，次月 10 日前转账至各社银行卡（按时结算，仅限总经理、财务部经理、会计、销售部知会，如泄漏消息则严肃处理）。

（6）销售部编制：6 人。

① 总监：1 人。

② 助理：1 人（负责旅行社团队业务）。

③ 主管：2 人（负责商务、会务散客）。

④ 文员：1 人（负责日常工作、网络订房销售业务）。

⑤ 美工：1 人。

（7）销售费用：通信、交通、招待、办公等费用可按财务现行标准执行；但总监个人交通、通信费另有明确标准。各项宣传促销费用按促销方案提前另制订方案。

2. 前厅部

（1）目标考核指标：15 万元/月（在客房销售总任务之内）。

（2）工资发放。

① 经理（助理）：50% 保底，30% 按完成部门任务比例发给，20% 按完成酒店任务比例

发给，每月扣除，半年总评，完成任务补发。

②部门员工按工资总额50%保底，50%浮动（按当月部门完成任务比例发给）。每月扣除，半年总评，完成任务补发。

（3）超额完成任务，按超出比例×工资总额奖励，当月兑现超出部分奖金。

（4）给散客高价房提成奖励：①每间普标散客房价达到180元/间、豪标200元/间、套房350元/间以上给予50%奖励，其中给当班人（组）40%，部门10%，当月兑现奖金。②为了便于考核，除协议单位、销售部下单散客外均计入前厅部散客任务和提成。

3. 餐饮部

（1）目标考核指标：40万元/月。

（2）工资发放。

①经理（助理）：50%保底，30%按完成部门任务比例发给，20%按完成酒店任务比例发给，每月扣除，半年总评，完成任务补发。

②部门员工按工资总额50%保底，50%浮动（按当月部门完成任务比例发给）。每月扣除，半年总评，完成任务补发。

③超额完成任务，按超出比例×工资总额奖励，当月兑现超出部分奖金。

④成本节约奖励

餐饮成本在财务规定的比例以下节约部分的50%奖励，其中给当班人/组40%，部门10%，当月兑现奖金。

说明：

①提高散客房价、入住率，降低开房率。

②各项活动、会务促销方案，活动卖点只能在提前45天左右制订方案才会有实际意义。

③餐饮销售方案由餐饮部另制订详细方案。

问题讨论：

1. 列出针对销售部制订的激励方案。

2. 列出针对前厅部制订的激励方案。

3. 列出针对餐饮部制订的激励方案。

工作任务二　旅游散客销售服务业务

 引导案例

客房安排的顺序

贵宾和一般散客，应优先满足贵宾的需要；有预订和未预订的客人，应优先满足有预订

的客人；常客和新客，要优先满足常客的需要；而对于难以满足其要求的客人，酒店要以诚相待，不能以旺季生意好而冷淡客人。

1. 不同客人的排房顺序

①贵宾；②团体客人；③有特殊要求的客人；④有预订已付定金的散客；⑤有预订未付定金的散客；⑥未预订直接抵店的散客。

2. 不同房间的排房顺序

①空房；②走客房；③预退房；④机动房；⑤自备房；⑥待修房。

分析案例请回答：

1. 排房时为什么优先满足预订的客人？

2. 常客和新客，为什么要优先满足常客的需要？

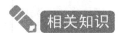 相关知识

一、预订散客的销售服务工作

1. 进行市场调研了解散客需求

旅行社销售专员根据本酒店的具体情况对周边地区人口地理特征进行调研，寻找客源市场的对象，了解他们的需求，加大促销宣传力度，利用酒店宣传资料推介酒店产品的特色、优点，提供客人满意的产品。同时与订房网络公司、连锁酒店的订房系统、航空公司、旅行社等机构进行合作，广泛争取客源，获得客户的预订。了解主要竞争对手的产品、价格、销售策略等情况。

2. 接到散客预订

散客预订采用电话预订、面谈预订、网络预订非常普遍。

旅行社销售专员听到电话铃声，应在铃响三声之内接听电话，首先报出自己所在部门然后报出姓名，询问客人姓名、预计抵达日期、预住天数、人数、离店时间等信息，复述确认询问信息。查看房态，是否有可销售的客房，如果有可向客人介绍房间，从高价向低价报房型、房间价格。询问客人付款方式、联系方式、抵达方式及时间、是否需要接站或接机，向客人说明，如果无明确抵达时间，房间只能保留到入住当天18：00。

如果客人预抵时间超过18：00，要求客人作担保预订，可采用预付款担保（预付定金一般根据酒店规定和当时的具体情况而定，一般不低于一天的房费）、信用卡担保和合同担保形式。如果客人采用其中一种形式，客人即得到了预订保证。

如果酒店客房已经订满，应征求客人意见，是否愿意将其列入等候名单，并说明如果有客人取消订房或提前离店，酒店可以通知等候的客人。

销售专员还要询问客人有无特殊要求，如有要详细记录。如客人的要求酒店确实不能代

办，应用礼貌的语言委婉拒绝或指引客人用另外的方式解决。复述预订内容予以确认。然后填写客房预订单。填写《预订确认书》尽快回复客人，取得客人的确认。

销售专员把客人的预订信息通知预订员及前厅部，准备接待预订客人。表5-8为预订确认书。

表5-8 预订确认书

感谢您选择本酒店，我们非常高兴为您作如下预订确认。
客人姓名：
客人联系方式：
入住日期：   航班号：
离店日期：   航班号：
房间数量与类型：
每日房价：
付款方式：
特殊要求：
注：无担保的客房预订恕只保留到18：00，若有任何变动，请预先告知，谢谢。
确认者：   日期：

3. 接待预订散客

（1）迎接客人。客人进店后，接待员面带微笑地向客人致意问候，表示欢迎。获悉客人要住店后，应询问客人有无预订，如果客人有预订，询问客人姓名，找出预订单；复述客人的预订房间、数量、离店时间并与客人核实有无变更。

（2）登记、验证。接待员请客人出示有效证件，检查证件照片和客人本人是否相符；检查证件印章、证件期限是否有效；证件检查完毕后，请客人填写登记表，同时在电脑中选出客人要求的房型并将房号在《房间状况表》上标明"OC"，表明该房已出租，审核客人是否已按入住登记表上的列项填写清楚、完整，确认付款方式，并请客人在登记表上签字。再次确认房价和离店日期，准备好房卡及钥匙，向客人介绍房间情况、酒店设施及酒店的各种规定。

（3）提供其他帮助。在办理入住手续过程中，要查看客人是否有留言、传真及电脑中作注明的特殊要求及注意事项，要检查是否有为其代收的信件或物品，如有应及时转交给客人并办理相关手续。

（4）送客进房。入住手续办理完毕后，接待员询问客人是否需要其他帮助，如果客人需要搬行李，则将房卡交给行李生，由其引领客人进房间，如果客人不需要帮助，用双手将房卡交给客人并告诉其电梯方位，并预祝客人居住愉快。

（5）资料存档。

① 接待完毕后，接待员按照登记表上填写的内容，准确地将信息输入电脑。

② 将登记表放入客人入住档案中，以便随时查询。

（6）客人离店服务。客人离店时，销售专员协助客人办理结账手续，征求客人意见，并请客人填写《客户意见反馈表》，以便日后改进；旅行社销售专员送客人到酒店大门，感谢客人光临酒店，祝客人下一站旅途愉快。

客人退房后，预订处将客人预订单、预订确认书、合同书、登记表、《客户意见反馈表》等资料归档保管；销售专员将客人的意见或建议及时反馈至营销经理，营销经理将客人意见反馈至有关部门或报告总经理。销售专员将接待资料、客人的建议或意见整理存档。

二、自投散客销售服务工作

1. 迎接客人

当客人进店时，前厅接待员面带微笑地向客人致意问候，表示欢迎。获悉客人要住店后，应询问客人有无预订，如果客人没有预订，问清客人所需房间类型及有无特殊要求，对于第一次光临酒店的客人，要主动将房价表双手呈递给客人，按由高到低的原则向客人做简单的介绍和推销。客人确认房间类型后，迅速在电脑上查找，如有空房，向客人介绍酒店现有可供出租的房间种类和价格，确认客人能够接受的房价、折扣、房间种类、离店日期。根据分房原则，将房号告诉客人并征得客人同意。

2. 为客人办理手续收取押金

前厅接待员请客人在登记表上填写相关内容，问清付款方式，按照酒店规定并协助前台收银员收取押金，接待员在入住登记表上写清房价、押金支付方式及数目并请客人签字。核对客人身份证号码、护照、签证有效日期、信用卡签字等证件及内容，分配房间后应再次确认房价和离店日期，把填好的房卡及钥匙交给客人。表5-9为国内宾客住宿登记表。

表5-9　国内宾客住宿登记表

姓名	性别	年龄	职业	工作单位			从何处来	
有效证件名称		证件号码		常住地址			到何处去	
入住日期	年	月	日	时间	退房日期	年	月	日	时间
同宿人					退房时间为中午12：00，延时退房加收房租。请将贵重物品寄存在前台，免费保险箱内，否则如有遗失恕酒店概不负责。有无贵重物品保管：有　　无　　宾客签名：				
以下由接待员填写								
房价		付款方式		预付款		同行房号		
备注								

3. 提供其他帮助

入住手续办理完毕后，将房卡交行李员带房，如不需要帮助，告知客人电梯的位置，并预祝客人居住愉快。

4. 资料存档

接待客人完毕后，立即将有关信息输入电脑，把房租、付款方式、旅游状况等有关资料记录在登记表上，检查信息的正确性，并输入客人的客史档案。

5. 客人离店服务

客人离店时，前厅部为客人办理结账手续，征求客人意见，并请客人填写《客户意见反馈表》，以便日后改进；礼宾员送客人到酒店大门，感谢客人光临酒店，祝客人下一站旅途愉快。

客人退房后，前厅部将客人登记表、《客户意见反馈表》等资料归档保管；并将客人档案资料副本转交给销售专员，销售专员将客人的意见或建议及时反馈至营销经理，营销经理将客人意见反馈至有关部门或报告总经理。销售专员将接待资料、客人的建议或意见整理存档。

三、编制订房表记录

销售专员应把订房做成记录，编成报表，并能从这些报表中精确地了解和预知房间的出售状况，其他部门也可以利用这些信息。

订房报表有以下几种：预期到达和离开报表、空房报表、团队状态报表、特殊要求报表、拒绝订房报表、收入预测报表等。表5-10为销售部每日工作报告表。

表5-10　销售部每日工作报告表

商务销售主管	明日主要营业活动（会议、宴会等）：
	须与其他部门协调事项：
旅行社销售主管	今天团房数：
	明日团房数：
	须与其他部门协调事项：
其他（写字楼、铺位、长住房）等	须与其他部门协调事项：

四、客房销售控制

客房销售的控制应从四方面进行。

（1）在接受订房时要考虑以下主要因素。

① 团队与散客的比例。

② 老客户与一般客户的优先考虑。

③ 淡旺季价格的调整。

④ 佣金的比率。

⑤ 长期出租客房的取舍，VIP套房或少数特殊客房不宜长期租给固定对象；实际收入不应少于该房间的平均产值。

（2）对佣金、折扣的控制，控制客房销售。给中间商的折扣除另有规定外，通常为

10%。在淡季或非假日时提高客房出租率给予部分折扣优惠。

（3）对订房的客源、市场、客房接受程度、每日客房销售进行分析，从而预测未来客房销售形势，制定现在的销售策略。

（4）对订房程序各步骤，检查核对关键点，确保订房作业无误。

 **实训考核**

一、知识训练

1. 说明预订散客的销售服务程序。
2. 列举自投散客的销售服务步骤。
3. 说明编制哪些订房表。
4. 说明如何对客房销售进行控制。

二、能力训练

案例 5 - 3

旅游销售专员小王 2013 年 1 月 6 日上午 10：00 通过电话接到一位叫李明的客人预订客房，要求是标准间一个，300 元/间/晚，早餐 30 元/人，1 月 9 日 14：00 离店。小王当天又接待了一位上门入住客房的客人叫张朋。他与小王商谈后决定当晚 19：00 入住，价格为 240 元/间/晚，1 月 15 日早 8：00 离店。付款方式都是现金。

根据案例将学生分成三人一组分别扮演旅游销售专员小王和两位顾客，分别模拟预订散客和自投散客的销售程序，并填写所需表单。

项目一小结

1. 酒店对旅行社销售服务业务，包括拜访旅行社、引领客户现场参观展示、与客户洽谈签订合作协议、订单跟进，最后接待旅游团队入住酒店，填写所需表单。

2. 酒店对旅游散客的销售业务包括预订散客的销售服务程序和自投散客的销售服务程序，并编制订房表记录，及时对客房销售进行控制。

参考资料信息

客房安排技巧

1. 根据宾客的特点和要求排房

（1）对于同一团体的客人或同行的数人，尽可能安排在同一楼层或相邻楼层的相邻房间。

（2）对于团队客人中的导游、司机、领队、会务组等人员，尽可能安排在同一楼层电梯、楼梯附近的房间。

（3）对于散客的房间，要尽可能与团体房间分开距离。

（4）对于贵宾，要尽可能安排到同类型客房中最好的房间。

（5）对于老年人、残疾人等行动不便者，可安排在底层楼面、靠近电梯或楼梯的房间，或离楼层服务台较近的房间，以方便客人的进出和服务员的照顾。

（6）对于风俗习惯、宗教信仰、生活习惯等明显不一致的客人，应将他们的房间尽可能拉开距离或分楼层安排，如敌对国家之间的客人就应分楼层安排。

2. 根据酒店的服务和经营管理需要排房

（1）对于长包房客人的房间，尽可能集中在一个楼层上，以便于客房楼层的清扫。

（2）对于无行李或是行为不轨有嫌疑的客人，尽可能安排在靠近楼层服务台的房间，或便于检查监控的房间。

（3）在客房出租率较低时，从经营和维护市场形象的角度出发，可把客人集中安排在朝向街道的房间。

（4）在销售淡季，可封闭一些楼层，集中使用几个楼层的房间，以节约劳力、能耗，同时也便于集中维护、保养一些房间。

（5）对于抵店时间和离店时间相近的客人，尽量安排在同一楼层，以方便客房部的接待服务和离店后的集中清扫工作。

（6）如有条件，夏季可多安排冷色调的房间，而冬季则可多安排暖色调的房间，以减轻客人对温度的感觉。

项目二　商务客户销售业务

项目描述

项目二主要介绍酒店对商务客户的销售业务，包括对商务散客和长包房客户的销售业务。这是酒店最常接待的又一大类客人。

项目目标

【知识目标】了解商务散客市场调研工作的意义；掌握商务散客销售工作程序和商务散客管理方法。了解长包房销售策略，掌握长包房销售程序，理解维护大客户关系的重要性。

【能力目标】按照商务散客和长包房客户的销售工作程序销售酒店产品，会填写所需表单，掌握维护大客户的方法。

工作任务一　商务散客销售业务

销售工作汇报表

本人负责走访公司	共_____个：A类_____个；B类_____个；其他_____个
本周/月已走访公司	共_____个：A类_____个；B类_____个；其他_____个
各协议单位入住房间数/天数	
客户对客房的意见	
客户对餐饮的意见	
客户对康乐的意见	
客户其他意见	
接待单位近期主要活动	
本人建议及市场预测	
备注	

分析问题请回答：销售工作汇报表包括哪些内容？有什么意义？

一、商务散客市场调研工作

1. 收集信息分析市场情况

收集酒店附近区域各类单位、组织的信息资料、联系办法，发掘潜在客户。关注行业趋势和市场波动，开展竞争对手价格策略、销售动态情报的收集工作；根据本酒店的具体情况，确定本阶段商务项目的主要销售对象。

2. 明确销售目标

根据每月制订的商务散客销售目标、走访计划，明确商务散客销售指标：每日平均拜访客户的家数、新增签约客户的家数、销售额数，客户信息归档及时率达到

100%。

二、开展商务散客销售工作

1. 与目标客户取得联系

商务销售专员对有消费需求的政府机关、中外大公司、外事办、大商社等客户进行电话或定期上门拜访，建立日常联系。

1）客户拜访准备

（1）明确本次走访的目的，如初次走访了解情况、向客户介绍酒店的新动态、收集竞争对手情报、与客户联络感情、处理客户的异议。

（2）了解走访对象的近况。查阅该客户资料库，留意报纸、网站是否有关于该客户的报道，了解主要拜访任务目标的性格和爱好，关注该客户近期是否有特殊活动。

（3）有计划地利用电话、信函方式与客户预约。提前预约客户，自我介绍，陈述打电话的目的，引起潜在客户的兴趣，要求安排一次会面。

（4）分配时间。确定当日要走访的客户数量，做好详细的时间安排。

（5）选择行程路线。合理安排走访行程及到达目的地的路线。

（6）检查所带物品。酒店宣传册、酒店产品设施介绍资料、酒店销售政策、折扣、优惠办法、价目表、协议书、名片、工作证、小礼品。

（7）出门前检查仪表。从头到脚检查，仪容仪表应该整洁，符合职业要求。

2）实地走访

（1）按约定时间抵达客户办公室，轻轻敲门，经客户同意后方可进入。

（2）自我介绍，双手递上名片，语言礼貌；双手接过对方名片，按名片称呼对方的姓名和职务。

（3）递上本酒店的宣传材料、小礼品。

（4）介绍酒店的设施、服务和环境，表示欢迎该客户光顾本酒店，并给予特殊的优惠照顾。

（5）了解客户基本情况，客户的消费能力。有针对性地询问客户需求情况。

（6）根据客户兴趣爱好，尽可能多地介绍酒店的优势。

（7）询问客户的合作意向，是否愿意签订合作协议。

（8）如果客户当场表态同意，将准备好的协议递给客户，供客户审阅。

（9）如无异议，双方签字盖章，确认无误，表示感谢。

（10）与客户告别，表示欢迎光顾本店。

（11）将拜访情况汇总后，认真填写《客户拜访记录表》（表5-11）。

表 5 - 11　客户拜访记录表

公司名称		公司地址	
访谈日期		访谈地点	在酒店，在客户办公室
联系人		联系电话	
消费经历	该公司是否在我店消费过？　1. 是　　2. 不是 如果是的话，对我酒店的总体评价：1. 很好　2. 好　3. 一般　4. 差 其他评价_____		
拜访目的	1. 2. 3.		
报告内容	1. 2. 3.		
个人意见和销售计划	1. 2. 3.		
销售员：		跟踪日期：年　　月　　日	

3）拜访后工作

（1）及时巩固走访中获得的成果，如有预订或协议，尽快将预订或协议书通知预订处、财务处、餐饮部等有关部门。

（2）建立客户的档案，写明单位名称、性质、通信地址、电话号码、提供客源数量、财务信誉、消费状况、取消更改情况、主管人员资料。

（3）整理归档做好记录，对需要跟踪的客户要做详细记录并做好新的拜访计划。

填写《客户信息档案表》（表 5 - 12）。

表 5 - 12　客户信息档案表

客户基本资料	名称					
	地址					
	电话		传真		邮编	
	成立日		注册资金		主要股东	
	开户行		账号		付款信誉	
	负责人 1		教育程度		出生日期	
	负责人 2		教育程度		出生日期	
	联络人 1		教育程度		出生日期	
	联络人 2		教育程度		出生日期	
客户资料	经营方式					
	业务范围					
	发展情况					
	销货对象		去年营业额		今年营业额	

续表

客户资料	经营性质	上市公司　私营公司　中外合资　外商独资　国营				
	员工人数	员工总数_____人；中方_____人；外方_____人；共_____人				
往来情况	合约/贵宾号		签约日期		销售人数	
	前年房数		长包房数		消费金额	
	去年房数		长包房数		消费金额	
	今年房数		长包房数		消费金额	
对酒店意见	总体印象					
	客房					
	餐饮					
	康乐					
	其他					
备注						

2. 开展推销宣传工作

在与客户联系的基础上，商户销售专员可邀请客户公司的相关负责人参观酒店各类客房、餐厅、会议、娱乐等服务设施，展示并表明可接待规模、规格和酒店住宿、用餐等内部环境及相关的交通条件，力争客户进店。

3. 争取客户意向

在授权范围内，与商务客户洽谈争取商务散客合作意向。客户对酒店有了充分了解后，商务销售专员可与其进行业务洽谈，以进一步了解客户对用房、用餐、娱乐等方面的要求，洽谈内容包含消费时间、消费方式、消费内容、费用和折扣、预付和结算方式、违约责任及其他约定事项等。

4. 签订合作协议

与商务散客签约并及时与其他部门沟通，保证协议顺利实施，完成销售任务。

（1）《客户订房协议书》。商务销售专员根据洽谈结果拟订《客户订房协议书》（表 5 - 13）。经商务销售主管、公关营销经理审批后正式签署，协议书由公关营销经理、客户公司负责人签字、单位盖章后生效，协议由销售部和客户各持一份，商务销售专员将协议书复印三份：一份交财务部，一份交客房部，另一份归档备查。

表 5 - 13　客户订房协议书

感谢贵公司成为酒店签约商务客户的一员，我们很荣幸能够提供给贵公司特惠房价。特惠房价有效期自_____年_____月至_____年_____月。

客房特惠、标准房价比较表		
房间类型	特惠房价	标准房价
标准房	_____元/天	_____元/天
豪华标准房	_____元/天	_____元/天
二连套	_____元/天	_____元/天
三连套	_____元/天	_____元/天
总统套房	_____元/天	_____元/天
注意： 1. 以上房价均以人民币标价。 2. 以上房价均不包含服务费、佣金。 3. 标准房价如有更改，恕不事先通知。		

（2）《客户挂账协议书》。销售专员接到客户的挂账要求后，根据其信用等级确定是否接受挂账要求，如果接受，销售专员请信用等级符合酒店有关规定的客户填写《客户挂账申请表》（表5－14），把《客户挂账申请表》报公关营销经理、财务经理、总经理等有关领导审批。销售处主管与客户代表签订《客户挂账协议书》（表5－15），协议中明确客户签单额度、结算时间、优惠项目及双方责任等。《客户挂账协议书》一式两份，加盖公章，一份交给客户，另一份留给销售部。销售专员将《客户挂账协议书》文本按涉及的部门复印多份并分发到各涉及部门，销售专员将《客户挂账协议书》文本原件交部门文员整理存档。

表5－14 客户挂账申请表

编号： 日期： 年 月 日

申请挂账单位		营业性质	
授权签单人		被授权签单人	
授权金额		详细地址	
以下由酒店填写			
申请挂账单位的概况及信誉情况			
推荐部门评估		推荐部门经理签字：	
营销部门评估		营销部经理签字：	
财务部经理意见：		总经理或其授权人批示：	

表5－15 客户挂账协议书

甲方：××酒店 乙方： 　甲、乙双方经友好协商，就乙方在甲方消费后的付款事宜达成信用协议，具体条款如下。 一、乙方可在甲方记账消费，每月末结款，（限额　　　　万元）。 二、乙方指定专门人员在甲方签单记账有效，签单经手人的签名字样为：

（正楷）	（签字样）
（正楷）	（签字样）

三、乙方需在双方对账后 3 天内将所欠甲方的钱款结清。

四、如乙方对甲方的账单有疑问，需在收到账单后 3 天内向甲方提出，否则甲方将按乙方认可账单处理。

五、如乙方无故逾期不结清欠款（非人力灾害除外），甲方有权终止此信用协议，并可通过法律手段追回欠款。

六、此协议一式两份，甲、乙双方各一份，经双方签字盖章后即日生效。

七、协议有效期　　年　月　日至　　　年　月　日

八、如有其他未尽事宜及备注条款，双方协商解决。

甲　方：　　　　　　　　乙　方：

经手人：　　　　　　　　经手人：

开户行：　　　　　　　　开户行：

账　号：　　　　　　　　账　号：

财务部：　　　　　　　　电　话：

市场营销部经理：

主管总经理批示：

签署日期：

三、商务散客管理工作

1. 接受客户预订

（1）对客户联系网络中的接待服务对象或主动前来要求预订房间的客户，应以销售处接待为主。商户销售专员要了解和掌握客户的要求，并为其办理预订手续，商务销售专员应将《预订单》的第一联原件留销售处作为原始资料备案，第二联送往前厅部，同时建立客户资料档案。

（2）已经签订合作协议的客户通过电话或信函进行预订，销售专员或前厅部要填写《客户预订单》。

2. 客户订单跟进

（1）查看并确认客户预订单。

① 商务销售专员收到客户订单后，要详细查看，不能漏掉任何细节，特别是客户需求部分。

② 商务销售专员填写《内部预订通知单》，通知接待部门准备预订事项。

（2）跟进、落实接待事项。

① 商务销售专员要查询、督促接待部门落实订单各项要求。

② 商务销售专员要密切联络客人，将客人要求更改或补充的情况及时反馈给接待部门，并填写《内部更改通知单》。

③ 在接待过程中，销售专员要将客人的意见或建议及时反馈给有关部门进行改进。

（3）回复客户。

① 商务销售专员尽快以电话或填写《订房通知单》或《订房确认单》传真回复客户。

② 接到客户更改、取消通知应及时填写《内部更改通知单》，同时在当日填写《更改取消预订单》回复给客户确认。然后将所有材料合订存档。

3. 跟进消费过程

商务客户进驻，由前厅部负责接待，商务销售主管负责协调配合，遇重要的商务客户进驻，商务销售主管应及时报告公关营销经理及总经理并制订具体接待方案。在商务客户来店消费的过程中，及时协调其他部门，保证商务客户消费过程中的服务质量；协助财务部门、前厅部做好商务客人的资信调查，销售专员协助办理客户住店消费挂账结算事宜，如客户在消费过程中出现问题，销售专员须立即予以解决；处理客户意见和客户投诉，收集客户反馈的信息，包括《宾客意见征询函》，及时整理归档。

按照挂账协议中的相关约定，销售专员协助财务部定期与客户结账，如财务部门与客户在结算工作中出现疑义，销售专员须予以协助解决或及时上报营销部经理。

4. 客户消费结束、信息资料归档

（1）接待结束，销售专员做好结账跟进并热情送客。

（2）如是重大接待可报告营销经理一同上门回访客户，征询意见或建议，可适当送上致谢礼物。

（3）销售专员将客人的意见或建议及时反馈至营销经理。

（4）营销经理将客人意见反馈至有关部门或报告总经理。

（5）销售专员将接待资料、客人的建议或意见及宾客意见征询函整理存档，归档接待资料。

5. 商务散客的关系维护

（1）对商务散客进行分类，一是按地区分为本地客户和外地客户。二是按消费额分为大客户和一般客户。

（2）与客户经常保持联络。

① 本地客户要每隔两个月拜访一次，每逢节日最好带上礼品，有助于宣传酒店。在拜访中必须将客户反映的投诉意见及时反馈给有关部门，并将改进情况及时通知客户，回访客户时，要重点介绍酒店的变化，并邀请客户再次光临酒店。

② 外地客户一般一个月联络一次，如酒店有促销活动，及时将信息传递给客户。

③ 由于某种原因客户离开本酒店已转到其他酒店消费，仍需继续与其保持联系促进沟通维系感情，争取老客户的转介绍，为酒店带来新的客源。

✎ **实训考核**

一、知识训练

1. 说明商务散客市场调研工作的意义。

2. 列举商务散客销售工作程序。

3. 说明商务散客管理工作的内容。

二、能力训练

案例5-4

　　商务销售专员小赵2012年12月23日上午9：00去拜访一家化妆品总公司，恰巧公司的办公室王主任正想寻找一家酒店预订两个豪华套房，以备给来总公司开会的分公司经理和董事长住宿。小赵喜出望外，于是与王主任攀谈起来，了解到客户要求两个豪华套房价格在877元/床/晚（含15%服务费，含一份早餐），2012年12月24日晚19：00入住，2012年12月30日上午11：00离店。豪华套房的待遇有快速办理入住登记手续及退房服务；每日免费享用位于行政酒廊的自助早餐；每日下午17：30—19：30享用位于行政酒廊的欢乐时光；免费享用行政酒廊软饮、茶、咖啡；免费擦鞋服务；免费本地报纸一份；入住时提供免费欢迎水果；免费市话和免费收发市内传真服务；免费使用酒店健身中心；免费房间内宽带接入服务。洽谈后双方协议：双方同意客人要求的房价和享受豪华套房待遇，预订担保/取消预订条款即规定客人的预订在没有担保的情况下，将会保留到当晚18：00。如果客人在18：00后抵达，需用信用卡担保或预付的方式用来确保预订，在下午18：00前取消当天的预订将不收取任何费用，但在下午18：00后取消当天的预订或客人当天未到达酒店入住，酒店将保留以协议价格收取客人一晚房费的权利。付款协议规定当贵公司客人入住酒店时，酒店将按与贵公司所签订的协议价格直接向客人收取房费，住店期间所涉及的所有费用在客人离店时必须全部结清。以上之协议价格将由贵公司签字认可，并返还一份副本后方可生效。

　　将学生分成两人一组分别扮演小赵和王主任，按照商务散客销售工作程序进行模拟训练，填写所需表单。

工作任务二　长包房销售业务

 引导案例

如何留住常客

　　人们云集于全世界28 000家麦当劳餐馆，原因不仅仅是因为他们喜欢该连锁店的汉堡。消费者聚集到麦当劳连锁系统，不单纯为了它的食品。在全世界，麦当劳的整个系统都能十分协调地向顾客提供高标准的服务，该公司将此系统称为QSCV：质量、服务、整洁和价值。

该系统包含很多内容，既有内在的，也有外在的。麦当劳之所以有成效，应该归功于它成功地与其雇员、特许经营商、供应商及其他各方协同一道为顾客提供超常的价值。

分析案例请回答：麦当劳有成效的原因是什么？

 相关知识

一、参与制定长包房销售策略

长包房销售参与商务销售主管制定长包房销售计划和销售策略，报营销部经理审批，提供信息资料；不断扩大销售网络，维护客户关系。长包房的销售指标有日平均拜访客户数、销售额数以及酒店长包房季出租率，客户信息归档及时率。

长包房销售专员仔细阅读审批后的长包房销售计划，按照计划做好与客户洽谈的准备。

二、进行市场调查

长包房销售专员开展市场调查，分析潜在客户并收集客户资料，与大公司、大商社、社会组织建立联系，挖掘潜在客户。经常以电话、传真、邮件等形式保持与新老客户的联系，逢年过节以手机短信、电话方式表示祝福，及时关注各家协议单位的情况，并分析对将来双方合作可能产生的影响，采取措施维护与客户之间的关系。

三、长包房销售工作

1. 走访长包房客户

长包房销售专员按计划定期拜访目标客户，了解客户所需要的房间种类和用途——是作为办公室还是作为住房使用，了解客户所在公司的性质和信誉，记录客户的联系地址和联系人，填制客户资料卡；准备酒店的宣传资料、租金价目表、餐饮的各类菜谱、名片、礼品等。

2. 向客户推介客房

长包房销售专员采用灵活多样的销售方式向客户推介酒店的长包房服务项目及配套服务政策。长包房销售专员邀请客户来酒店参观客房及其他设施，向客户推荐客房并根据对方需要报价。

3. 长包房销售洽谈

如客户有意预订，长包房销售专员问清客户抵离酒店日期、所租房间种类、付款方式以及其他要求，同时向客户介绍酒店付款的有关要求和规定。向客人出示协议文本，就可以提供的各类优惠、结算方式进行协商。如对方有明确意向合作，可以请对口关联部门的负责人填写合作申请并盖章后传真回酒店。

4. 与长包房客户签订长包房协议

双方谈妥有关细节后，长包房销售专员向客户出示《长包房协议书》（表 5 – 16）样本，强调可以提供的各类优惠，请商务销售主管与客户面谈后签署长包房合同，双方签字、盖章，合同一式两份，客户保留一份，营销部保留一份，将原件放入当月的合作协议文件夹中。在计算机中建立档案。

表 5 – 16　长包房协议书

住 房 协 议 书

××酒店（以下简称甲方）与_____（以下简称乙方），就乙方向甲方包租房事宜进行了友好协商，达成如下协议。

一、乙方要求入住甲方标准间，入住期自____年____月____日起至____年____月____日止，乙方确保在合同期间，入住量最少保证____间夜。

二、乙方同意在本协议书有效期内，对入住客房的租金按每间天_____元含一份早餐结算。乙方应于入住前预交押金____元（人民币壹万元整）作为预付金（预付金种类为现金或支票），并于每次入住前履行正常散客入住程序。

三、非经甲方同意，乙方不得自行更换、增加、移动客房内的固定设施及电器设备，不得在墙上打洞或损坏地毯（或地板），对于甲方房间内设施及物品的损坏、丢失，甲方有权要求乙方按价赔偿。

四、乙方每月月底核准当月实际发生账目，加以确认后，将所确认款项全部结清（结款期限为____天）。乙方无故拒交或拖欠所欠款项，甲方有权力单方面终止合同。

五、甲方应保证向乙方提供标准客房应有设施、日常用品及相应清扫服务（床上用品每月更换四次，撤一次性用品）。甲方应保证房间设施的正常使用，保证冷热水的供应及空调的正常使用。如有需要，及时维修。

六、乙方在酒店入住期间应该采取月底统一付费的结账方式，如增加或减少房间数量，应提前告知甲方。

七、甲方保证乙方在此期间办公的安全、保卫及消防工作。

八、本协议以双方签字盖章后各执一份，在第一条规定的租期内有效，过期自动终止。

甲　方：　　　　　　乙　方：

代表签名：　　　　　　代表签名：

代表职务：　　　　　　代表职务：

　　　　　　　　　　　签署日期：

5. 协助客户办理入住

（1）长包房销售专员按合同要求，逐一落实各项准备工作，入住时须有专人负责欢迎接待。

（2）与财务部保持联系，了解长包房客户是否交付定金。

① 如未及时预付，要与客户联系。

② 如对方用支票付定金，应将客人带至财务部办理定金预付手续。

（3）向各负责接待部门发送《长包房入住通知单》。

① 发至客房部，撤出不需要的家具、酒吧用品等并按客人的要求布置客房。

② 发至工程部，按客人要求对客房进行必要的装修或改造等。

③ 发至餐饮部，为长包房客人提供工作餐。

④ 发至保安部，做好长包房客人及其车辆等的安全工作。

⑤ 发至前厅，以便掌握客情，与客人保持沟通，做好对客服务工作。

（4）在客户预付定金后，通知总台为客人办理入住登记手续。

四、长包房客户管理

1. 租期服务跟进

（1）长包房销售专员经常拜访长包房客户（每月至少一次），与客户进行沟通。

① 听取他们对本店的意见，将意见及时传递到有关部门。

② 了解他们新的需求和客情状况（如最近是否有大型会议、宴会和散客等），如有客情及时处理。

（2）与前厅部、客房部、餐厅部、康乐部、保安部、财务部保持联系，了解客户在本酒店的消费和信用情况。

（3）每逢节假日登门拜访客户，送去礼品或邀请他们参加宴会、联欢会等活动，加强沟通，增进友谊。

（4）与财务部信用组保持联系，了解客户付款情况，协助财务部做好客户的付款结账工作。

（5）协议截止前一个月，应主动与客户联系，了解客户的去留动态。

① 如要续签，主动报价并协商续约相关事宜。

② 如不续签，提前做好客人搬出事宜和搬出后的销售工作。

2. 退房或续约

（1）长包房客户提前终止合同，长包房销售专员应及时通知财务部等有关部门。财务部门应按合同规定收取违约金。

（2）客户到期终止合同，应提前一周与客户确定退房时间，通知财务部结账处准备好账单。

（3）要求客户提前一天开具需搬运的大件物品清单，通知保安部为客户开具出门证，做好物品安全检查工作。

（4）当天通知客房部检查客房物品有无损坏。

（5）房间如有损坏，应通知工程部对客房进行维修，视情况、按规定要求客户给予赔偿。

（6）客户全部搬出后，通知客房部将房间恢复至客房状态。

（7）如有意续租，长包房销售专员请商务销售主管与客户面谈后签署《长包房协议》。

五、大客户关系维护

1. 了解大客户需求

酒店要弄清大客户的需求，同时也要弄清自己的产品在多大程度上满足大客户的需求，并尽可能采取措施满足大客户的要求。

2. 正确处理大客户关系

要优先满足大客户的要求，这样能够提升大客户对酒店的好感和忠诚度。要处理好与大客户单位中的中上层主管的关系，也要处理好与客户部门职员的关系。

3. 为大客户提供帮助

酒店积极主动协助大客户开展各种活动，特别是大客户的重要活动更应充分关注，并及时给予恰当的援助，利用一切机会加强与大客户的感情和信息交流。

4. 用大客户的意见评价销售人员

从大客户那里比较全面地了解销售人员为大客户服务的情况，对销售人员进行考核。

5. 加强信息沟通

及时准确统计、分析、汇总大客户的销售数据和情况，呈报给营销总监和总经理以便针对市场变化及时进行调整，保证与大客户的信息传递及时、准确。

6. 召开座谈会、联谊会

酒店有计划地组织大客户座谈会、联谊会，听取客户对酒店产品、服务、营销、产品开发、高新技术的应用、消费者需求趋势等方面的意见和建议，介绍酒店吸取大客户意见后对产品所做的改进和完善，说明就对今后的发展计划。

7. 大客户奖励政策

酒店制定适当的大客户奖励政策，有效刺激大客户的销售积极性和主动性。表 5 – 17 所列为长包房客户优惠政策。

表 5 – 17　长包房客户优惠政策

1. 长包房客户定义

　　酒店所指的长包房客户是指签订长包房租赁协议，连续居住 30 天以上的客户。

2. 价格策略

　　根据长包房性质、居住时间、房型以及居住时间段酒店预订情况给予一个双方都能接受的价格。一般略低于 A 级商务合约价。但可根据客户对价格的关注程度，努力争取最大的利润额。

3. 优惠政策

　　除房价外，长包房客户所享受的其他配套设施的优惠项目如下表所示。

长包房优惠项目表				
序号	项目	数额	折扣	备注
1	西式自助餐	每房 2 份	免费	
2	享用游泳池、健身中心	每房限 2 人	免费	
3	擦鞋服务	每周 2 次	免费	每次 2 双，限皮鞋
4	四种水果果篮	每周 1 篮	免费	
5	洗衣、熨烫服务	每周 2 次	免费	每次 2 件
6	享用欢迎饮品（软饮料）	每周 2 份	免费	
7	免费洗衣服务外的洗衣	不限次数	九折	

长包房优惠项目表				
序号	项目	数额	折扣	备注
8	中餐厅消费	不限次数	九折	香烟、酒水除外
9	西餐厅消费	不限次数	九折	香烟、酒水除外
10	娱乐、康体场所消费	不限次数	九折	香烟、酒水除外
备注：酒店有权根据自身的经营状况对上述项目予以调整。				

六、月末填写销售员业绩报表

月末商务销售员必须填写《销售员业绩报表》（表5-18），以备商务销售主管对销售人员进行绩效考核。

表5-18　销售员业绩报表

销售人员姓名　　业绩项目					合计
1. 本人负责商务客户数					
2. 签约商务客户数					
3. 负责的商务客户数的消费额					
4. 半年无消费的商务客户数					
5. 本月欠账的商务客户数					
6. 本月欠账总额					
7. 累计欠账总额					
8. 重要接待次数					
9. 负责的商务客户入住间数					
10. 负责的商务客户入住天数					
11. 探访客户的次数					
制表人：		____年____月			

实训考核

一、知识训练

1. 列举长包房销售工作程序。
2. 说明长包房客户管理工作内容。
3. 列举大客户关系维护的方法。

二、能力训练

案例5-5

长包房销售专员小王2012年5月25日上午接到某家房产开发公司办公室章主任电话，

他想在本酒店租用一个楼层的五个房间用于开展业务，租期三年。价格面议。经过面谈双方达成了共识并签署了长包房协议书。将学生分成两人一组分别扮演小王和章主任，按照长包房销售工作程序进行模拟训练，填写所需表单。

项目二小结

1. 介绍了商务客人散客的销售业务，包括调研工作、销售工作程序、对商务散客的日常管理工作。

2. 介绍了长包房客户销售业务，包括参与制定长包房销售策略工作、进行市场调查工作、长包房销售工作程序、对长包房客户管理工作和大客户关系维护方法。

参考资料信息

签约十步

1. 事先要了解客户的需求：不要完全依靠自己的判断，要向别人询问。

2. 设计拜访计划：时机、情绪、准备时间是否充足；预先想好两三个常见的异议及应对方法。

3. 展示想法。

4. 获取客户的反馈。

5. 仔细倾听客户的反应。

6. 不要接受客户的第一个异议。

7. 探究难题：引导客户多说，然后仔细倾听。

8. 澄清异议。

9. 同化整合，提供选择，检查异议是否得以化解和处理。

10. 联合合并，安排时间开始行动。

项目三　会议销售业务

项目描述

本项目介绍会议销售业务，包括拓展酒店会议销售客源和会议销售业务流程。会议种类很多，每种会议都有各自特点，会议销售策略和程序与前面介绍的旅游客户、商务客户是有区别的。

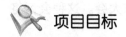

项目目标

【知识目标】了解酒店会议种类及开发方法，理解会议客户的需求特征，掌握会议市场销售的策略。熟悉会议销售业务流程。了解各种表单的内容和作用。

【能力目标】能够根据会议的不同类型采取不同的销售策略，按照会议销售流程销售会议产品，熟练填写所需表单。

工作任务一　拓展酒店会议销售客源

引导案例

筛选潜在客户

许多酒店利用销售通报（通常指内请通报）来分析有关那些频繁策划会议活动的策划人的信息，不是所有这些人的名字都会被列入最优先考虑的潜在客户范围之内，销售人员必须仔细浏览这些名单以确定哪些人最应纳入营销计划之内。但是其他的饭店也会收到同样的内请通报，所以销售人员必须在首次筛选之后立刻采取行动。掌握了关于每个通报的基本信息以后，就可以指定对这些潜在客户的电话访问计划了。销售人员可以和其他的潜在客户直接面谈，这些销售人员会把有助于销售陈述的信息写入访问报告。这个表格能帮助销售人员确定潜在客户的需要——如果它代表一桩有希望的生意的话，在有些情况下市场调查是由饭店的文员来做的，不过一些大饭店和连锁饭店可能会有一个部门专门向潜在客户做调查。

分析案例请回答：如何筛选潜在客户？

相关知识

一、酒店会议种类及开发

1. 会议市场目标

1）企业会议

企业会议是本行业、同类型以及行业相关的公司在一起举办会议。一般包括以下几种。

（1）管理者会议，企业各级管理者需要经常召开会议，讨论企业的经营方针和需要解决的问题，如企业主管会议、企业董事会议。这类会议规模很小，但要求提供便利的会议条件，会议时间不长，一般为两天。

（2）股东会议，是企业每年召开的非职员会议，即企业持股者的股东大会。这种会议将随着资本市场的开放而增多。

（3）销售会议，会议内容一般为新产品介绍和新的销售市场的开拓。通常需要推销者和购买者面对面洽谈。全国性推销会议一般持续 3~4 天，地方性推销会议为 1~3 天。这种会议一般由公司的营销部门或市场部门来安排。营销主管及其员工常和经销商召开区域性或全国性会议，新产品介绍也是这类会议的重要议题。销售商会议规模可大可小，会议方式多种多样。这类会议将越来越多。

（4）技术会议，工程师和科学家们常通过会议的形式来展示科学和技术的进步情况，传达新的观念及更新的技术等。

（5）培训会议，包括技术培训、办公室人员培训以及营销人员、中层管理人员和高层管理人员的培训。企业职工的培训会议，根据不同需要可分为公司内部培训和公司外部培训，一般公司管理人员通常在公司外培训。

2）协会会议

地方性协会、全国性协会每年都要举办各种会议。一般包括职业与科技协会和贸易性协会。

2. 对会议市场目标的开发

1）对企业会议的开发

对企业会议业务开发必须将重点放在企业会议的决策者身上。对会议作出决定的权威人士，不仅每个公司不同，而且同一公司每年都有变化。这就要求对公司内部与会议决策有关的部门有一个了解，一般来说，其决策者如下。

① 总经理，一些小公司会议活动不多，就没有专门的会议计划部门，在这类公司中，一般是由总经理来做决定，但大公司的总经理就很少参与会议决策。

② 市场营销部主管，他们的正式头衔可能是副总、市场营销部经理，他们负责国内、国际甚至地域性的活动。公司会议是这个部门的重要内容，他们发起并控制会议的召开，决定会议召开的时间或地点。

③ 广告经理，有些公司没有专门的会议计划或组织者，而是由一中层经理往往是广告部经理来选择会议地点，担任会议计划的角色，组织会议。一般情况下广告部经理就能做出最后的决定，但有时只能起推荐作用，无论怎样，与他们打交道，必定有助于其选择你的酒店。

④ 公司其他管理者，有时候会议并不是市场部安排，而是公关部、企业关系部或行政部等来参与公司的一些特殊会议的组织。有时候某些管理者被指定负责某一段时间的会议，然后交给其他人，这类会议如鸡尾酒会、晚宴等。与这些部门经理打交道，有助于为酒店带来很多业务，如股东会议、公共会议。

⑤ 培训部经理，很多大公司都设有培训部，这些大公司经常需要进行人员培训，培训对象为主管级以上的人员，或专业技术人员，其人数通常在 25~50 人，会议期为 3~5 天。培训会议主要在当地酒店举办，有时也安排到度假村酒店。会议时间和地点的决定者一般是培训部经理。

2）对协会会议的开发

了解协会组织有利于营销部有针对性地开展促销工作，协会组织有两种形式。

（1）大型协会组织。全国性的协会组织，有专职、长期的协会管理成员，如协会秘书长、副秘书长、协会主任。协会的管理者们对酒店来说是非常重要的，酒店的营销公关工作往往从他们开始。营销部应注意收集或存档每一个协会及协会的关键成员。

（2）小型协会组织。这类组织没有专职管理者。一般都挂靠在某个行业或科研机构下。由其管理人员或专家兼任协会的秘书长。

① 秘书长，他是最初提出会议地点或对最终决定地点最有影响的人。尽管秘书长的人选按任期一届更换一次，但他仍然是协会秘书组的关键人物。在大的协会组织中，往往设有会议计划人员来协助秘书长工作。每位会议计划者都是重要人物之一。

② 协会会长，他们根据组织的结构或特征对某一项目，如某专题的研讨会等地点的选择起着关键的作用。

③ 董事会，组委会往往要做最后的决定，他们推荐的地点往往被秘书长所接受。

二、会议市场销售的策略

1. 会议产品个性化

会议产品应根据会议对象有针对性地进行组合促销，让会议组织者感受到会议产品是专门为本次会议服务的，这样容易获得会议组织者的信赖。

2. 提高品牌知名度

会议产品促销时，一方面充分宣传酒店的品牌、商标，发挥酒店的知名度作用，另一方面应通过会议促销使酒店知名度得以延伸或提高。

推销会议厅的最佳卖点如强调会议厅极其便利的、国际性的位置，将会议厅定位为当地会展活动的优选会议地点。利用所有机会通过公关活动，推广会议厅的设备设施。参加当地贸易展览或其他有关的工业展览，最大限度地树立会议厅的公众形象。营销人员与国际性的商户一起参加海外销售之旅及贸易展览，来推广会议厅。

3. 寻求酒店产品生命的延续

会议产品组合是酒店适应了消费需求的变化，并使酒店产品、市场有效地转移，延长酒店产品的生命周期。

4. 实施产品差异化

产品差别化就是要求商品在市场上的适应性，针对不同客户的需求宣传产品的不同特点和功能，开发有吸引力的销售资料、新闻发布会，有效接近市场目标。提出会议套餐，吸引客人以最经济的方式消费会议厅、客房、餐饮及娱乐设施，鼓励客人试用，从而建立回头客。以优质服务和有竞争力的价格，争取大的公司客户，培养客人的忠诚度。在营销中建立回报奖励计划，吸引客户重复使用酒店会议设施。

营销部应建立销售奖励，推动会议业务进展，激发员工活力，并与其他营销人员协作取得有用的商机。

经常与相当级别的酒店保持联络，了解、对比它的会议场地面积、场租和其他设施设备的价目，以保持在市场中的竞争地位。

 实训考核

一、知识训练

1. 列举酒店会议的种类。
2. 说明会议客户的需求特征。
3. 举例说明会议市场销售的策略。

二、能力训练

将学生分为三组，分别对本地具有代表性的五星级酒店和四星级酒店以及会议型酒店承接的会议类型、客人的需求进行调查，写出调查报告。

案例 5-6

某工程咨询公司准备在 2012 年 12 月 10 日召开一个工程项目招标会，小王是这家公司负责这次会议的组织工作的员工。你作为酒店会议销售专员知道这个消息后，如何争取到这次会议。写出工作计划和销售策略。

工作任务二　会议销售业务流程

 引导案例

会议单

Southeast Hotel
西南大厦

EVENT ORDER
会议单

Handled by 经手人：
ElaineWang 王丽丽

Dateissue 日期：2012 - 10 - 12

E. O. NO.：201200452

Company Name 公司名称：北森拍卖有限公司	
Event Day & Date 活动日期：2012 - 10 - 14 星期五	TEL 电话：

Organizer 组织人：王明			FAX 传真：	
Time 时间	Function 宴会	Venue 地点	GTD Pax 确保人数	EXP Pax 预计人数
13：00—17：30	会议	第八会议室	40	40

Meeting room 会议室 ＊U 型摆台 20 人，U 口朝门，里外侧各摆 10 把椅子，摆台尽量靠会场里侧，正门左右各摆 10 把椅子 ＊提供纸、笔、冰水摆台 ＊布展时间：9.14 日 12：00，请协助	Engineering 工程部 ＊布展时间：10 月 14 日 12：00 Housekeeping 管家部 ＊布展时间：9.14 日 12：00，请协助 ＊请保证会场内的卫生 Security 保安部

Banner/signage Accounting 财务		横幅/海报
指示牌： 北森 2012 秋拍 公开征集暨免费鉴定欢迎您 请上__楼__厅 置于大堂和五楼电梯口处	会场租金：3872.00 元/半天 条幅：228.00 元	定金：已于 9.11 日汇定金 18360.00 元，已确认 付款方式：所有消费挂入假房 9058.00 元，余款刷卡或现金结清 签单人：王明____

复印：刘总、王总、餐饮部厨房

抄送：前厅经理、宾客关系经理、市场销售总监、市场业务拓展总监、宴会销售总监、美工、财务总监、收入和房务总监、客房部经理、房务中心文员、餐饮总监、餐饮部经理、宴会办公室、康乐部经理、工程部总监、工程部经理、中心机房、保安部经理、保安部文员

分析案例请回答：此会议单设置了哪些项目？有哪些意义？

一、与客户保持联系

会议销售人员应与行业协会、政府机关和会议组织机构等单位建立并保持密切联系，寄送有关会议厅的宣传函件，会议厅最新的推广资料，在收到有关询问后及时获得会议信息。会议规模越大，则提前预订的时间要越早。在会议举办时间之前销售人员应与会议决策人员取得联系。

通过与当地会展中心接触，保持与当地旅游协会、外商投资协会等各行业协会的紧密联系，收集有价值的市场信息或联合推广。与当地旅游机构建立关系，争取举办招商会、展览会，与各类培训机构、证券交易所、新闻机构建立联系，为其提供专业会议服务建议，争取商机。对国内外知名的公司进行常规销售拜访和电话促销，争取潜在的商机。

二、上门拜访客户

在登门拜访客户前，要对会议的服务要求、酒店的服务能力做好分析，准备好充足的资

料，以保证拜访的成功拜访会议的主要决策人，介绍酒店的设施服务、举办经验，并邀请其来酒店参观。

三、邀请客户到酒店参观

1. 准备工作

为表示礼貌和节约时间，销售专员应给初次接触的客户提前打电话预约参观时间、地点；制订客户参观的行程并准备好酒店的宣传资料、个人名片等物品，检查参观场地（会议室、客房、宴会厅等）和其预订情况。客房是否有人居住且清洁整齐，大厅桌椅是否摆放有序，走廊内是否有杂物堆放等，检查客户经过的地方，将相关信息通知相关岗位。销售专员通过前台查找合适的客房或大厅并准备好钥匙，告知前台客户的姓名或客户名称及约定的时间、地点。

2. 接待参观客户

销售专员按预计客户的到达时间，带好准备的资料到指定地点迎候客户，客户到达后，销售专员向客户了解时间安排，介绍此次的行程安排并向其发放酒店宣传资料。

3. 现场介绍酒店设施及服务项目

销售专员向客户介绍行走路线，并根据客户要求进行调整，按照参观路线进行参观讲解，向客户介绍各类服务设施、营业时间、产品优势、销售政策、服务项目。销售专员带领客户参观客房时，应按照从低档到高档的顺序进行。应告知客户紧急出口、照明灯、灭火设备、烟感探测器等的位置，参观房间时，销售专员带领客户先从窗外开始，介绍一些户外景色及重要建筑，再按顺序介绍房间内各种设施的特点及客户应能从中得到的享受，如双层窗帘、电视机的各个频道介绍、客房送餐菜单、房间的保险箱等；离开房间时，介绍门镜、门链及开关的位置等。介绍康乐部的休闲娱乐项目、酒店的酒吧、咖啡厅等其他服务设施。

在参观过程中，销售专员应多征求客户意见并及时记录。在遇到各岗位的主管时，应向客户介绍他们，请他们向客户介绍各自设施的特点。

4. 参观结束

参观即将结束时，一方面销售专员要征询客户建议，认真做记录，并在事后进行整理，通报有关部门，并填写销售工作报告，做好下一步跟进该客户的措施和计划；另一方面要询问客户今后是否有合作的机会，尽量与客户建立长期往来的关系或签订合作协议。如果客户需要签订协议时，双方经办人必须签字，加盖双方单位的公章。如果客户不需要签订协议，参观结束时向客户致谢，询问客户是否还有其他要求，并将客户送出酒店大门。

四、会议销售

1. 与有意向的客户详细洽谈会议安排

了解会议的性质、名称、时间、人数、举办单位、联系人、电话号码、地点、形式、音响、灯光、服务、项目、所需横幅、会标、告示牌、花草布置、签到台、迎宾台、欢迎队伍、文艺演出等要求并准确地记录。

商谈用餐标准以及会议茶水、水果点心、饮料等要求和标准。确定房间种类、价格。确定场租、设备租用以及其他娱乐配套设施的价格。确定支付方式并要求会议方支付预算费用的10%作为定金。确定参会人员车位数，司机、陪同就餐休息地点。

在报价时，要回避客户询问单独的房价或餐饮收费标准，应结合会议的整体情况做报价，初始报价时，争取提高餐饮标准水平，不要立即报出底价，如果是综合会议（会议、用餐、住房、礼品等服务），可以在优惠会议室收费标准的同时，提高其他项目的消费水平，防止客户进行价格讹诈，销售人员要摸清客户的真实意图，并介绍酒店的产品优势以及曾接待过的大型、高规格的会议，不要轻易让步。客人的报价超出洽谈人员的决策权限时，应联系主管领导，采取相应对策。

洽谈过程中对客户提出的问题，酒店应及时答复，客人所提要求，酒店方面因场地限制或其他原因无法满足时，一定要向客户解释清楚，请求谅解并提出合理的解决方案。

2. 签订协议

在双方达成共识后，签订协议。明确双方约定的权利义务外，还应该注明解约办法，违约责任。在签订协议时，酒店通常会要求收取费用的10%作为定金。协议内容应保密、准确、清楚，双方经办人签字、双方单位盖章。协议书一式两份，双方各执一份。

3. 跟踪服务

对会议会场、用餐、住宿的准备情况、临时增加服务的协调情况进行跟踪服务。

1）会议用客房准备

根据洽谈要求，填写会议接待通知单、会议室使用通知、用餐通知等，按所涉及的部门，一式几份，一份留存，其余送到有关部门，要求至少提前三天送达。

在会议召开前一天，接待员核对公关营销部预订处下发的会议接待通知单中的信息，查看会议方支付定金情况，应及时联系预订处核实相关内容。核对无误后，按照会议接待通知单的内容进行准备。有时客人会对会议细节进行修改，为适应这种临时变更，营销部应该在会议举办前一周再与客户确认会议相关事项，然后必须马上以会议变更单通知相关部门。变更单上必须详细载明会议原案及修订后的变更项目，清楚地告知相关部门必须修改的工作项目，这样部门即可按照变更单内容调整工作，合力达成客户的要求。

按照每个团队资料要求的房间数及房型，从空房表中找出并做预分房。预分房时要确定相对集中的会议预分房号并为会务组安排靠近电梯的房间，将预分房号码写在会议团队预分房报表上并分送礼宾处、客房部，在房态表上注明预分房，按每个团队的房间和每间房的人数为每个客人准备房卡，注明姓名、房间号、离店日期和团队编号。把房卡装入会议团队欢迎袋中，信封上注明团队编号和房号并通知客房部做好准备工作。若有客人的留言或信件也必须放入团队欢迎袋中，准备好会务组要求提供的会议资料（如团队用餐地点、开会地点和具体日程安排）。

2）会议用会议室场地准备

准备合适的会议室，设计会议室的摆位方式（一般分课堂式、座谈式、剧院式等），准备会议所需设施（纸、笔、白板、投影机、麦克风、电视机、录影机等）。客人如需在会场内摆放绿色植物或鲜花，问清所需摆放的品种、数量，在准备完毕后征求客人是否需提前过来看场以及费用如何支付，如客人表示单位有专人签单的，请其提供签单人姓名。如有变化，应及时填写《变更通知单》通知有关部门。

所有资料落实后，接待员填写会议室租用通知单，将所有资料准确无误地记录在通知单上，将会议通知单分别派送到客房办公室、会场负责楼层、前台收银处、前厅接待处，商务中心保存一联以备查询，将会议室的预订资料写在交班本上并输入到电脑系统的预订日历上，发送至相关部门（总经理室、公关营销部、客房部等）。

3）会议用餐准备

会议用餐形式有圆桌式、自助式、鸡尾酒会、零点、外卖。

会议期间一般准备茶歇，在会议室外设置长方桌，摆放茶歇用的各式小点心、咖啡、果汁、茶水。会议午餐一般采用自助式，要求菜品丰富多样，至少在 25 种以上，设置好菜台，准备客人用的餐台。会议晚餐一般为大型晚宴，晚宴前举行鸡尾酒会，正式晚宴采用圆桌式，菜品可以是中式、西式或中西合璧式。酒店必须提前选择会议用餐的场地、布置会议用餐的环境以及会议用餐的菜品和酒水。

4）跟进会议团队接待服务

会务组人员到店后，接待员问清其团号、人数、房数并找出该会议团队的相关资料，再次与会务组人员核实房间数、人数等信息后，将事先准备好的会议资料交给会务组人员，请会务组人员填写会议住宿登记表并检查其有效证件，因会议房间由会务组统一安排，所以接待员应根据会务组需要的房间数量，及时将房卡交与会务组并请其在会议用房统计表上签字（会议用房统计表上要求注明开房日期、时间、房号、合计房数）。对于会务组划走的房间，应立即将房间状态改为入住状态并通知楼层有客人入住及房号。根据会务组的要求对房间电话进行开闭，及时通知总机，并将会务组的要求以书面形式确认，请会务组负责人签字认可。会议接待过程中，临时更改和增加的项目较多时，应随时保持同会务组与销售处的联系，保证更改和增加的接待项目顺利进行。每班次接待员下班前，要对会议用房表进行统计，统计内容有时间、日期、房号、房间总数、人数等，及时将用房信息输入电脑并注明会务组房号和会务组负责人的联系电话，以便解决迟报到会议客人的问询。

5）协助会议账款结算

会议结束时，及时与前厅联系，会议销售人员协助财务部做好会议客户的资信调查、账款结算工作，对会议客户所欠账款应及时催收，并做好催回账款的及时报账。

6）客户信息管理

会议结束时征求与会者的意见，做好记录。及时收集、整理客户的信息资料，为会议销售工作做好准备，及时整理会议销售及会议服务过程中的各类文件资料、客户反馈意见，并建立客户档案，留待档案管理员月底归档。

 实训考核

一、知识训练

1. 列举通过哪些渠道与客户保持联系。
2. 说明邀请客户到酒店参观所做的工作。
3. 说明会议销售各环节的工作。

二、能力训练

案例 5-7

某工程咨询公司准备在 2012 年 12 月 10 日召开一个工程项目招标会，小王是这家公司负责这次会议的组织工作的员工。你作为酒店会议销售专员知道这个消息后，已经争取到了这位客户，又将如何进行业务操作？将学生分成两人一组分别扮演会议销售专员和小王模拟练习会议销售流程并填写所需表单。

项目三小结

1. 拓展酒店会议销售客源包括酒店会议种类及开发、会议客户的需求特征以及会议市场销售的策略。
2. 会议销售环节包括与客户保持联系、上门拜访客户、邀请客户到酒店参观以及会议销售。

参考资料信息

政府指令预订

省委各部委、省直各单位，各市财政局：

按照《财政部关于组织开展 2009—2010 年党政机关出差和会议定点饭店政府采购工作的通知》（财行〔2008〕152 号）精神，我省已完成 2009—2010 年定点饭店政府采购工作，确定出差定点饭店 116 家、会议定点饭店 109 家，现将出差和会议定点饭店名单（不含大连，详见附件）发给你们，并就有关事宜通知如下。

1. 省直机关、事业单位出差和会议继续实行定点管理，执行《辽宁省省直机关出差和会议定点管理办法》（辽财行〔2007〕599 号）。

2. 省直机关工作人员出差实行定点住宿；省直事业单位工作人员出差暂不实行定点住

宿，但出差人员住宿费必须在出差地住宿费开支标准上限以内凭据报销。省直机关和直属事业单位实行定点办会。在定点以外饭店召开会议发生的费用，原则上不予报销。

3. 各市自行决定是否对市直机关、事业单位出差和会议实行定点管理。

4. 大连市通过政府采购确定的定点饭店，适用于省直机关出差和会议定点。

5. 出差和会议定点饭店协议价格等详细信息可以进入互联网"党政机关出差和会议定点饭店查询网"查询，网址 www.hotel.gov.cn。

特此通知。

（辽财行函〔2009〕3 号）

辽宁省财政厅

二〇〇九年一月六日

项目四　宴会销售业务

项目描述

本项目阐述了宴会销售业务包括的两方面内容：一是拓展酒店宴会销售的客源；二是酒店宴会销售工作流程。通过宴会销售工作流程，可以了解销售其他项目的服务过程。

项目目标

【知识目标】了解宴会的类型及特征，常见宴会的促销重点；掌握宴会的销售工作流程，理解所需表单的作用及其内容。

【能力目标】能够按照宴会销售流程销售宴会，能够熟练填写宴会所需表单。

工作任务一　拓展酒店宴会销售的客源

2012 年 4 月 8 日，某大酒店宴会部预订员小李接到 A 公司的预订电话，称该公司将于 5 月 20 日晚在酒店宴会厅举行 260 人左右的周年庆典，并举行晚宴。

分析案例请回答：这是一个什么类型的宴会？这种宴会有什么特点？

相关知识

宴会是人们为了一定的社交目的，以一定规格的礼仪和服务方式，一定规格的菜点和酒水招待客人的高级餐饮聚会。

在这里宴会召开是有目的、有计划的；在宴会实施过程中既有餐饮活动，又有社交活动和娱乐活动；宴会这种聚餐形式在餐饮部的各项经营活动中特别是与零点餐饮活动比较，它的规模、菜式、礼仪规格、服务方式、组织管理等方面都是最高层次的餐饮活动，它体现了酒店的服务质量水平，体现了酒店的管理水平，也体现了饭店的良好信誉。

一、宴会的特征

1. 聚餐性

这是宴会形式的一个重要特征。宴会是多人围坐在一起聚餐，中式宴会多用圆桌，一桌通常有 8 人、10 人或 12 人不等，一般 10 人一桌最为常见，意味着十全十美。反映出中国人浓厚的民族凝聚力。在宴会上一般有主人、副主人、主宾、副主宾、陪客、随从之分，围绕主宾大家在同一时间、同一地点品尝同样菜肴享受同样服务。

宴会的这种基本特征要求酒店管理者必须高度重视宴会这种产品。因为它在很短的时间里在众人面前就能显现酒店方方面面的质量，扩大酒店的影响。要求酒店管理者必须做好宴会前的设计方案，对宴会方方面面的工作做到心中有数。

2. 规格化

这是宴会内容的一个重要特征。宴会内容讲究进餐环境和气氛，菜点组合搭配有严格的要求，接待礼仪、服务方式上各个酒店都有自成一体的严格的规范要求。既然是宴会，就必然要求礼仪程序井然，环境选择优美，气氛隆重热烈，菜点设计配套，烹饪制作精良，餐具精致整齐，整体布置恰当，席面设计考究，菜点组合协调，服务方式规范，形成一定的格局和规程。

宴会具有的这个特征，要求酒店在平时加强管理人员和基层员工的各方面知识和技能的培训，提高员工素质，树立团队协作意识才能在宴会上表现出高质量的管理水平和服务水平。

3. 社交性

这是宴会的目的特征。宴会是社交活动的重要形式。人们设宴都有明确目的：国际交往、国家庆典、亲朋聚会、红白喜事、饯行接风、疏通关系、酬谢恩情、乔迁置业、商业谈判以及欢度佳节等。总之，人们相聚在一起，品佳肴美味，谈心中之事，疏通关系，增进了解，加深情谊，从而实现社交目的。

宴会的这个特点要求酒店在举办宴会活动时，必须围绕宴会主题进行环境布置、设置台型、台面、制作菜点、配备酒水、设计服务方式、播放背景音乐和席间音乐、实施服务流程，这样才能烘托宴会气氛，才能实现客人的满意、宴会的成功。

4. 综合性

作为大型宴会工作涉及方方面面，如场景布置、菜单设计、菜品制作、酒水搭配、灯光、音响、卫生、安全等，要求其他部门密切合作才能完成，要求宴会设计师有较高的文化素养和较全面的综合知识，对各方面工作进行认真考虑周密安排，达到理想效果。

5. 细致性

宴会是一个系统工程，实施的过程不可逆转。必须对宴会进行的每一个环节做细致周密的组织和安排，即使是在某一个细小的方面出现差错往往也会导致整个宴会的失败，或者留下无法弥补的遗憾。

二、宴会的类型

1. 按宴会的菜式分

按宴会的菜式划分，可分中式宴会、西式宴会、中西合璧宴会三种。

（1）中式宴会。中式宴会中每一桌都是多人围坐在圆桌旁聚餐，食用中国菜肴，饮中国酒水，使用中国餐具，最具代表性的餐具是筷子，采用中国式服务。在环境布置、台型设计、台面物品摆放、菜品制作风味、背景音乐的选取、服务流程的设计、接待礼仪的繁简和隆重程度等方面都能反映出中华民族的传统饮食习惯和饮食文化的特色。中式宴会形式多种多样如各种主题宴会、仿古宴会、季节性宴会。

中式宴会根据菜点的档次，可以分为高档宴会、中档宴会和一般宴会。

（2）西式宴会。西式宴会是一种按照西方国家宴会形式举办的宴会。宴会的桌面以长方形为主，采用分餐制，食用西式菜肴，饮西洋酒水，使用西式餐具，用刀、叉各式餐具，采用西式服务方式。讲究酒水与菜品的搭配、酒水与酒水的搭配，讲究宴会环境的优雅，台面采用蜡烛光，营造宴会气氛。在环境布置、台型设计、台面物品的摆放、菜肴制作风味、服务方式上都有鲜明的西方特色。目前欧美国家举行的宴会形式主要是正式宴会、自助餐会、冷餐酒会、鸡尾酒会等。

（3）中西合璧宴会。这是中式宴会与西式宴会两种形式相结合的一种宴会。宴会菜品既有中国菜肴又有西餐菜肴，酒水既有中国酒水也有西洋酒水，所用餐具既有中式的筷子、勺子也有西式的刀、叉；服务方式主要根据中西菜品的不同也不一样。这种宴会给人一种新奇、多变的感觉，各地常常采用这种宴会形式来招待客人。

2. 按宴会规格分

确定宴会规格，通常视主人、客人、主要陪客的身份而定，同时还参考过去相互接待时的礼遇，以及现在相互间关系的密切程度等因素而定。

（1）正式宴会。正式宴会一般指在正式场合举行的宴会。宾主均按身份安排席次就座。

对环境气氛、使用餐具、酒水、菜肴的道数及上菜程序、服务礼仪和方式都有严格的规定。宴会的菜单设计精美。正式宴会根据举办的形式不同，有国宴、自助式宴会、茶话会等，国宴是正式宴会中规格最高的一种。

（2）便宴。即非正式宴会，较随便、亲切，一般不讲究礼仪程序和接待规格，对菜品的道数也没有严格要求。宜用于日常友好交往，如在家中招待客人的便宴。西方人喜欢采用家宴形式，以示亲切友好；我国文化界的一些名人也喜欢这种宴请形式。

3. 按宴会菜点酒水服务的形式分

（1）餐桌服务式宴会。一般在中午或晚上举行，讲究礼仪和服务程序，菜品规格高，讲究菜品在色香味形上的搭配，上菜有严格的顺序。就餐环境考究，通过色彩、灯光、家具、装饰画、绿色植物、台型、台面物品、服务员的仪容仪表来烘托宴会气氛，主人、副主人、主宾、副主宾以及陪客随从都按身份排列席位。对员工素质有严格的要求。

（2）自助餐式宴会。自助餐也称冷餐会、冷餐酒会，是西方国家较为流行的一种宴会形式。现在中国也有中式自助餐宴会、中西合璧自助餐宴会。其特点是以冷菜为主，用热菜、酒水、点心、水果为辅。分设座和不设座，讲究菜台设计，所有菜点在开宴前全部陈设在菜台上。在节假日或纪念日聚会，展览会的开幕闭幕，各种联谊会、发布会、迎送宾客等场合举行。规格可根据主、客身份或宴请人数而定，隆重程度可高可低；可在室内或庭院里举行。主、客可以自由活动，多次取食，方便与会人士的广泛接触。举办时间一般在中午或晚上。

（3）鸡尾酒会。鸡尾酒会是欧美传统的集会交往方式，形式较轻松，一般不设座位，没有主宾席，客人可随意走动，便于广泛接触，自由交谈。可作为晚上举行大型中、西式宴会，婚、寿、庆功宴会，国宾宴会的前奏活动；或结合举办记者招待会、新闻发布会、签字仪式等活动。以饮为主，以吃为辅，除饮用各种鸡尾酒外，还备有其他饮料，但一般不准备烈性酒。举行酒会的时间较为灵活，中午、下午、晚上均可。

（4）茶话会。由各类社团组织、单位或部门在节假日或需要时举行的迎春茶话会，邀请各界人士同欢同庆，相互拜年、致谢，气氛轻松随意，伴有演出，形式简便，以茶水、点心、小吃、水果为主。

以上四种宴会便于广泛的接触、交友，不拘泥于形式；另一个目的就是发布消息，收集信息，是现代社会常用的一种宴会形式。

4. 按宴会性质和举办目的分

举办宴会都有具体目的，宴会承办者的全部工作都应该围绕着宴会目的去做。

（1）国宴。国宴是国家元首或政府首脑为国家的重大庆典，或为外国元首、政府首脑来访而举行的正式宴会，是接待规格最高、礼仪最隆重、程序要求最严格、政治性最强的宴会形式。一般在晚上举行。国宴设计既要体现民族自尊心、自信心、自豪感，又要体现兄弟国家宗教信仰和风俗习惯，民族之间的平等、友好、和睦气氛。国宴环境布置讲究，厅内要求悬挂国旗，安排乐队演奏国歌及席间乐，席间还要致辞和祝酒，礼仪要求十分严格。有欢迎宴会、国庆招待会、迎春茶话会。

（2）公务宴会。这是政府部门、事业单位、社会团体以及其他非营利机构或组织因交流合作会议、庆典庆功、祝贺纪念等公务事项接待国际、国内宾客而举行的宴会。宴会活动围绕主题展开，讲究礼仪和环境布置，服务形式可繁可简，宴会程序和规格都是固定的。

（3）婚宴。这是人们举行婚礼时为宴请前来祝贺的亲朋好友而举办的宴会。婚宴在环境布置上要求富丽堂皇，在菜式的选料与道数上要符合当地的风俗习惯，菜名要求吉祥如意，要满足主人追求体面的目的。不同文化层次、不同出身的客人，对婚宴有不同的要求，档次差异非常大。

（4）寿宴、满月宴。也是生日宴，是人们纪念出生日和祝愿健康长寿而举办的宴会。有满月酒、六十大寿宴、六十六大寿宴、七十大寿宴、八十大寿宴等。寿宴在菜品选择上突出健康长寿的寓意，用分生日蛋糕、点蜡烛、吃长寿面、唱生日歌这些活动烘托气氛，祝贺生日快乐。

（5）朋友聚餐宴。朋友聚餐宴是一种宴请频率最高的宴会，公请、私请都有，要求、形式多样，追求餐厅装饰新颖。宴会的组办者喜新厌旧心理强烈，对酒店的特色要求较高。有嘉年华会、同学聚会、行业年会等形式。

（6）答谢宴。为了对曾经得到过的帮助，或对即将得到的帮助表示感谢而举行的宴会。这类宴会特点是为了表达自己的诚意，故宴会要求高档、豪华，就餐环境要求优美、清静。有谢师宴、答谢宴、升迁宴等形式。

（7）商务宴会。商务宴会是各类企业和赢利性机构或组织为了一定的商务目的而举行的宴会。商务宴会是所有宴会中最为复杂的一种，宴请目的非常广泛。有的想通过宴会探视对方虚实，获取商务信息；有的为加强感情交流，达成某项协议；有的是为消除某些误会，相互达成共识。在宴会设计中，注意厅房、餐具、台面、菜肴都要有特点，在客人谈话中出现不融洽时，可以有改变话题的题材。要求座位舒适，饭菜可口，减少打搅，服务到位。

（8）迎送宴会。是主人为了欢迎或欢送亲朋好友而举办的宴会，菜品一般根据宾主饮食爱好而设定。环境布置突出热情喜庆气氛，体现主人对宾客的尊重与重视。

（9）纪念宴会。是人们为了纪念重大事件或与自己密切相关的人、事而举办的宴会。这类宴会在环境布置上突出纪念对象的标志，如照片、实物、作品、音乐等来烘托思念、缅怀的气氛。

5. 按宴会规模分

按参加宴会的人数和宴席的桌数，可分为小型宴会、中型宴会、大型宴会。10 桌以下的为小型宴会；10~30 桌的为中型宴会；30 桌以上的为大型宴会。传统中式宴会一般称 1~2 桌为宴席，3 桌以上为宴会。

宴会规模大运作环节相对复杂，包括场景设计、环境布置、餐台布局、台面物品配备、接待礼仪服务、宴会议程设计、娱乐节目安排等内容。

6. 按举办地点分

在店内举办的宴会、店外宴会。如在家举行的宴会，在花园举行的宴会。

7. 按宴会菜品的主要用料分

全羊宴、全鸭宴、全鱼宴、全素宴、山珍宴等这类宴会的所有菜品均用一种原料，或以具有某种共同特性原料为主料制成，每道菜品所不同的是配料、调料、烹饪方法、造型。

8. 按宴会菜式风格的特点分

（1）仿古式宴会。是将古代非常有特色的宴会与现代餐饮文化融合而产生的宴会形式。如仿唐宴、孔府宴、红楼宴、满汉全席。这类宴会继承了我国历代宴会的形式、宴会礼仪、宴会菜品制作的精华，进行改进创新。增加了宴会的花色品种，传播了中华文化。

（2）风味式宴会。是将某一地方风味特色食品用宴会形式来表现，具有明显的地域性和民族性，强调正宗、地道。有粤菜宴、川菜宴、鲁菜宴、苏菜宴、徽菜宴、闽菜宴、浙菜宴、湘菜宴、饺子宴等。

三、主动争取客源

根据酒店具备的条件，确定酒店宴会目标市场，与目标客源取得联系，上门走访客户。一旦获悉客户有举办宴会的意愿，预订员应尽量邀请客户亲临酒店宴会厅参观。根据客户举办不同宴会进行促销，下面就一些常见的宴会介绍促销重点。

1. 年终团拜

许多企业习惯于通过团拜来奖励员工一年来的工作。针对这项消费需求，酒店可以每年春节前一个月及春节后一个月推出年终团拜的促销专案来吸引广大消费者，专案宴会起价应比一般平常价位低一两成，并随桌附赠部分酒或饮料供客人饮用，另外还可以提供特惠酒水价让客人选择，专案广告中的优惠细节应在与客人接洽时详细告知。

2. 中式及西式情人节促销

近年来人们已逐渐有过情人节的趋势，宴会厅可以锁定各个消费群，设计不同的情人节套餐或舞会等促销专案，还可邀请婚纱礼服公司、旅行社、航空公司等提供在现场替情人拍摄纪念照，提供奖品供客人摸奖，做联合促销，这些情人节客人留下的资料就是酒店及其他厂商直接的潜在客户。

3. 母亲或父亲节促销

母亲节和父亲节都是在星期日，可利用当天中午和晚上做全家福自助餐或全家福桌菜来进行销售。在母亲节到来之前，为了吸引客人到酒店消费，可以采用"消费满一定金额即赠送餐饮礼券"的促销方式，这样可以增加客人来酒店的次数。

4. 谢师宴促销

针对县、市高中以上的毕业班，宴会厅在每年 4 月 20 日到 6 月 30 日之间可推出谢师宴促销活动专案，为减少广告费用的开支，酒店可用寄发直邮广告的方式送达各校学生会，直接进行促销，谢师宴专案采取比平时优惠的价格以吸引学生消费群体，使学生有机会提早尝试在酒店办宴会的经验，同时对酒店设施有所了解，日后这些学生便理所当然地成为酒店积极争取的一群潜在客源，谢师宴专案通常有中式宴会和西式自助餐宴会形式，并随桌赠部分饮料，舞池、音响、接待桌等设施也可以提供优惠价格。

5. 中秋节促销

中秋节来临前，酒店可结合实际情况和传统的民族风俗，推出中秋节促销专案。特别是中秋月饼的促销更是重点。

6. 圣诞节促销

在每年 12 月 15—30 日做圣诞晚会促销活动。针对外资企业进行促销，本土企业采用团拜会专门宴请员工，由于团拜与圣诞节促销活动时间冲突，因此团拜期间宴会厅便会出现供不应求的情况，这时应比较团拜和圣诞晚宴的消费金额哪一个更高，如果团拜高，那么圣诞节就可举办圣诞舞会。

7. 除夕年夜饭促销

近年来除夕夜外食人口激增，可大力推行除夕年夜饭促销专案，以各式烹调美味的时令菜肴及象征吉祥的菜名，营造出除夕夜年夜饭欢乐温馨的气氛。在过年期间，以酒店既有的烹饪资源从事外带的卖餐方式，将一些平日仅见于餐馆的菜肴提供客人外带回家享用，这种外带餐饮的经营方式不仅可以满足现代人省时省力又喜欢享受的需求，更顺应了除夕夜在家团圆用餐的习俗。

8. 特殊宴会促销

除推出季节性的销售专案外，宴会厅还可根据业务状况，促销一些高单价宴会，采用宴会厅备置的该季食品原料结合主厨的拿手绝活，烹调出一道道经典佳肴，餐中辅以顶级葡萄酒相伴，配以精心设计的音乐节目表演，营造现场气氛，将整体用餐气氛提升到身心享受的境界。这类宴会平均每位客人通常消费高达 2500～5000 元不等，每年只举办一两次，并且针对特定客人。

 实训考核

一、知识训练

1. 说明宴会具有的特征。
2. 列举宴会的类型。

3. 说明常见宴会的促销重点。

二、能力训练

案例 5 - 8

刘明先生、王丽小姐 3 月 11 日到 B 饭店预订在 6 月 8 日 9：58 举行婚礼。预计人数是 290 人，客人自带可乐、雪碧、啤酒、白酒，酒店免收开瓶费。每桌 900 元，免收服务费。结账方式是现金。客人要求准备一间客房做新娘化妆间，赠送三层水果蛋糕一个。婚宴菜式由客人与饭店商定。准备香槟酒杯塔。在 4 月 6 日刘明先生给酒店打电话预计人数是 310 人。保证人数 300 人。

要求酒店有液晶显示面板、投影仪屏幕、幻灯机及屏幕，DVD 一台，台式麦克 1 支，立式麦克 2 支，移动麦克 2 支，插排 2 个，在主席台上方挂横幅，有装饰背景布，客人 6 月 7 日下午 3：00 布置婚礼会场。饭店准备婚礼进行曲和背景音乐。客人在 6 月 8 日上午 8：00 在酒店门前雨搭处摆放拱门。每桌一盆鲜花 50 元。在饭店入口处停车场预留 5 个车位。在地下停车场预留 25 个车位。时间是 8：00—13：30，凭车卡免费。参加人员有新郎新娘父母、亲属、单位同事、领导、同学、朋友。结合案例说明婚宴有何特点。你作为负责宴会的销售专员，如何策划组织这次婚宴。写出婚宴策划书。

工作任务二　　酒店宴会销售工作流程

引导案例

致辞时有菜端出

某四星级酒店里，富有浓郁民族特色的贵妃厅今天热闹非凡，30 余张圆桌座无虚席，主桌上方是一条临时张挂的横幅，上书"庆祝××集团公司隆重成立"。今天来此赴宴的都是商界名流。由于人多、品位高，餐厅上自经理下至服务员从早上开始撤换地毯、装电器、布置环境，宴会前 30 分钟所有服务员均已到位。

宴会开始，一切正常进行。值台员上菜、报菜名、递毛巾、倒饮料、撤盘碟，秩序井然。按预先的安排，上完"红烧海龟裙"后，主人要祝酒讲话。只见主人和主宾离开座位，款款走到话筒前。值台员早已接到通知，在客人杯中已斟满酒水饮料。主人、主宾身后站着一位漂亮的服务小姐，手中托着装有两杯酒的托盘。主人和主宾简短而热情的讲话很快便结束，服务员及时递上酒杯。正当宴会厅内所有来宾站起来准备举杯祝酒时，厨房里走出一列身着白衣的厨师，手中端着刚出炉的烤鸭向各个不同方向走去。客人不约而同地将视线转向这支移动的队伍，热烈欢快的场面就此给破坏了。主人不得不再一次提议全体干杯，但气氛已大打折扣了。客人的注意力被转移到现场分工割烤鸭的厨师上去了。

分析案例请回答：

1. 为什么此次宴会气氛大打折扣？不良影响是什么？
2. 是什么原因造成了这种局面？
3. 如何预防这类事情的发生？

 **相关知识**

一、宴会销售

1. 联系客户

向潜在客户宣传酒店宴会业务，拜访客户或电话访问潜在客户，并形成工作记录。

2. 带领客户参观酒店设施

3. 洽谈宴会具体事宜

宴会洽谈的主要工作是回答客人有关宴会的各种问询。举办宴会，顾客所采取的第一个步骤便是向中意的宴会经营单位询问宴会相关信息。

（1）一般客人问询的内容。

① 宴会厅是否有空位。

② 宴会厅的规模及各种设备情况。

③ 宴会主办单位提出的有关宴会的设想以及在宴会上安排活动的要求能否得到满足。

④ 中西餐宴会、酒会、茶话会等的起点标准费用。

⑤ 高级宴会人均消费起点标准，大型宴会消费金额起点标准。

⑥ 宴会的菜肴、饮料费用。

⑦ 宴会菜肴的内容。

⑧ 各类宴会的菜单和可变换、递补的菜单。

⑨ 不同费用可供选用的酒单。

⑩ 宴会中主要菜点和名酒的介绍及实物彩色照片。

⑪ 不同费用标准的宴会，饭店可提供的服务规格及配套服务项目。

⑫ 饭店所能提供的所有配套服务项目及设备。

⑬ 中西餐宴会、酒会、茶话会的场地布置、环境装饰和台型布置的实例图。

⑭ 宴会预订金的收费规定。

⑮ 提前、推迟、取消预订宴会的有关规定等。

（2）准备相关资料以供洽谈时参考面对客人的各种疑问，宴会部预订人员需一一为顾客解释。

① 宴会部的宴会厅平面图（如图 5-1）。

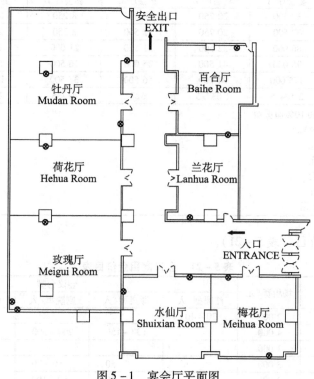

图 5-1 宴会厅平面图

② 宴会厅客容量（表 5-19）。

表 5-19 宴会厅客容量表

厅别容量及面积			宴会厅 A	宴会厅 B	宴会厅 C	宴会厅 D	宴会厅 E	宴会厅 F
容量	宴会	中式宴会/桌数	150	85	50	35	10	12
		自助餐 桌数	130	68	40	30	7	10
		自助餐 人数	1 560	810	470	350	85	120
		鸡尾酒会/人数	4 000	1 000	600	400	150	200
	会议	U 字型/人数	1 040	670	430	240	80	80
		教师型/人数	1 800	870	520	350	110	140
		剧院型/人数	2 700	1 360	800	560	200	270
	面积	长度/米	41.5	41.5	25	16.5	8.2	11.4
		宽度/米	51	25	25	25	19	25
		总面积/平方米	2 104.5	1 037.5	625	412.5	155.8	216.6
室内高度/米			3~5.4	5.4	5.4	5.4	3	3

③ 宴会厅租金价目（表 5 - 20）。

表 5 - 20   宴会厅租金价目表

2010 年宴会部宴会厅租金价目一览表（适用日期至 2010/12/31）						
厅别时间	宴会厅 A	宴会厅 B	宴会厅 C	宴会厅 D	宴会厅 E	宴会厅 F
08：30～12：00	37 500	20 750	12 500	8 250	2 750	3 250
13：00～16：30	37 500	20 750	12 500	8 250	2 750	3 250
08：10～21：00	80 000	52 500	31 500	21 000	7 000	8 750
08：30～16：30	75 000	41 500	25 000	16 500	5 500	6 500
08：30～22：00	175 000	94 000	56 500	37 500	12 500	15 250
面积/平方米	2 104.5	1 037.5	625	412.5	155.8	216.6

注：以上所有场租需另外加 10% 服务费。
延时：夜间进场（2 小时内）。
※宴会厅 A 每小时 8 000 元
※宴会厅 B 每小时 5 000 元
※宴会厅 C 每小时 3 000 元
※宴会厅 D 每小时 2 000 元
※宴会厅 E、F 每小时 750 元

④ 会议室租金价目（表 5 - 21）。

表 5 - 21   会议室租金价目表

场地 ＼ 项目	时间/天	场租费/元	会议台型				
			椭圆型/人	课桌型/人	剧院型/人	U 台型/人	回型台/人
4F 小会议室	1	2 000	20～40				
4F 大会议室	1	4 000		100～150	200～300	70～80	
4F 贵宾室	1	1 000					12
5F 行政酒廊	1	3 000		50	50～70	30～45	
12F 会议室	1	3 000		50～70	50～100	30～50	

⑤ 宴会部餐饮收费标准（表 5 - 22）。

表 5 - 22   宴会部餐饮收费标准

中式宴会： 　　中式套餐：1 000 元 +15% 服务费（10 人/桌） 　　会议套餐：880 元 +15% 服务费（10 人/桌） 　　　　　　　980 元 +15% 服务费（10 人/桌） 　　　　　　　1 180 元 +15% 服务费（10 人/桌） 　　婚宴套餐：1188 元 +15% 服务费（10 人/桌） 　　　　　　　1 388 元 +15% 服务费（10 人/桌） 　　　　　　　1 688 元 +15% 服务费（10 人/桌） 2 010 元 +15% 服务费（10 人/桌）

⑥ 宴会台型图（图 5 - 2）。

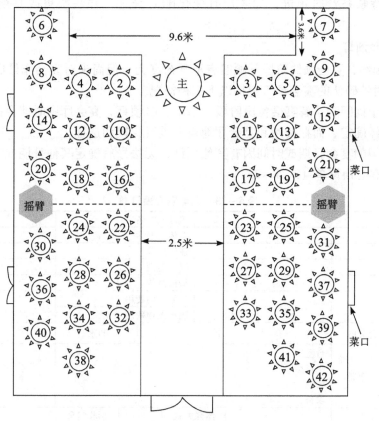

图 5 - 2　宴会台型图

通过洽谈，预订员应该了解有关宴会活动的各种信息，它为宴会活动的策划和设计提供正确、充足、必要的依据，这些信息包括：① 赴宴客人人数；② 宴会菜肴、饮料、宴会厅、宴会套间的价格；③ 宾客风俗习惯；④ 宾客生活忌讳；⑤ 有关宴会的设想，安排活动的要求；⑥ 如果是外宾，还应了解国籍、宗教、信仰、禁忌和口味特点等。

对于规格较高的宴会，还应掌握下列事项：① 宴会的目的和性质；② 宴会的正式名称；③ 宾客的年龄和性别；④ 有无席次表、座位卡、席卡；⑤ 有无音乐或文艺表演；⑥ 有无司机费用等；⑦ 主办者的指示、要求、想法。

根据客户要求做初步报价，告知客户报价及可能浮动范围和原因，回避客户就单独项目的询价，整体报价有利于争取高标准的宴会。商议场地的环境布置，说明宴会不同套餐菜单的菜式特点及特色，明确赠送主食种类；如果客户要求对菜品作个别调整，问询厨师长征得同意后告诉客户差价，并说明原因；确定酒水价格及服务费用，同时说明菜单应至少在宴会日期半个月前确定下来。

争取与客户达成意向，尽早与客户确认预订，明确人数、场地、宴会菜品风味、特殊要求，与客户保持联系及时跟进，如客户有变化随时登记，并注明更改日期、更改人及登记人。

4. 接受宴会预订

也称宴会预约，宴会预约阶段是顾客有意预约宴会，但尚未对宴会作最后决定，属于暂时性确认，暂时性确认的宴会预订包括以下三种情况。

① 顾客处于询问和了解宴会情况阶段，如不及时预订，宴会厅到时就会被他人订满。

② 宴会已经确定，而在费用和宴会厅地点上进行比较和选择。

③ 客人希望的宴会日期或时间因有其他预订，无法最后确定其他日期或时间。

（1）填写宴会预订单（表5-23）。

表5-23　大型宴会预订单

预订日期		预订人姓名	
地址		电传、电话	
单位		饭店房号	
宴会名称		宴会类别	
预计人数		最低桌数	
宴会费用		食品人均费用	
		酒水人均费用	
具体要求	宴会菜单		酒水	
	宴会布置	台型 主桌型 场地 设备		
确认签字		结账方式		预收定金	
处理			承办人	

（2）填写宴会安排日记本（见表5-24）。宴会预订安排日记本是宴会部根据宴会活动场所设计的，它的作用是记录预订情况、供预订人员在受理预订时查核。受理预订时，首先需问清宾客宴请日期、时间、人数、形式等，然后从日记本上查明各宴会厅的状况，最后在日记本上填写有关事宜。宴会活动日记本在营业时间内必须始终摆在预订工作台上，营业结束后必须锁好。

表5-24　宴会安排日记本

预订员：_____　　　　日期：_____

宴会厅A	宴会厅B	宴会厅C
早： 宴请名称_____人数_____ 时间_____时至_____ 联系人_____电话_____ 单位名_____收费_____	早： 宴请名称_____人数_____ 时间_____时至_____ 联系人_____电话_____ 单位名_____收费_____	早： 宴请名称_____人数_____ 时间_____时至_____ 联系人_____电话_____ 单位名_____收费_____

宴会厅 A	宴会厅 B	宴会厅 C
中： 宴请名称_____人数_____ 时间_____时至_____ 联系人_____电话_____ 单位名_____收费_____ 晚： 宴请名称_____人数_____ 时间_____时至_____ 联系人_____电话_____ 单位名_____收费_____	中： 宴请名称_____人数_____ 时间_____时至_____ 联系人_____电话_____ 单位名_____收费_____ 晚： 宴请名称_____人数_____ 时间_____时至_____ 联系人_____电话_____ 单位名_____收费_____	中： 宴请名称_____人数_____ 时间_____时至_____ 联系人_____电话_____ 单位名_____收费_____ 晚： 宴请名称_____人数_____ 时间_____时至_____ 联系人_____电话_____ 单位名_____收费_____

5. 宴会跟踪查询

如果是提前较长时间的预订，预订人员应进行密切的跟踪查询，主动用信函或电话保持联系，直到客人下订单为止。因为大多数顾客在正式确定预订前，可能还会与其他饭店的宴会菜单、价格、场地、环境等进行研究、比较，再答复酒店，因此预订人员务必详细记录每次跟顾客洽谈的结果，除存档备查外，也需正确无误地将资料转达给其他相关人员，这样方能确保宴会预订成功。

6. 签订宴会协议

1）填写宴会预订确认书

酒店与客户在场地、菜单确认后，与客户签订宴会协议，用酒店专用协议表格，逐一填写，免费项目和非免费项目逐一清楚填写，并按店规明确特别说明。

在填写完成宴会预订单后，如果得到了主办单位或个人的确认，就是确定性宴会预订。此时除了要在宴会预订日记本上用红笔标明确认外，还应填写宴会预订确认书（见表 5－25）送交顾客，签订宴会合同书（见表 5－26），收取宴会预订金。

表 5－25 宴会确认书

×××先生： 承蒙惠顾，不胜感谢。 所订宴会正在按下列预订要求认真准备，如有不妥之处或新的要求，请随时提出，我们愿竭诚为您服务。 　　　　　　　　　　　　×××酒店　　　　　　　　　　　宴会经理：××× 一、宴会名称：　　　　　　　　　　联系电话：＿＿＿＿＿＿＿＿＿＿＿＿ 二、宴会日期及时间：＿＿年＿＿月＿＿日　星期＿＿晚：＿＿时＿＿分至＿＿时＿＿分 三、宴会人数：　　　　　四、宴会形式：　　　　　　五、宴会预算： 六、宴会厅名称：　　　　　七、其他：

2）签订宴会合同（见表 5－26）

虽然在预约时预订人员已经记下顾客所有的要求，但是客人日后可能变卦仍是个潜在的问题。所以，预订人员必须再将双方所同意的事项记录在合同书上并请客人签字，以保障客人与饭店自身的权利。倘若客人没时间亲自到饭店进行签约手续，预订人员可以通过书面、传真或邮寄的方式、将文件送交顾客手中请顾客在合同书上签字，签妥后再传真或邮寄回饭店以示慎重。所以为了确保宴会厅的正常营运，与客人签订合同是不容忽略的步骤之一。

表5-26　宴会合同书

宴会合同书	
本合同是由_____饭店（地址）_____	
与_____单位（地址）_____	
为举办宴会活动所达成的，具体条款如下：	
活动日期_____星期_____	
活动日期_____活动地点_____	
最低出席人数_____预计人数_____	
座位安排_____	
菜单计划_____	
饮料_____娱乐设施_____	
招牌_____预付定金_____	
付款方式_____其　他_____	
顾客签名_____饭店经手人签字_____	
签约日期_____	

◎ 本宴会合同一式五联、一联顾客保存、二联顾客签名后收回、三联出纳留存、四联预订部留存、五联宴会部经理留存，经双方签认后生效。

另外饭店与设宴顾客之间可有若干规定或说明，附于合同背面。

（1）宴会的确认桌（人）数应于一星期前予以确定，且确认的桌（人）数不得低于宴会预订单所确认的桌（人）数。若低于宴会预订单所确认的桌（人）数，则必须达到所宴会厅别限定的最低消费额。

（2）宴会结束后，或者实际用餐的桌（人）数未达到确认桌（人）数时，本饭店仍按确认桌（人）数收费。未消费的桌数，顾客可于2周内补消费，若未消费的桌数超出确认桌数的1/10时，则超出的桌数须按半价赔偿，且不得补消费。

（3）凡喜宴的账款，请于宴会结束当天以现金付清。原则上，结婚不接受信用卡签账，更不受理支票签收。这项规定出自宴会厅及顾客本身利益的考虑。因为喜宴当中，礼金势必带给客人许多现金收入，饭店要求以现金收费，除了帮顾客分担携带大笔现金的风险，饭店也可免去收不到费用的风险。

（4）因故取消预订，所支付之订金不予退回；如于宴会举行日前一星期取消者，应按"保证消费额的一半"补偿本饭店的损失。

（5）各种类型的宴会均严禁携带外食，自备酒类则酌情收取开瓶费。因为饭店本来便是经营餐饮生意的场所，制定此要求实属合理且必要。

（6）婚宴自备喜糖、签名簿及礼金簿。凡瓜子等有壳类食品、口香糖，因会造成宴会厅地毯不易清理而严禁带入食用。

（7）布置花卉时，请将塑料布铺设在地毯上，以防水渍及花卉弄脏地毯。

（8）不得于宴会活动场地燃放爆竹、烟花等易燃物，且不得喷洒飘飘乐、金粉、亮光片等吸尘器无法清除的物品。

（9）布置会场时，严禁使用钉枪、双面胶、图钉、螺丝等任何可能损伤会场装潢设备的物品。活动结束以后，应保持会场的完整，如损坏本饭店的装潢或器材等设备，需负赔偿责任。

（10）因活动需要所运来的各项器材及物品，本饭店仅提供场地放置，恕不负看管责任。

（11）宴会所需的各项电器设备，请事先协商安装事项。电费依现场实际配线情况及用电量收费，会前进场布置及电路配置请于二周前告知，以便配合。一般小型电器可以直接使用宴会厅中所设置的插头，但耗电量较高者则必须与饭店协商，不可擅自安装，以免造成危险。

（12）客人自带乐队，提前 1 小时调试，如果与本酒店音响不匹配影响到音响效果，酒店不承担其责任。

（13）如当日未带定金收据，定金金额不在结账范围之内，如他日来退定金，需出示本人有效身份证件。

（14）婚庆典礼日期，一经决定不予更改。

3）收取宴会预订金

在签订合同时，为了保证宴会预订的确认，饭店通常要求已确认日期的顾客预付一定数量的定金，一般大型宴会为总费用的 10% ~ 15%。有的酒店收取总费用的 30%。重要的大型宴会收取总费用的 50%。有些饭店因忘记与客人签订合约收取定金，而平白蒙受许多损失。付完定金才表示该宴会场确实已被预订下，否则一个大型宴会如果临时取消，对饭店势必造成重大损失，因此预收定金对宴会部而言实为一种自保方式，非常必要。

除此之外，若在原来预约宴会的顾客未付定金之前，另有其他顾客欲订同一场地，预订人员应打电话给先预约的顾客，询问其意愿，如果顾客表示确实要使用该场地，就必须请他先到饭店付定金，否则将让给下一位想预约的顾客。一般对定金的处理有以下三方面。

（1）如果顾客超过饭店规定的限期取消预订，定金将不予退还。如果对方与饭店有良好的信用关系或是举办小型宴会，则不必付定金。

（2）对于确认后届时不到的顾客，按全价收费。

（3）取消预订，一般要求在宴会前一个月通知饭店，这样不收任何费用。若是在宴会前一个星期通知，预订金将不予退还，还要收取整个宴会费用的 5% 作为罚金。

二、跟进、落实宴会服务项目

1. 与相关部门协调落实宴会接待服务事项

1）发布宴会通知单

宴会正式确定后，预订人员对内应发布一式若干份的宴会通知单（见表 5 - 27），告知各个部门在该宴会中其部门所应负责执行的工作。由于成功举办一个宴会需靠许多部门通力合作，所以如果一张宴会通知单能够清清楚楚地将所有工作事项列出来，对于举办宴会将有很大裨益。

表 5-27　宴会通知单

发文日期：						
编号：NO. A0001						
宴会日期：					订金金额　　元	收据单号：
宴会名称：×××宴会					付款人：×××	接洽人：×××
联络人：×××先生　　　　电话： 客户名称：_____　　　　传真：					付款方式：	
时间	类型	地点	保证数	预估数	人力资源部	
晚上：					美工冰雕	
西餐厨房 中餐厨房 菜单附后	管事部					
宴服部	海报：				工程部	
					保安部	
花房					客房部	
酒吧	财务部：	器材收费：				
预订业务员：×××					宴会经理：×××	
发送部门	□总经理 □餐饮部□宴会部□财务部 □工程部□客房部 □西厨房 □中厨房□管事部 □餐厅部 □保安部 □采购部 □花 房 □美工冰雕 □其他					

　　宴会通知单即可称为这些工作部门的"工作订单"。宴会通知单的内容包括合约书中的主要资料，以及各单位所需准备的物品内容和相关事项，如宴会时间和相关事项、接洽人、桌数、厅别、菜单、特殊要求等。

　　宴会通知单的格式一般分三部分，在表格上部写出已知道的客人信息包括宴会名称、宴会日期、宴会入场时间、典礼时间、就餐时间、结束时间、宴会场地、预订人姓名、电话、传真、宴会保证人数、宴会预计人数、订金数额、收据号等信息。

　　在宴会通知单的中部主要写出各部门为这次宴会所要做的一些准备工作。左边写出中餐厨房、西餐厨房提供的菜品和宴会部应该做的准备工作，右边写出每一个部门应做的准备工作。一般有工程部、客房部、保安部、管家部、酒吧、花房、财务部、人力资源部、美工冰雕、采购部、营销部等。

　　在宴会通知单的表格底部要列出宴会通知单的发送部门。

　　各部门接获宴会通知单后，必须按照通知单上的要求执行工作，工作内容大致如下。

　　(1) 宴会部，依据宴会设计方案摆放餐桌椅、讲台、签到台、服务台、蛋糕台，配置台布、口布、椅套、装饰花，抽奖箱、杯塔台、路引花、立式花盆、长台花、圆台花、花篮、悬挂的横幅、广告牌、字画、气球、屏风、白板及白板笔、背景板、存衣间、指示牌等。根据宴会通知单上所记载的菜单，准备所需的摆设器皿进行摆台工作。铺设地毯、卫生清扫工作、宴会前的其他准备，如客人布展时提供布草等。

（2）工程部，依据宴会通知单上的要求，准备电气设备，进行安装、调试，派遣电工架设装备或予以支援。

（3）厨房，依据宴会通知单上客人所订的菜单制作菜品，准备厨房装菜用的器皿。

（4）宴会酒吧，按照顾客需要准备酒和饮料。

（5）花房，提供宴会用的各式桌花、装饰花、大型植物。

（6）保安部，依照客人要求，指派保安人员至礼金台协助保护礼金，并协助疏散宴会进场和散场时的人群。预留停车位。检查安全通道。保证客人的人身和财产安全。

（7）营销部，帮助客人制作海报，派宴会销售员跟踪查询客人对宴会的细节要求及更改事项。

（8）管家部，准备宴会所用的餐具、台布、口布及宴会所需的物品。

（9）财务部，负责结账，收取宴会总费用。

（10）人力资源部，负责招聘宴会用小时工。

协议签订后销售员应根据客户要求填写《美工制作单》，为避免失误，客户姓名必须由客户亲自书写并保留存根，以备核对。《美工制作单》在宴会日期前10天送营销部经理签字后传交美工室，在宴会开始前五小时接收、核对，以留足更正错误的时间。

营销员还根据客户要求填写《宴会通知单》，必须提前10天将宴会通知单打印成文，并提前一周将文件发至相关部门，并让相关部门负责人在宴会通知单的背面签收作为凭证，宴会结束后由营销部预订处存档，每月一存。提前3天发送客房预订单附菜单送总经理办公室签字后送客房部，在宴会前一天向客房部确认房间号。提前2天发放宴会菜单传送到厨房，如有人数、菜肴的变化，立即发宴会菜单更改单，传送给厨房部和楼层主管，并在《每日预订一览表》中注明已抄字样并署名。

2）宴会预订的变更

由于宴会大多在数个月前便已预订，时间的拉长难免导致发生变更，例如，客户有时候会对宴会细节稍作修改，如参加人数的增减、桌形的改变等，饭店方面有时也会发生变更。为适应这种临时变更，预订人员应当在该宴会举办前一周，再与客户确认宴会相关事项，将发生错误的可能性降低至最低。在以电话或传真方式与客户确认后，如果没有需要变更的事项，一切准备工作即可依照宴会通知单的要求进行。

但若顾客对于宴会提出任何变更，预订人员就必须马上以宴会变更单通知各相关部门，任何最后1分钟的变更都应迅速通知有关的部门。宴会变更单上详细记载宴会原方案及修订后的变更项目，清楚地告知相关部门必须修改的工作项目。各部门便可依照变更内容来调整工作，合力满足客户的要求。再者，使用变更单明确传达宴会信息，其相关部门便不再允许有未接获通知的借口，所以有效避免了各部门互相推卸责任。

通常宴会更改程序如下。

（1）客人用电话或面谈形式对已预订过的宴会或其他活动进行更改时，应热情接待，态度和蔼。

（2）详细了解客人更改的项目、原因，尽量满足客人要求。

（3）将更改内容认真记录，并向客人说明有关更改后的处理原则。

（4）尽快将处理的信息传递给客人，并向客人表示感谢。

（5）认真填写更改通知单（见表5-28），并迅速送至有关营业点和生产点，请接收者签字。

（6）将更改原因及处理方法记录存档，并向经理汇报以便采取跟踪措施，争取客源。

（7）检查更改内容的落实情况和更改后费用收取等事宜。

表5-28　宴会更改通知单

发文日期_____	宴会预订单编号_____	
宴会名称_____	场　地_____	
宴会日期_____	联络人_____	

变更项目	原计划	变更为
日　　期	_____	
时　　间	_____	
人数/桌数	_____	
……	……	……
【新菜单附后】		
□其他变更项目_____	□增加项_____	
	宴会部经理签名：_____	

发送部门	□总经理　　□餐饮部　　□宴会部　　□财务部　　□工程部　　□业务部　□客房部　　□保安部　　□采购部　　□中　厨　　□西　厨　　□花　房　□美工冰雕　□其他

3）取消宴会预订

由于某种原因，预订的宴会除发生变更外，也可能被取消。如客人要求取消宴会预订，应立即做好如下工作。

（1）接受客人取消预订时，应尽量问清取消预订的原因，尽量挽留客人，这对改进今后的宴会推销工作是非常有帮助的。

（2）在该宴会预订单上盖上"取消"印，并记下取消预订的日期和要求，取消的客人的姓名以及接受取消的宴会预订员姓名，然后将该宴会预订单放到规定的地方，并及时通知有关部门。

（3）如是大型宴会、大型会议等取消预订，应立即向宴会经理报告。

（4）宴会部经理还有责任给顾客去函，对不能为其服务表示遗憾，希望以后有机会进行合作。

如果某暂定的预订被取消，预订人员要填写一份《取消宴会预订报告》（见表5-29）。

表5-29　取消宴会预订报告

公司名称＿＿＿＿＿＿＿＿＿＿＿＿＿＿＿＿　联系人＿＿＿＿＿＿＿＿＿＿＿＿＿＿＿＿＿
宴请或会议日期＿＿＿＿＿＿＿＿＿＿＿＿　业务类型＿＿＿＿＿＿＿＿＿＿＿＿＿＿＿
预订的途径与日期＿＿＿＿＿＿＿＿＿＿＿＿＿＿＿＿＿＿＿＿＿＿＿＿＿＿＿＿＿＿＿＿
失去生意的原因＿＿＿＿＿＿＿＿＿＿＿＿＿＿＿＿＿＿＿＿＿＿＿＿＿＿＿＿＿＿＿＿
挽回生意的报告（简明扼要的步骤）＿＿＿＿＿＿＿＿＿＿＿＿＿＿＿＿＿＿＿＿＿＿＿
进一步采取的措施＿＿＿＿＿＿＿＿＿＿＿＿＿＿＿＿＿＿＿＿＿＿＿＿＿＿＿＿＿＿＿＿
　　　　　　　　　　　　　　　　　　宴会经理签名＿＿＿＿＿　日期＿＿＿＿＿

4）宴会预订的资料建档

在宴会预订工作结束后，要把以上所填写的表单及说明一并存入专设的客人宴会预订卷档案。以便在与客人发生纠纷时查找这些资料，作为证据。另外，对于每年都固定举办宴会的公司或个人，更应该将其历年宴会预订资料及举办的情况详细记录，以便了解客人喜好的场地、场景、菜式、台型、台面、席间乐曲等，给予最恰当的服务。如果需要稍加改动，就可以把宴会档案资料调出来参考，可省去许多与客人讨论的时间。

除了建立宴会预订卷档案外，还要建立宴会执行卷和建立宴会资料卷。

2. 实地检查宴会准备情况

1）人员准备

（1）配备宴会人员，明确任务。

① 宴会部经理根据本次宴会的规模，计算出本次宴会所需要的人员，此外还有保安部、工程部、美工部、客房部、酒吧、厨房部、花房、管事部、采购部、财务部的人员。尽量利用宴会厅的服务人员、餐饮部的其他餐厅的服务人员和酒店其他部门的员工，如果不够，可招聘小时工。

② 在举行宴会的前一天，主管通知与这次宴会有关的所有人员开会，讲解宴会的内容，包括宴会价格，宴请桌数，宾主风俗习惯和禁忌、宾客身份，菜单内容，每道菜的服务方式，上菜顺序，开宴时间，出菜时间，宴会场地，宴会主题、宴会名称，会标色彩，会场布置，席次表，座位卡，席卡，祝酒词，背景音乐，席间音乐，文艺表演，司机及其他人员饮食安排，宴会程序，会场视听设备（讲话、演讲、电视转播、演出、产品发布），行动路线（汽车入店的行驶路线、停车地点、主通道、辅助通道），礼宾礼仪、注意事项等。必须使所有员工认识到一旦穿上酒店的制服，所有行为都代表着酒店，不得马虎。特别是宴会变更单上所记载的变更内容要严格按变更后的要求准备和服务。

③ 向有关人员分配任务，向每个当班服务员分配具体的服务区域和工作，明确责任，相互配合。并将安排制成书面文件，下发到每个服务人员手中。要按照餐桌分布来划分区域，这样有利于值台员在一个区域里相互沟通和配合，画出人员分工图。

④ 讲解宴会服务质量标准。也就是宴会服务的规程和操作标准。

⑤ 指定各工作环节的负责人。

（2）组织培训。

宴会的服务员来自各餐厅、酒店各部门和一些临时招聘的小时工，他们的业务水平参差不齐。每个宴会的要求各不相同，在每次宴会开始前，必须对宴会有关人员进行培训，统一思想，统一操作。

宴会当中菜肴的展示、上菜、收拾均应同步进行，所以必须有统一的信号传达指令，小型宴会以服务主宾的服务员动作为信号，大型宴会以当班主管规定的信号来指挥所有服务员的行动，以举手、点头或其他容易看到的动作作为服务信号。

特别是对宴会礼仪、服务员的仪容、场景布置、摆台、菜单、席间服务、传菜、上菜、结账、撤台等宴会流程中的重要环节的特殊要求进行重点培训。

服务人员必须熟记宴会上菜顺序和每道菜的菜名，了解每道菜的主料和味型，回答宾客对菜品的有关问题。对宴会服务员进行礼仪培训包括如下内容。

① 着装。宴会值台服务员必须穿好工作服，工作服必须保持清洁、笔挺，不得有开线和纽扣脱落的现象。穿好规定的鞋袜，男服务员穿胶底黑皮鞋深色裤子。女服务员穿胶底黑色瓢鞋肉色连裤丝袜。鞋面应保持干净。将名牌戴在左胸上方，便于客人辨认。

宴会部经理、主管、领班等其他人员，按饭店规定穿着正式统一的服装。一般有西装、套裙。穿西装必须打领带，领带色调应与西装、衬衫的颜色和谐一致。领带长度要适度，通常长约130～150cm，打好之后，外侧应略长于内侧。并正确使用领带夹。西裤应与上衣同色，也可选用同色系。西装口袋不乱用，上衣的口袋只作装饰，不要放东西。穿西装要有配套的鞋袜。黑色皮鞋比较正式。

西装套裙，穿着到位，上衣领子要完全翻好，衣扣必须全部系上。套裙衣袋里不能放任何东西。一定要穿内衣，不许外露。配高跟或半高跟黑色瓢鞋，肉色连裤丝袜。

宴会的迎宾员、宴会领位员、宴会礼仪活动的仪式小姐应穿着礼服，一般有男士燕尾服、女士旗袍、民族服装。男士穿燕尾服应佩戴领结或领花，不打领带。女士穿旗袍应穿高跟鞋，注重举止步态。穿着民族服装要遵循民族服装的穿法和各民族礼节动作。

② 仪容。头发要保持整洁，长度适中，男服务员切忌留长发，一般以短发为主。前发不盖额，侧发不掩双耳，后发不及衣领，不留大鬓角，也不能剃光头。女服务头发不宜长于肩部，不宜挡住眼睛，刘海不掩眉毛。女服务员的头发应按规定盘成发卷，不许染发，但对于早生白发或长有杂色的头发可将其染成黑色。可以烫发，但不要将头发烫得过于凌乱、美艳。不应在头发上烫出大型花朵、图案和文字。在工作岗位上，只能佩戴工作帽。在佩戴时，不应外露头发。

保持面部干净。女服务员面部化妆要清爽淡雅，适当涂抹粉底、胭脂、眼影，口红应选择适宜的颜色。吃完食物后要避免嘴边、嘴角有残留物。指甲剪短，不得涂颜色太艳的指甲油。男服务员胡须必须剃干净，修剪好鼻毛。口腔清洁，在上班前，忌喝酒，忌吃葱、蒜、韭菜等有刺激性气味的食物，避免口腔产生异味。

站立正面看要头正、眼正、肩正、身正；侧面看颈直、背直、腰直、臂直、腿直。

女服务员站立时，两脚尖向外略展开，一脚在前，将一脚跟靠于另一脚内侧前端，形成一个斜写的"丁"字，两手握指在腹前，右手握住左手手指部位，右手在上，两手交叉点在衣扣的垂线上。

男服务员两脚打开，略窄于肩宽，两脚平行，两臂肘关节自然内收，两手相握，放在后背腰处。

行走时，要步履自然、匀速、稳健、步态轻松、优美。服务员与客人迎面相遇时，服务员应放慢脚步，目视客人，面带微笑，轻轻点头致意，并且伴随礼貌问候语言。在走廊或楼道较窄的地方，应停下脚步并面向客人，让客人先行，坚持"右侧通行"。服务员陪同引领客人时，与客人同行时，应遵循"以右为尊"的原则，服务员应处在左侧。如果双方单行行进时，服务员应走在客人侧前方两三步的位置，行进速度须尽量与客人的步幅保持一致，并应及时给客人以关照和提醒。

在迎接客人时，要面带微笑，显出谦恭、友好、真诚、适度的表情。需用手势时，要手掌伸直，手指并拢，拇指自然分开，掌心斜向上方，腕关节伸直，手与前臂形成直线，以肘关节为轴，自然弯曲，大小臂的弯曲以 140° 左右为宜。

③ 饰物。工作时间不得佩戴饰物，如戒指、手镯、耳环。一般女服务员可以佩戴项链，佩戴一枚结婚或订婚戒指，也可以佩戴耳钉。质地应选戴金银饰品绝对不宜佩戴珠宝首饰。戴发卡、头花一律选用黑色，头花不得超过 10cm 宽。男服务员不可以佩戴项链，但男服务员在工作岗位上可以佩戴一枚戒指。

迎宾员在宴会前接待或宴会结束送客人时，如果与客人距离 4 米之外较远处，应行挥手礼。挥手时要举起右手，大臂与小臂成 90° 角，小臂左右摆动，五指微微并拢，距离越远，大臂越要高举，大臂与小臂之间的夹角越接近 180°。

④ 行为。

• 客人走进 4 米之内，服务员应行目光礼。迎宾员在迎接客人时，要注视客人的脸部，即从眉毛向下到嘴唇以上部位。使用正视的目光，目光平视，稳定地向前看，不要斜视、窥视。接待众多客人时，主要注视主要负责人，同时又要从一侧依次注视到另一侧，并表达问候和欢迎。

• 鞠躬礼。身体立正，目光平视，面带微笑、面向受礼者；男服务员鞠躬时，双手在体侧自然垂下或在体后相握；女服务员将双手在体前端庄地搭放在一起，右手搭在左手上，上身前倾 30°～40° 之间，停留 1 秒钟再恢复原状。同时致以问候语或告别语，如，"您好！欢迎光临"。

• 领位。领位员站在客人的左侧，问候说："女士（先生）您好！请问您有预订吗？"然后先以左臂指引方向，目光注视宾客，面带微笑，清晰地说："请跟我来"或者"这边请"，然后率先起步，当上楼梯或拾阶而上时，迎宾员要稍稍放慢步频，驻足，以双手示意客人注意，同时说："请您注意，慢行！"客人上第一级后，领位员紧随其后，恢复引导位置引导。

当需要向左或向右转时，领位员或左手臂直臂式示意，或右手臂曲臂式示意转向，此时与此后领位员仍放慢步频或加快步频迎上，恢复引导。

当需要乘电梯时，如电梯内无人时，领位员首先进入电梯室内，以手臂示意："请!"如电梯内有人时，迎宾员应首先请客人进入电梯室。当引领客人进宴会厅门时，示意客人登堂入室。

引领入座时，双手从上向下摆动，使手臂成一直线，手心向上，指尖指向椅子。并说："请坐。"客人离开时，微笑目送，说："再见，欢迎下次光临。"

● 敬茶礼。当客人落座后，及时敬茶。敬茶之前要征询客人的偏爱、习惯、口味。选择与客人身份相匹配的茶具。斟茶水位在杯中2/3处，敬茶使用右手执杯把柄，左手可象征性地托杯底，体态微微前倾，成鞠躬状，地送客人面前，并说："请用茶!"续茶水时服务员站在客人的身后右侧续水，切忌茶杯盖正面放在桌面上。续完茶水，用右手将茶杯把拨在45°角的位置，以方便客人端执。

⑤ 语言。在宴会服务中语言礼貌，平等互敬。用语准确表达灵活，渗透情感声音优美，表情自然举止文雅。

宴会礼貌服务用语：在宴会服务时，在中午或晚上遇到客人时说："中午好"、"晚上好"。麻烦客人时，说："请稍候"、"劳驾"、"打扰一下"、"拜托"、"请您帮一下"等。表示感谢时，说："谢谢您"、"非常感谢"、"谢谢您对我们酒店提出的宝贵意见!"征询客人时，说："我能为您做些什么?""来一杯果汁怎么样?""您来啤酒、可乐还是矿泉水?"在客人招呼服务员时，服务员应及时说："马上来"、"是的"、"好的"、"很高兴为您服务"、"这是我应该做的。"服务员对客人表示道歉时，说："对不起"、"请原谅"、"不好意思"、"我真的过意不去。"

2）物品准备

在接到宴会通知单后各部门首先制订周密的计划，明确工作内容、负责人、作业时间表、要求、操作规程，制订应急预案，然后开始做部门所负责的具体准备工作。最后进行全面的检查。

（1）宴会部的物品准备。

① 从管家部领取所需数量、规格的各类餐具、酒具及用具，并擦净，检查完好无损。各种台布、餐巾、火柴、牙签，酱醋壶等。

② 制作席卡、台号牌、挂画、摆件，有时还要准备国旗或桌旗。

③ 餐桌、餐椅、边台（服务台）、讲台、接待、沙发、茶几、衣，有时需准备礼品、特殊饰品、主题宣传品、纪念品、制作印刷品（节目单、菜单、场地台型图、席次图、主要出席人员名单、主宾讲话稿等）。铺设地毯、卫生清扫工作、宴会前的其他准备，如客人布展时提供布草等。

④ 绿色植物、装饰花、花坛、盆景、画屏、屏风和各种灯泡蜡烛等物品。

⑤ 服务员的工装。

⑥ 准备餐车、加热保温固体酒精炉、分餐与备用餐具。

⑦ 各种饮料、酒水和茶。

（2）厨房部准备工作。

① 行政总厨对人员的安排和分工。由厨师长、厨师具体负责宴会菜肴的粗加工、细加工、切配、烹饪、理盘工作。

② 准备原料、配料、调料、切配刀具、炊具、相关炉灶的设备。

③ 西餐厨房准备蛋糕、西点。

（3）公关部准备工作。

① 准备公告牌、横幅和指示牌。

② 会同宴会部确定宴会主持人、司仪、礼宾小姐。

③ 与宾客商定开宴前的祝酒仪式、席间各种社交活动，给客人帮助。

④ 宴会厅出入走廊的装饰。

⑤ 整理客人的客史档案。

（4）工程部准备工作。

检查宴会厅灯光、音响、麦克风、背投、幻灯、液晶电视、卡拉 OK、插座、空调设备、幕布、消防器材的配置和运行。准备能源及配备电源插排。指派音响师准备背景音乐和席间音乐的光盘。灯光师按照宴会仪式调节灯光配备。

（5）保安部准备工作。

① 制订意外紧急情况现场人员疏散的应急预案。

② 检查防火防盗设施运行。

③ 预留停车位及制订管理方案。

（6）财务部准备工作。指派财务人员收取宴会费用，准备发票。

（7）管家部准备工作。按照宴会规模准备统一规格的餐具、用具、布件，要求配套，按宴会用品三倍的数量准备。

（8）花房。准备大型绿色植物、餐桌上的装饰花，讲台上、接待台上、花台的花束，有时还要为客人准备胸花。

（9）人力资源部准备工作。为宴会招聘临时用工的小时工及制订管理方案。

（10）美工冰雕准备工作。为了营造宴会气氛，准备原料制作大型冰雕、花篮。

（11）酒吧。准备各种饮料酒水和茶叶。

（12）前厅部、康乐部准备工作。

① 准备为客人提供咨询服务，准备客人行李和随身携带的重要物品的寄存箱。

② 准备换装房、钟点休息房、蜜月套房。

③ 准备向下榻的 VIP 客人提供的果盘、鲜花等。

④ 康乐部准备为客人提供麻将桌、棋牌、KTV 器材。

3）场地布置

（1）按照宴会场景设计要求，首先对宴会场地进行清扫，进行通风换气，保持宴会厅空气清新。然后对背景墙进行装饰，悬挂横幅，突出宴会主题，在舞台周围摆放鲜花、绿色植物，铺红地毯，安装各种音响设备，调试宴会厅灯光。协调宴会厅的整体色彩。根据宴会厅大小和季节变化，调好室内温度、湿度。夏季室内温度22°～24°冬季室内温度18°～22°。

（2）摆放餐台餐椅，根据宴会人数确定宴会桌数。首先确定宴会主桌的位置，做到突出主桌或主宾席区，其他桌排列整齐，间距适当。在宴会厅的边墙处，摆放2～3组的工作台。留出主辅通道。在摆放餐椅时，确定主人位，主宾在主人的右手位。

在舞台中间或舞台右侧摆放讲台。在宴会厅门口右侧摆放签到台，有时在宴会厅里距门比较近的位置搭设酒吧台。

（3）宴会摆台。按照宴会菜单设计要求，在开宴前1小时铺台布，围台裙，下转台，摆放餐具、酒具和用品，摆放装饰花。

（4）在宴会厅门口摆放宴会台型布置平面图和指示牌，在酒店前厅摆放另一个指示牌。

4）安全准备

保安部为宴会客人安排停车车位，宴会厅大门及门锁要好用，餐桌餐椅牢靠，各种报警装置调试正常，消防通道、紧急出口畅通，消防器材齐全。各种电器的电路插座配备适当。告知客人不许带易燃易爆物品。保证食品安全和人身财产安全。保安人员要配备相应的对讲机、手机等通信设备。有异常情况随时逐级报告。避免影响宴会气氛。

5）全面检查

（1）检查所有接受任务的宴会员工的工作，检查配备员工情况。

（2）物品准备是否齐全，是否准备好服务用的各种托盘，把餐具分类整齐码放在大托盘中备用，把各种玻璃器皿、瓷器整齐码放，以免碰撞。各种用具是否备齐。

（3）场地情况，宴会厅出入口通道、场地台型、舞台布置、餐桌餐椅是否稳妥，桌卡号是否排列正确，席卡是否拼写正确。

（4）检查视听设备、其他设备是否完好。

（5）主桌及主人位的安排。

（6）安全检查。

三、售后追踪服务宴会过程

1. 开宴前的准备工作

（1）宴会开始前30分钟，服务员应准备好休息时用的茶壶、茶叶及开水，摆放在工作台上。

（2）领回酒水后擦拭干净，整齐地摆放在工作台上，商标朝外。红葡萄酒须平放在酒篮里。

（3）摆设冷盘，在宴会开始15～30分钟前把冷盘摆设在转台上，冷盘摆设要对称，荤素、色彩搭配合理。斟倒好酱醋瓶并摆放在工作台上。

（4）提前 30 分钟开启宴会厅所有的灯。

（5）再次检查服务人员的仪容仪表。

（6）站位迎接宾客

在餐前 10 分钟领位员领位员站在门口迎宾。值台员应站立在各自服务的餐桌旁，面向门口。其他服务员站立在各自的岗位上，面带微笑迎候客人到来。客人到来时应向客人微笑，并打招呼，说："先生您好，欢迎光临。"并尽可能称呼客人的姓名。由领位员把客人引领到指定的休息室的座位上。客人如有物品需要寄放在衣帽间，管理员便会在寄放物上挂一个号码牌，然后将同一号码的副牌交给客人当收据，客人离去时再凭副牌领回寄放物。有些宴会在宴会入口处有接待桌，供客人办理报到、签字等手续。

2. 宴会就餐前进行的活动

在客人到来后，一般不是马上就餐，而是先参加由主人举行的一些活动。如餐前鸡尾酒会；主人会见客人；与客人合影留念；有时还要接受新闻媒体记者的采访。

3. 宴会就餐服务流程

1）宾客入席

（1）宾客到座位旁，值台员将椅子拉开一臂距离让客人站在餐位前，然后将椅子向前推，让客人舒适坐下。及时送上迎宾茶。根据就餐人数添减餐椅。

（2）给客人递上第一道毛巾。服务员取出毛巾箱中折好的毛巾并确保毛巾的温度、湿度适宜，把毛巾放入毛巾托内，将毛巾托放在托盘内，根据"女士优先，先宾后主"的原则从客人的右侧开始，把毛巾托放在底盘的右侧，并对客人说："请用毛巾。"客人用过毛巾后，服务员询问客人："对不起，先生（女士），我可以撤了吗？"经客人同意后撤下毛巾。

（3）铺餐巾，撤筷套。

按照"女士优先，先宾后主"的原则，服务员站在客人的右侧拿起餐巾，将餐巾轻轻打开，右手在前左手在后，将餐巾铺在客人腿上，并说："这是您的餐巾。"将筷套打开，把筷子上"某某酒店"字样朝上，拿住筷子底部放在筷架上。

（4）送上调料。

在工作台上将酱油碟、酱油瓶、醋瓶放在托盘里，从主宾开始，询问客人"请问您需要酱油还是醋？"按照客人要求将酱油或醋倒入酱油碟内。将酱油碟放在客人餐盘的左上方。

2）斟倒酒水服务

（1）根据客人要求斟倒酒水、饮料。斟酒时服务员站在客人的右后侧，先给主宾斟酒，然后按照顺时针方向依次斟酒。切忌服务员站在同一位置为两位客人斟酒。

（2）宾主讲话时，服务员要站在桌旁列队立正，以示礼貌。

（3）葡萄酒、白酒斟七分满；水杯斟八分满。

（4）宾主互敬酒时，服务员要为无酒或杯中少于三分之一酒量的客人斟酒。

3）上菜

（1）在上菜前，把餐桌上的花瓶或插花、台号牌、席卡撤下。上菜时动作要轻，上菜不准推，撤盘不准拖。

（2）按照菜单顺序上菜，一般顺序为冷菜—羹—热菜—汤—甜菜—点心—主食—水果。由于中国地方菜系很多，又有多种宴会种类，上菜顺序也不完全一样。

（3）从厨房取出的热菜应用不锈钢盖盖好，上桌后再取下盖子。上菜间隔要根据宴会进程而定。上菜速度要以主桌为准，全场统一，不许任何一桌擅自提前或延后。

（4）上菜应选择翻译与陪客之间的位置，或选择主宾右手位的第一陪客的右手位作为上菜口，在客人右手位上桌，放在转盘边缘，轻轻地按顺时针方向将菜肴转到主宾前面，主动介绍菜名、口味特点及制作方法，有时还可以介绍菜肴的历史典故。然后从主宾开始依次进行服务。

（5）上菜时菜肴摆放应注重礼节，大拼盘、头菜要摆在餐桌中间。菜肴正面要对准主人位。上整形菜肴时，要遵循中国传统的礼仪习惯"鸡不献头，鸭不献掌，鱼不献脊"。菜肴摆放尽量对称，以汤为中心，菜摆在四周。注意摆放的间距。

（6）上汤菜时，服务员要给客人分汤。上带佐料的菜肴，要先上佐料后上菜，一次上齐。上带壳的菜肴要跟上小毛巾和洗手盅。

（7）菜上齐后要告诉客人并询问是否还需加菜。

4）分菜

中餐宴会服务分为餐盘服务、转盘式服务和桌边服务三种方式。

餐盘服务就是菜肴都在厨房由厨师按既定分量分好，再由服务员按顺时针方向先宾后主用右手从客人右侧上菜。即中餐西吃。

转盘式服务就是服务员将菜盘端至转盘上，再由服务员从转盘夹菜到每位客人的骨盘上。分菜时服务员站在客人的左侧操作，按逆时针方向先宾后主依次分派。

桌边服务就是就是服务员站在客人的右侧先把菜盘放在转台上，报上菜名，旋转菜盘展示一圈后，把菜盘端到服务桌上进行分菜，将菜肴平均分盛到骨碟上，然后再将骨盘按顺时针方向先宾后主从客人右侧端送上桌给所有客人。

中餐宴会服务一般选择在服务桌上分菜的服务方式。

分菜要均匀一致，尽量把优质的部分分给主要客人。通常要留出2份左右以备客人添加。

5）换烟灰缸

客人用餐时，餐台上的烟灰缸有2个烟头时应及时撤换。把干净的烟灰缸放在托盘内，将干净的烟灰缸盖住桌上的烟缸，一起拿下后把干净的烟灰缸放在餐桌上，以防烟灰扬起污染食物。

6）撤换餐具

在进餐过程中，根据宴会规格相应更换客人的餐盘。在普通宴会中不必每道菜都换餐盘，在客人吃过冷菜、上热菜前，在吃过汤汁菜肴后，在吃过鱼腥味食物后，在吃过辣菜、甜菜后的餐盘或小汤碗要更换。换餐盘时，如餐盘中还有未吃完的食物，应征求客人的意见，如客人表示需要，则可待会儿再换餐盘或将食物并入新换上的餐盘中。高档宴会要求每道菜换一次餐盘，一般宴会的换盘次数不得少于三次。宴会服务员应在客人右侧撤换餐具。在上水果前，把酱油碟、小汤碗、小汤勺、筷子、银勺、筷子架一同撤下。

7）更换毛巾

与第一次上毛巾一样，在上带壳的菜时，应随上第二道毛巾。在客人吃完水果后应上第三道毛巾。客人用过后应及时用毛巾夹取走撤下。一般宴会每两道菜更换一次毛巾。

8）服务水果

先将甜食叉摆放在看盆的右侧，然后将水果盘从客人右侧放在看盆上。客人用完水果后，从右侧将水果盆、甜食叉、垫碟一同撤下。

9）服务茶水

将茶杯摆放在客人面前，然后将热茶水从右侧倒入杯里。

10）征求意见

在上完汤后及时征求客人的意见；在上完水过后征求客人对菜肴及服务的意见，并感谢客人提出宝贵意见，及时将客人意见转告给上级领导。

11）签单结账

服务员把宴会标准、人数、清点好消费的酒水总数，以及菜单以外的各种消费，保证准确无误地填写在账单上，并计算出总数，送到收款台，与收款员进行核对。相符后，服务员将账单放在账夹内，站在主人右侧，双手递给主人，轻声说："对不起，这是您的账单。"如果客人看不清总金额，服务员可以将总数读给主人听，但不得让其他客人听到。主人核对后签单或付款，服务员把账单送到收银台，取回收据，迅速将收据交给主人。并说："谢谢，欢迎下次光临。"同时应征求客人的意见。认真记录在客人意见簿上。

12）送客

宴会结束时服务员要拉椅离座，并微笑致谢。客人离座时，服务员应迅速查看客人有无遗留物品，如有服务员应迅速交还客人，并当面同客人核实清楚。为客人取递衣帽，并帮助穿戴，服务员站在桌旁礼貌地目送客人离开。并说："谢谢。"

13）收台检查

在客人离席时，服务员要检查台面上是否有未熄灭的烟头，是否有客人遗留的物品，如果有客人物品，应立即交给酒店前台领班，经核实后，将遗留物品登记单回联收好，做好交接记录。然后立即清理台面，按照先清理餐巾、毛巾、金器、银器，然后再按清理酒水杯、瓷器、筷子的顺序分类收拾，放在餐车上。贵重物品要当场清点。

14）清理现场

所有餐具用具要恢复原位，摆放整齐，并做好清洁卫生工作，保证下次宴会顺利进行。同时收藏清点特殊的陈列品、装饰品和设备，把从各部门借来的材料和设备归还原部门。

15）全面总结

清理完毕领班和主管总结当天宴会工作经验和教训，征求客人和主人的意见，服务人员对宴会的反应，写出书面材料，连同宴会预订资料、宴会设计资料、服务人员名单、宴会营业收入明细表、特殊情况与信息的处理资料一并归入宴会客史档案。

4. 宴会收尾工作

（1）主动征求客人对菜品和服务的意见，并做记录。

每个出席宴会者都可能就是下次宴会的组织者和决策者，所以酒店要注意收集举办本次宴会的有关信息，为下次宴会的承办打下基础。把资料归类分析整理并存档，从中发现问题、找出原因、总结经验作为提高宴会服务质量的宝贵财富。

（2）与餐饮部交换意见。

召集宴会部和餐饮部的全体员工开会，总结宴会的经验和教训，写出总结报告。

（3）写信感谢客户并保持联系。

做好跟踪回访工作，定期或不定期地向宴会组织者和出席者寄送酒店的有关信息和资料，并进行定期销售回访，联络感情，逐渐使对方感到自己是酒店的贵宾，从而成为酒店忠实的回头客。

 实训考核

一、知识训练

1. 说明在宴会销售第一阶段包括的三个环节。
2. 列举跟进、落实宴会服务项目。
3. 说明宴会过程服务。
4. 列举宴会收尾工作内容。

二、能力训练

根据案例 5 − 8 填写宴会预订阶段所需表格。

案例 5 − 9

A 汽车销售服务有限公司举行丰田特约店销售服务工作会议。在 2011 年 7 月 28 日 8：00—21：00 举行。该公司派王辉小姐 5 月 28 日来 B 酒店预订。要求 7 月 28 日 8：00—17：30 在二楼多功能宴会厅 AB 开会。预计人数 265 人，保证人数 265 人。课桌式台型。要求会议提供记录纸、笔、冰水服务。多功能宴会厅 AB 设置舞台，提供立式讲台 1 个，背景板 1 个，会议需要无线麦克 2 支，台式麦克 1 支，立式麦克支架 2 个，客人自带多媒体投影仪，酒店提供屏幕 2 个。悬挂 3 个横幅，二层环廊横幅 1 个在 7 月 27 日 12 点以前挂好，二楼多功能宴会厅 AB2 个横幅在 7 月 27 晚摆台时挂上，活动结束当日撤下。会议需用茶歇，上下午共两次，时间 10：45—10：55，14：50—15：10，每位 45 元。12：00—13：30 自助

午餐在二楼自助餐厅 C 举行。自助午餐设座要求铺白色台布、红口布、红椅套。中间摆放自助餐菜台。14：00—16：00 各个销售区域总代理 18 人在三楼小会议室 D 开讨论会，固定台型，会议提供记录纸、笔、冰水服务。18：00—21：00 中式晚宴，在二楼多功能宴会厅 AB 举行，预计人数 265 人，保证人数 265 人。中式晚宴围餐每桌 10 人，设置主桌 1 个，1 桌 12 人，要求白色台布、红口布、红椅套。主桌加红围裙摆金器，10 件头台面。主桌菜单 6 份，其他桌每桌 2 份。设置舞台，立式讲台 1 个，无线麦克 2 支。指示牌摆放时间 07：50—18：00，摆放在一楼和二楼。背景板，等离子显示器 1 台，显示"热烈欢迎参加 A 汽车销售服务公司丰田特约店销售服务工作会议的领导和嘉宾"字幕。播放时间 07：50—20：00，地点在一楼和二楼。酒水午餐包价酒水 20 元/位（1.5 小时），大桶矿泉水、可乐、雪碧。晚宴包价酒水 80 元/位（3 小时），大桶可乐、雪碧，大瓶青岛啤酒，长城干红。午餐 138 元/位，晚餐 1 388 元/桌，主桌 1 948 元/桌。茶歇、自助餐、晚餐菜单与酒店商定。保安部协调车位，预留 5 个车位，时间为 7 月 27 日 12：00—17：00，7 月 28 日 08：00—17：00。背景板租金 980 元，场地租金 8 000 元。根据案例，填写宴会预订阶段的所需表格；设计宴会菜单、台型图、席次图，写出宴会台面设计说明、宴会环境设计说明和宴会管理服务流程设计方案。

 ## 项目四小结

本项目介绍了宴会销售的全过程，对旅行社销售、商务客户销售以及会议客户的销售都有借鉴意义。它包括如下内容。

1. 拓展酒店宴会销售的客源包括宴会的特征、宴会的类型以及主动争取客源。

2. 酒店宴会销售工作流程，包括宴会销售第一阶段的联系客户、参观酒店、接受预订；第二阶段包括跟进、落实宴会服务项目；第三阶段宴会过程服务。

参考资料信息

开发销售策略

在饭店业，对客户的划分是根据客户使用饭店的服务频率、回头客、饭店用餐频率来进行的。对待不同客户的态度是不一样的，给饭店带来最大利润的客户应得到特别礼遇和厚待，市场营销部应始终关注每个客户提供的生意水平，要仔细研究所有的变化，哪些增长了，哪些在衰退，要定期对客户进行分析。从而对客户进行划分。

	高利润	低利润
发展潜力最大	最受欢迎的客户	欠发达客户
发展潜力很小	发达客户	不受欢迎的客户

为饭店带来最高利润的客户，以及最有潜力增加生意量的客户必须给予特别关注，而在那些小客户身上就不用花费太多时间和精力了。资源有限，必须把有限资源用在最有可能为

饭店带来最大利益的客户身上。

对最受欢迎的客户目前的策略是拿出相应的资源来维持和发展与他们的关系。

对发达客户的策略是拿出必要的资源去维持这些客户，以求进一步的合作，但销售人员要注意别在他们身上花太多的时间。

对欠发达客户的策略是拿出相当大的一部分资源去发展与他们的关系，尽管他们目前对饭店的贡献并不大。

对不受欢迎的客户的策略是在他们身上尽量不要花时间，可以考虑干脆不要理他们；或者对他们的待遇"降等级"：从销售人员亲自登门拜访降为打电话或者寄资料。

参考文献

［1］杨卫，刘慧明．酒店营销经理岗位职业技能培训教程．广州：广东经济出版社，2007．

［2］李丽，廖建华．酒店营销与公关实务．广州：广东经济出版社，2008．

［3］方琳．营销部部门经理实务手册．北京：旅游教育出版社，2009．

［4］中国酒店员工素质研究组．公关营销部经理案头手册．北京：中国经济出版社，2008．

［5］田雅琳．酒店市场营销实务．北京：人民邮电出版社，2010．

［6］SIGUAW J A，BOJANIC D C．饭店销售．刘阿英，译．北京：旅游教育出版社，2006．

［7］魏新民，赵伟丽．饭店市场营销．长春：吉林教育出版社，2009．

［8］郑凤萍．酒店营销实务．北京：化学工业出版社，2009．

［9］钱炜，李伟，谷惠敏．饭店营销学．北京：旅游教育出版社，2003．

［10］陈云川，张洪刚．饭店市场营销．北京：机械工业出版社，2009．

［11］宿荣江．酒店营销实务．北京：中国人民大学出版社，2008．

［12］梭伦．宾馆酒店营销．北京：中国纺织出版社，2009．

［13］郑红．现代饭店市场营销．广州：广东旅游出版社，2004．

［14］严伟，曹伟．旅游饭店市场营销．上海：上海交通大学出版社，2003．

［15］李雯．酒店营销部精细化管理与服务规范．北京：人民邮电出版社，2009．

［16］刘叶飙．酒店营销学．北京：高等教育出版社，2004．

［17］科特勒．市场营销原理．北京：机械工业出版社，2006．

［18］科特勒．营销管理．北京：中国人民大学出版社，2005．

［19］许燕．现代酒店规范化管理必备制度与表格．北京：企业管理出版社，2006．

［20］王宏．酒店服务精细化管理全案．北京：人民邮电出版社，2009．

［21］胡宇橙，王文君．饭店市场营销管理．北京：中国旅游出版社，2005．

参考文献

[1] 　　　　　　　　　　　　　　　　　　　　　　　　　　　，2002.
[2] 　　，　　　．　　　　　　　　　　　　　　　　　　，2002.
[3] 　　，　　　　　　　　　　　　　　　　　　　　，2009.
[4] 　　　　　　．　　　　　　　　　　　　　　　　　　，2006.
　　　　　　　　　，　　　．　　　　　　　　　　，2010.
[5] SEGUY J C, DURAND C．　　　　　　　　　　　　　　　　　，2006.
[7] 　　　　　　　　　　，　　．　　　　　　　　　，2005.
[8] 　　，　　　，　　．　　　　　　　　　　，2005.
[9] 　　，　　，　　　，　　　．　　　　　　　　　　，　　．
[10] 　　，　　　．　　　　　　　　　　　　　　　，2009.
[11] 　　　．　　　　，　　．　　　　　　　　　　，2002.
[12] 　　，　　　　．　　　．　　　　，　　．
[13] 　　，　　　．　　　　　　　．　　，2005.
[14] 　　，　　．　　　　　　　　，　　．　　　　　　，2007.
[15] 　　，　　　　　　　　　　　　．　　．　　　　　，2006.
[16] 　　，　　　　．　　，　　　　　　　，2006.
[17] 　　　．　　　　　　．　　，　　　　，2006.
[18] 　　．　　，　　　　　　　　．　　，　　　　，
[19] 　　，　　　　　　　　　　　　　　，　　．　　　　，2006.
[20] 　　，　　　　　　　　　．　　，　　　　　，2007.
[21] 　　，　　．　　　　　　　　　．　　，　　　　，2005.